検証・防災と復興
1

大震災復興過程の政策比較分析

関東、阪神・淡路、東日本三大震災の検証

五百旗頭 真
[監修]

御厨 貴
[編著]

ミネルヴァ書房

巻　頭　言

　日本の近代史を振り返ってみれば，第二次世界大戦後は最も平和な時代であった。明治以来，10年をあけず戦争を重ねてきた近代日本が，20世紀後半の半世紀は，一度も戦争の当事者とはならなかった。
　興味深い偶然と言えようが，その間，日本列島の大地もまた平穏であり，1948（昭和23）年の福井地震を最後に，半世紀近く内陸部に大きな地震は起こらなかった。それを決定的にくつがえしたのが，1995（平成7）年の阪神・淡路大震災であった。6434名もの犠牲者を出す大災害は，戦後平和に慣れた日本人にとって文字通り驚天動地の衝撃であった。兵庫の地は，二度とこのような悲劇を繰り返すまいと，シンクタンクを創設して将来の災害から人々を守る研究を開始し，ミュージアムを開設して，人々と防災・減災の知識を共有しようとした。
　しかし，わが大地が阪神・淡路大震災を期に厳しい地震活性期に突入したことを，われわれは知らねばならなかった。鳥取地震，中越地震，岩手宮城内陸地震と，時計回りに地震を頻発させつつ，2011（平成23）年3月11日，ついに未曾有の東日本大震災に行きついたのである。しかも，それが地震活性期のフィナーレではなく，2016（平成28）年に列島南西部に熊本地震を起こし，それは内陸地層や火山を連鎖させつつ，南海トラフの海溝型大地震に行きつくのではないかと憂慮される今日である。
　このような事態を迎えて，ひょうご震災記念21世紀研究機構では，大災害対処のいくつもの研究グループを走らせてきたが，ここにミネルヴァ書房との合意に基づき，三書を世に問いたいと思う。
　まず，近代日本に起こった三つの大震災──関東，阪神・淡路，東日本──の比較検証である。全ての対処は，何が起こったかを知り，分析することから始まる。御厨貴を編者とする『大震災復興過程の政策比較分析』は力ある社会

i

科学者，歴史家たちによる三大震災の多角的な比較研究である。

　次に，未曾有の巨大災害であった東日本大震災は，かつてない国際的支援の輪を生み出した。阪神・淡路大震災までは，外国の災害への支援も外国からの受援もよちよち歩きであったものが，東日本大震災を経て，大きな進展を見せている。片山裕を編者とする『防災をめぐる国際協力のあり方』は，出入り双方の国際的支援の実態と問題点を重層的に分析するたぐい稀な研究書である。

　さらに，阪神・淡路大震災が「ボランティア革命」を生んだのに対し，東日本大震災は自治体間の広域支援の大きなうねりをもたらした。大西裕を編者とする『災害に立ち向かう自治体間連携』は，日本を代表する政治学者・行政学者たちが，3年をこえる綿密な共同研究をもとに，東日本大震災における広域支援の実態を国際比較の中に位置づけて分析し，日本の災害対処体制のあり方を問う斬新な注目すべき研究である。

　最近ようやく社会科学を中心とする東日本大震災の共同研究が成果を生み出した（村松岐夫・恒川惠市監修『大震災に学ぶ社会科学』［全8巻］）が，従来，震災研究と言えば，地球物理や耐震技術をはじめ，理工系の仕事が圧倒的な比重を占めてきた。ここに人間と社会の営みに焦点を合わせる独自の震災研究シリーズを，人文・社会科学の分野から世に問うことができることを嬉しく思う。

　2016年7月19日

ひょうご震災記念21世紀研究機構理事長　五百旗頭　真

はしがき

　本書は，ひょうご震災記念21世紀研究機構における共同研究プロジェクト（「大震災復興過程の比較研究」）の研究成果である。そこで最初に，本書成立に至る背景，共同研究の目的・方法・成果について順次述べておきたい。

研究開始当初の背景

　近現代史の中で日本が経験した最も大きな地震は，関東大震災（1923年），阪神・淡路大震災（1995年），東日本大震災（2011年）である。この三つの大震災は「前例のない」被災をもたらした上，復興過程にも様々な課題を生み出した。

　1995年に起こった阪神・淡路大震災後，「復興」「減災」「防災」の重要性に対する認識が高まり，災害に直面した日本の現状について，様々な視点からの研究がなされ，注目すべき研究成果も多く出ている。

　しかし，災害時の復旧・復興を統括する日本政治の動態に焦点を当てた研究は皆無に近い。こうした問題意識に立って，「大震災復興過程の比較研究」研究会は，政治史学的研究アプローチにより，災害時における日本政治の現状を検討することとした。

研究の目的

　「大震災復興過程の比較研究」は，関東大震災（1923年），阪神・淡路大震災（1995年），東日本大震災（2011年）の三つの震災について，発災から復興に至る政治プロセスの実態を比較分析し，次なる大震災に対していかに備えるべきかに関する，有効な知見と政策提言を提供することを目的としている。

　①復旧・復興過程における政治的リーダーシップのあり方という，政治レベルにおける検討，②中央及び自治体レベルにおける政府の危機管理の実態解明という，行政レベルにおける検討，③民間レベルにおける震災への備えのあり方

については，震災をめぐる社会認識の変化と市民の参加に焦点を当て，有効な知見を提供することを試みた。

研究の方法

本研究プロジェクトは，政治史学的な研究アプローチをとり，5つの分析視角（①政権運用，②リーダーシップ，③政府間関係，④官僚の役割，⑤行政と市民の関係）をもって，比較研究を行うことで，学術的な成果のみならず実務的にも有効な提言を行うこととした。

一次資料や関連文献，近年公開が進められているオーラル・ヒストリーといった，豊富な資料群を用いながら，多角的な比較分析を進めた。

また，2013年8月には，科学研究費補助金プロジェクトとして，東北へ赴き，気仙沼市，釜石市，遠野市の各市長や復興担当者を対象にインタビュー調査を行った。調査，研究を実施するに当たっては，①災害における政治過程と政治的リーダーシップ，②復旧・復興過程における政府の対応の実態，③震災をめぐる社会認識及び災害の教訓という，3つの論点に焦点を絞り，研究視点を設定した。

プロジェクトのメンバーは，それぞれの問題意識に立って設定した課題に取り組み，年6回にわたって開催した研究会を通じて，中間報告や研究の議論を重ね，各自の研究を深めた。政策コーディネーターや出席した委員の間で，政治的リーダーシップ，政官関係，復旧・復興をめぐる組織のあり方，政府間関係（中央―自治体，自治体―自治体），官僚の役割，市民の役割，経験の継承と活用などについて活発な議論を交わすことが出来たと信ずる。

研究成果の特色

かくて論文として仕上がった本研究の学術的な成果の特色としては，まず「歴史の中から知見を得る」という俯瞰的視点から得られた知見が挙げられる。

こうした作業を通じて，プロジェクトメンバーは，発災時の政権運営や地方自治体の対応，国内外からの支援とそれへの対応，被災インフラの復旧・復興のあり方などの諸点で，それぞれに顕著な特色ある成果を得るに至った。

はしがき

　また，政府や地方自治体が過去の大震災で得られた教訓を「次なる大災害」へ向けて，どのように活用していたのかという実態をも，ある程度明らかに出来た。

　これに加えて，本プロジェクトでは，復興システムを俯瞰するための政策デザインを導く提言のほか，現在の行政にも採用され得る実用的な政策提言まで，幅広い提言を行っている。

　たとえば，様々なデータを提示し，復興の過程における住宅政策の問題点を指摘した上で，被災地における住宅政策の見直しを唱え，その具体的な政策提言を行っている。復興過程における女性参加の拡大の重要性も強調された。復興過程における女性の役割の変化を検討した上で，今後，女性参加の拡大をいかにして実現するかに関する政策を提言している。

　災害に関する記憶を記録し，これらと災害における社会的認識や民間の活動などを連動させ，災害に対する多方面の「備え」として記録の作業を望ましいものとする。

　個々の論点については，以下各章別の論文に一つひとつ当たって頂きたい。

2016年7月21日

編著者　御厨　貴

大震災復興過程の政策比較分析
——関東，阪神・淡路，東日本三大震災の検証——

目　次

巻　頭　言

はしがき

序　章　「災後」をつくる………………………………御厨　貴… 1
　　　　──「さかのぼり災後史」の試み──
　　1　熊本地震：戦後から災後の時代に……………………………… 1
　　2　東日本大震災：「戦後」が終わり「災後」が始まる……………… 5
　　3　阪神・淡路大震災：下河辺淳のデザインとリーダーシップ…… 10
　　4　関東大震災：「赤い日」と「社会革命」と「バラック賛歌」……… 15
　　5　「さかのぼり災後史」からの展望………………………………… 20

第Ⅰ部　三大震災の復旧・復興過程

第1章　関東大震災後の政治過程………………………筒井清忠… 25
　　1　はじめに：関東大震災と政治…………………………………… 25
　　2　第二次山本権兵衛内閣の成立…………………………………… 26
　　3　山本内閣と新聞世論……………………………………………… 27
　　4　山本内閣と政党…………………………………………………… 28
　　5　後藤・犬養と新党運動…………………………………………… 29
　　6　新党計画の挫折…………………………………………………… 32
　　7　小括：震災復興政治への提言…………………………………… 37

第2章　三大震災における記憶の記録…………………牧原　出… 43
　　1　はじめに：震災とアーカイブ…………………………………… 43
　　2　関東大震災と記録保存…………………………………………… 44
　　3　阪神・淡路大震災と「記録保存」の記録………………………… 51
　　4　東日本大震災と「アーカイブ」を見渡す視線…………………… 57
　　5　おわりに：震災の記録保存の意義……………………………… 59

第3章 復興権力の三大震災比較 ……………… 村井良太 … 63
――近代日本における「災後」の統治と政権交代――

1 大規模地震災害と復興権力：創造的復興を担う政権基盤，制度装置，体制原理 ……………………………………………………… 63
2 関東大震災（1923年）と復興権力：第一次世界大戦後の民主化過程と震災対応 ……………………………………………………… 65
3 阪神・淡路大震災（1995年）と復興権力：冷戦後ポスト55年体制下での震災対応 …………………………………………………… 71
4 東日本大震災（2011年）と復興権力：21世紀初頭の政治的模索下での震災対応 …………………………………………………………… 78
5 大規模地震災害と日本における民主政治：政治体制における防災の主流化 ………………………………………………………………… 81

第Ⅱ部　政府と官僚の危機管理

第4章 災害復興と都市・住宅政策 ………………… 砂原庸介 … 89

1 災害後の復興重視から災害前の備えの重視へ ………………… 89
2 震災復興と住宅再建 ……………………………………………… 90
3 平時の都市・住宅政策との連続性 ……………………………… 98
4 公共政策への含意：住宅から見た災害復興 …………………… 106

第5章 被災者への現金支給をめぐる制度と政治 …… 手塚洋輔 … 109

1 問題の構図：なぜ現金支給が拡大したのか？ ………………… 109
2 近代日本における義援金体制 …………………………………… 110
3 住宅再建の公的領域化：1990年代の社会変動 ………………… 114
4 義援金から税金へ：2000年代の公費拡充 ……………………… 118
5 東日本大震災と薄氷の上の現金支給：2010年代の実像 ……… 123
6 偶然と必然，そして展望 ………………………………………… 125

第6章　被災港湾の復旧・復興をめぐる政府間関係…林　昌宏…129
　　　　──関東と阪神・淡路の両大震災を中心に──
　　1　はじめに：被災港湾の復旧・復興を分析する意義……………129
　　2　分析視角とその方法：港湾整備をめぐる制度と行政体制の変容を
　　　踏まえて………………………………………………………………130
　　3　関東大震災により被災した横浜港の復旧・復興………………133
　　4　阪神・淡路大震災により被災した神戸港の復旧・復興………138
　　5　おわりに：被災港湾の復旧・復興の特徴と課題………………145

第7章　災害廃棄物処理の行政……………………………森　道哉…149
　　　　──阪神・淡路大震災，東日本大震災における教訓とその行方──
　　1　災害廃棄物処理における都道府県への着目……………………149
　　2　災害廃棄物処理の概況と世相……………………………………151
　　3　研究の動向：基礎自治体及び国への着目………………………156
　　4　分析の視座と行政の報告書を検討する意義……………………159
　　5　兵庫県，岩手県，宮城県の報告書を読む：主な被災県における
　　　教訓の継承の試みと国への提言……………………………………162
　　6　環境省が関わる報告書を読む：国の「制度」の改変への
　　　環境整備………………………………………………………………165
　　7　災害廃棄物処理の行政への再訪に向けて………………………167

第Ⅲ部　震災をめぐる社会認識

第8章　女性たちの支援活動と復興への回復力…………辻　由希…177
　　1　女性の政治的・社会的地位と震災復興…………………………177
　　2　関東大震災後の救護活動を担った女性団体……………………182
　　3　阪神・淡路大震災と活発化する女性の市民活動………………186
　　4　東日本大震災の被災者支援に活かされた女性の経験…………190
　　5　「公共」領域における女性の役割拡大は回復力に貢献するか……196

第9章 震災記憶の風化 …………………………… 善教将大 … 201
────阪神・淡路大震災と東日本大震災に関する新聞記事の比較分析────

1 問題の所在：震災への関心はどのように失われていくのか …… 201
2 「前提」としての風化現象 ………………………………………… 202
3 資料の収集法と分析手法 ………………………………………… 207
4 記事件数の推移から見る風化現象 ……………………………… 211
5 報道内容から見る風化 …………………………………………… 214
6 風化のプロセスとその含意 ……………………………………… 218

第10章 人命救助部隊の応援派遣と組織間連携 …… 奥薗淳二 … 222

1 序論：復興過程としての教訓の活用 …………………………… 222
2 応援派遣の意義と制度 …………………………………………… 223
3 応援派遣の比較分析 ……………………………………………… 229
4 おわりに：応援・受援システムの標準化 ……………………… 237

第11章 三大震災時の受援をめぐる比較考察 ……… 渡邉公太 … 242
────「災害外交」の視点から────

1 はじめに：三大震災と日本の受援 ……………………………… 242
2 関東大震災：戦前日本の「災害外交」 ………………………… 243
3 阪神・淡路大震災：「災害外交」の始点 ……………………… 250
4 東日本大震災：「災害外交」の展開 …………………………… 254
5 おわりに：「災害外交」の可能性 ……………………………… 258

人名索引 …… 261
事項索引 …… 262

序　章

「災後」をつくる
―― 「さかのぼり災後史」の試み ――

御厨　貴

　三大震災に対する筆者の立場は，三者三様に異なっている。

関東大震災では，歴史観察者
阪神・淡路大震災では，参与観察者
東日本大震災では，参与体験者

　さらに，2016年4月14日に勃発した熊本地震について，私はまたも参与体験者の立場となった。いわば四大震災に対して違う立場を意識さぜるを得ない状況下にある。そこで本論文集の序章として，あえてこの立場の相違を意識しつつ，「災後」をつくるというテーマの下に改めてこれまでの論稿に手を加え，一連の歴史的流れをさかのぼって追究することを試みる。言わば「さかのぼり災後史」である。折々の雰囲気を尊重するため，完全に歴史論考となった「関東大震災」と，今を歴史と未来へつなぐ論考となった「熊本地震」は書き言葉で通している。他方，「災後」の復興委員会と復興会議―復興推進委員会に対する距離感の近さを反映させるため，「阪神・淡路大震災」と「東日本大震災」は，話し言葉のテンポを残すことにした。

1　熊本地震：戦後から災後の時代に

　まず「さかのぼり災後史」は，同時代史である熊本地震から始まる。ここでは，最近の筆者のエッセーたる「熊本地震――戦後から災後の時代に」(『読売新聞』2016年6月12日付1-2面) をまるごと紹介したい。

＊　　　＊　　　＊

　熊本地震勃発に際して，「災後」再びの感を持った。あの東日本大震災から

ちょうど5年が経った今年3月，当時「東日本大震災復興構想会議議長代理」を務めていた筆者は取材を受けた。3・11の大震災の折，「戦後が終わり，災後が始まる」と状況規定したことに対し，今どう思うかとの問いかけだった。

　長く日本を規定した「戦後」は終わることなく，生まれ出た「災後」は停止状態にあると答えざるを得なかった。突然の自然災害がもたらした大量の人命喪失，広大な国土流失，恐るべき原発事故。どれをとっても東日本大震災は，明らかにこの国の崩落の始まりを示唆していた。

　しかし，危機の感情は急速に失せ始め，一年，また一年と，「正常への復帰」が当たり前となり，「災後」は芽を吹いたまま忘れられようとしていた。3・11の記憶の原初的形態は，置き去りにされてしまった。

　それから1ヶ月。4月14日はまた運命の日となった。熊本地震が起こる。しかも14日の規模を上回る揺れが2日後に生じた。地震はいつも想定外の事態を呼び起こす。

　4・14は，筆者にとっても運命の日であった。なぜか。この夜，東日本大震災復興構想会議の初動の3ヶ月を支えてくれた中堅・若手官僚と旧交をあたためた。会の締めの直後に熊本地震の一報がもたらされ，彼らは仕事場へ戻っていった。

　4月27日の私の日記にはこうある。「五百旗頭真さんからケータイ。蒲島郁夫知事の要請により，震災復興計画策定と霞が関や官邸へのリエゾン役としてのコミッティメンバーへ招請とのこと。ああまただと思いながら，前回と同じく即座に引き受ける。」

　かくて前回と同様，五百旗頭―御厨ラインで「東日本大震災復興構想会議」をモデルとして，「くまもと復旧・復興有識者会議」が，蒲島熊本県知事のもとに設立された。まさに「災後」の再来である。来たるべき震災に備えて復興体制の準備だけは整えるべきだという筆者の主張を裏書きする事態が出来(しゅったい)した。

　死者が少なく崩壊・崩落の地域が限定され，熊本地震も新潟県中越地震並みだから，その規模で復旧・復興を考えるべしとの風説が，当初霞が関やメディアを駆け抜けた。事が起こると，なるべく平静を装う悪癖がこの国にはある。

　しかしこの言い方は，熊本にも中越にも失礼だ。いや，これはもう一回限りの出来事と捉えてはならない。「災後」の常態化であり，「災後」の歴史的表出

の一段階なのだ。東日本大震災5年にして空洞化した「災後」が新たなる相貌をもって現れたと言えよう。

　1995年の阪神・淡路大震災、2004年の中越地震、2011年の東日本大震災、2016年の熊本地震。並べてみると様々な「災後」が見えてくる。しかも四大地震間のインターバルは、9年、7年、5年と、回を追うごとに短くなっている。次はX年と想像するだに恐ろしい。平成は自然災害再来の時代であり、四大震災は、「災後」への警鐘を乱打し続けていたことになる。

　もっとも、長い目で見るならば、自然災害は、元来この国にいつも起こっている事象だった。しかし人は人知を超えた出来事を忘れやすい。忘却は救いでもあるからだ。あえて「戦後70年」をじっと眺めてみるならば、戦後15年までのいわば戦災復興の時代は、自然災害が日本国土を始終襲うのが当たり前だった。戦前の日本が国土保全について十分な配慮をしなかったことが尾を引いて、戦後はやたらと河川が氾濫し、ちょっとの台風でも洪水が起き国土は荒廃した。これを人々は運命として甘受した。予防なぞできぬ、あるのは復旧・復興だけだと。

　しかしその後、戦後50年までの間、高度成長と科学技術の発展とが、自然災害克服への自信を培った。また事実として自然災害も比較的おさまっていた。

　そして今、熊本地震は新たにこの国の「災後」史観を実感させる事態となっている。五百旗頭座長の下、「くまもと復旧・復興有識者会議」は5月に入って3日間の集中討議の末、6月5日、「創造的復興へむけての提言」の骨子をまとめた。前提となる認識は、ずばり次のようなものだ。

　「我々は、今、阪神・淡路大震災後の時代を生きている。新潟県中越地震を経て、東日本大震災から5年後、熊本地震が起こった。南海トラフ地震を含め、今後も大きな地震が、いつどこで起きても不思議ではない時代であることを改めて認識しなければならない」

　すなわち「災後」の常態化の認識に立って、復興計画を進めていくことになる。四大震災の「災後の競争化」の視点も入る。復興の先例が、時間軸に沿っ

て段階的に三つ存在するわけだから，「災後・復興モデル」のどれを参考に選び取っていくか，「災後選択の時代」になっている。こうした認識の中で，おのずと，国—県—市町村各レベルの役割や負担も決まっていくことになろう。

熊本地震では，知事の消防隊や自衛隊への出動要請は，1時間内外ときわめて迅速だった。しかし現場における対応のまずさや遅さが繰り返し指摘された。市町村レベルは混乱のきわみの中で，当初1週間は適時適切な手が打てずにいた。

そこへ阪神・淡路大震災以来急速に育ってきたプロフェッショナル・ボランティアが我先にと入ってくる。彼らに任せてよいか判断できないという思考停止状態が続いた。ただその場合も，県レベルの強力な指導が行われると，うまく官民の共同体が稼働し始めた。

「住民との協働による復興」ということで市町村が前面に出ることは，東日本大震災の復興においても重要ではあったが，県が場面によってはグリップを利かせることも必要である。

熊本では，霞が関からの出向組ですでに本省庁に戻った人材を即戦力と見て呼び返している。期間も資格もまちまちだが，彼らが暗黙知を働かせて動き始めているのは頼もしい。全国の自治体からの応援部隊の派遣も支援の力になっている。

さらに重要なのは，アーカイブ（記録保存）の視点だ。東日本大震災の復興構想でも強調されたが，熊本地震では初動対応から次へと段階を踏みつつ，「いつ，どこで，誰が，何をしたか」ばかりでなく，「何をしなかったか」を糾弾するのではなく，次の震災時へのマニュアルとして伝えていかなくてはならない。

そして文化の復興にもアーカイブを役立てることにしたい。崩落の惨状を見せつけている熊本城。この県民の文化遺産のシンボルを，熊本のほかの文化遺産とも連携させながら復興させる。修復のプロセスを可視化し全国民に見てもらう。全国に存在するお城と連携し，"お城サミット"など考えてはどうだろう。

夜間の天守閣へのライトアップを眺めながら，熊本は文化の復興を背景にし

て，必ずや立ち直るとの意を強くしている。

2 東日本大震災:「戦後」が終わり「災後」が始まる

　次に，参与体験者としての記憶が新しい「東日本大震災」にまで「さかのぼり災後史」は，歴史をさかのぼる。そして，2011年3月11日から，1年半経った2012年10月に，一応の総括をした講演を取り上げる。これは「東日本大震災の教訓——放送大学の対応と課題」と題する「AAOU 2012 特別セッション『Crisis and Risk Management』報告書」(2013年3月刊)に収められており，ほとんど知られていないので，ここに載せておきたい。なお，私の参与体験については，拙著『「戦後」が終わり，「災後」が始まる。』(千倉書房，2011年12月刊)に詳しい。最近『朝日新聞』の「てんでんこ」連載中，「復興構想会議①-⑮」(2016年5月9日付～27日付)の章で，掘り下げた考察が見られる。では，1年半後の時点での総括に移ろう。

　　　　　　　　＊　　　　＊　　　　＊

　私は，この3.11の地震があってから今日まで，復興構想会議，次いで復興推進委員会のメンバーですので，いわゆる国レベルでの復興策の特徴についていくつか申し上げたいと思います。

　昨年，3月11日の大震災を受けて，4月に復興構想会議が立ち上がり，私はその議長代理を務めました。同時に，復興への提言の起草者として，全体の取りまとめに当たりました。われわれの復興構想会議は，主として，官僚や政治家を排して，基本的には専門家と呼ばれている人たち，あるいは，アマチュアであっても東北地方に関係のある人たちから選ばれて審議を進めました。それは，かなり難しい作業でした。

(1)「自立すること」と「つながること」

　結果，できあがった復興構想会議の提言は，いくつかの柱から成っています。第1に，そこで新しい地域の形を作り上げようという提案をしました。要は，大自然の災害を，今後とも完全に人間の力で抑え込むことはできない。したが

って，防災ではなく災害を減ずる「減災」の考え方に立って，地域コミュニティと人と人をつなぐ人材に着目しようというのが，われわれの最初の提言でした。そこでわれわれが提言したのは，一人ひとりがいかにして自立した個人として，できる限りその災害に立ち向かうことができるかという発想でなければ，すべてを国あるいは公の措置に任せておいたのでは駄目である。どこまで自分自身で立ち上がるか，そしてその後，公助に頼ることができるかという，かなり大胆な提言をしたつもりです。

その新しい地域の形の中で，われわれが特に注目したのは，今申し上げたように，人と人を切り離すのではなく，むしろつないでいく，ちょっとした知識がある地域の非常に困っている状況を助けることになる。そうであるとすれば，ボランティアと言われている人たちも，ある時期からはある種の専門性を持って，そこに貢献してほしいということを提言しました。今日，いろいろなところからボランティアが入っていますが，彼らに専門性を持たせるということで努力が続けられている部分だろうと思います。

（2）再生に向けて：暮らし，学校，産業

第2の提言は，暮らしと仕事の再生です。もう一度それを生き返らせようということです。暮らしの視点からは，地域包括ケアということで，地域全体を包括して，ケアの対象とするということと，学校の機能の拡大をわれわれは言いました。つまり，保健医療，介護福祉のサービスを一体化して，被災した人々をつなぐということと同時に，雇用の創出に結び付ける。そして，高度医療を担う人材を被災地において育成して，新たなコミュニティづくりの一翼を担ってもらう。この被災地における取り組みをわれわれは「地域包括ケアモデル」と呼びました。

減災の考え方からいうと，学校施設の機能強化が実に大切です。施設自体が災害時の避難場所や防災の拠点となるのは無論のこと，学校を新たな地域コミュニティの核となる施設として拡充していくという提案をしました。つまり，都会でもそうですが，今，地域コミュニティは崩壊して久しいので，もう一度，吸収力，求心力を取り戻すために，まずは学校に注目しようというのがここで

の提言でした。それによって，地域の中をつないでいかなければいけないということだったわけです。

さらに，産業の再生という点では，従来の制度や枠組みの積極的な活用，新たな取り組みをまたやらなければいけないということを，両方支持しました。ただ，今思うと，残念ながら，仕事の再生については当時もっといろいろ言うべきことがあったのに，時間の関係で言えなかったという反省が残っています。

（3）原子力災害からの復興

そして第3の提言が，われわれにとって一番重いものでした。つまり，原子力災害からの復興に向けてということです。われわれが提言した去年の6月の段階では，原子力災害の実態が，現在でも完全にわかっているとは言えませんが，その全貌が明らかにはなっていない時に，われわれは原子力の災害からの復興についても，ある程度踏み込んだ提案をしました。原子力についての安全神話の崩壊を受けて，われわれは福島という地域にどれだけの力を注がなければならないのか。提言の中では，福島だけに特有の事象について，これからできる限り国の補助，援助によって助けていかなければいけないということを明記しました。

（4）開かれた復興へ

第4の提言は，開かれた復興です。つまり，復興が被災地にはとどまらない，むしろ被災地における様々な創造的な営み，つまり，新しい営みを生んでいくという意味ですが，これが日本全国に，ひいては世界各国に広がっていくと定義しました。つまり，日本という成熟した国家，ある意味で先進国家である日本において，これだけの災害を受けました。この災害からの復興過程は，恐らくアジア，あるいはそれ以外の世界のいろいろな国でこれから起こり得る災害に対するモデルにしていかなければなりません。復興のモデルをわれわれは提示しようということをはっきり申しました。

ボランティア，共助（共に助ける），社会的包摂（社会として全体を包含していく），新しい公共といった言葉が，今まさに生じつつある事態を象徴している

のだということをわれわれは申しました。ここでも，また共通してつなぐことの意味が含まれています。人と人がつながる中で，これまで排除されて居場所や出番がなかった人たちに対してもつながる機会ができました。ボランティアの飛躍的向上ということを含めて，これまで自分はまったく世の中の役に立たなかったのではないかと思っていた人たちが，そのケアの現場で，かなり人のために役に立つことができるということを経験しました。それを何とか生かしていきたいというのが，われわれの提言には含まれていたのです。

（5）復興構想会議から復興推進委員会へ：1年半後に振り返って

さあ，それから1年半が経ちました。われわれは復興会議の後の復興推進委員会という，同じ諮問機関の中で，今度はその復興のあり方を検証し，足りない点を皆さんにわかっていただくための提言をしなければならないという役割を背負いました。その復興推進委員会は，つい先頃，今年度の中間報告ということで，出てほやほやのものがあります。中間報告を作る時にわれわれが痛感したのは，やはり最初に提言をした時とは随分違う結果になっているということでした。われわれの提言は，ある程度言葉による提言にすぎなくて，現状を変えていくだけの力を持たなかったという反省を持っていますが，しかし，それ以上に1年半経って，われわれが感じたのは，あの3.11が生じた時に，3.11の問題，つまり，あの被災した時の雰囲気や気分がもうすでに薄れているという事実です。

今回の中間報告もまた私が取りまとめをしましたが，その前書きに私はこのように記しました。

「あの日から1年半の歳月が流れた。未曾有の地震，津波，原発事故が東北の大地を襲った3.11。われわれは皆，この世のこととも思えぬ，想像を絶する事態が起こったと皮膚感覚で捉えた。音を立てて崩れ落ちた戦後日本。この国を災後日本へと大きくつくり変えるうねりが来たのだ。しかし，あのとき皆に共有された皮膚感覚は，いつの間にか遠いものとなった。一日も早く平常への復帰を促す状況が良きにつけ悪しきにつけ，急速にこの国に横溢

する中で，明日にもわが身に降り掛かるかもしれぬと恐れおののいた災害の切迫性の自覚は，いつしか日常性のかなたに追いやられていく。だが，あの日突然の災害によって，一瞬のうちにもたらされた人間社会への不幸を，われわれは決して忘れてはならないのだ。あの日，そう心から誓ったではないか。しかし，月日がたつにつれて，いつの間にやらひたひたとやって来る風化という現象。われわれは人間の営みに常に真正面から向き合うことによって，あの日の痛みを記憶から呼び覚まし，風化を封じ込めよう」

これは，私を含めて，その時の復興委員会の方々の偽らざる心境です。それぐらい急速に，われわれはあの感覚を失い始めています。

（6）あの日を忘れないために

そこで，これが私の今日の最後のお話になりますが，これからわれわれがやらなければいけないのは，今，私も取り組んでいますが，震災と復興のアーカイブをどうやってこの日本に残していくかということです。多くの民間の被災された方が，あの時自分たちのカメラで，要するに自分たちの道具で，あの最初の被災の時の現在進行形の状況を残しています。しかし，1年半経って，これをどうしたらいいだろうか，みんな困っています。あの映像，あの画像をわれわれは保存しなければ，今申し上げたような記憶の風化を免れることはできません。これ以前の地震においては，東北地方においても，みんなそこに碑を建てたり，あるいは，ここまで水が来たぞということを記すような記念碑を建てたりしましたが，今回，われわれが行ってみて感じたのは，そんなものは，もう何十年か経てばみんな忘れています。難しい漢文で書かれたものなど，読めやしないとみんな言っていました。なぜこんなところに，こんなものが建っているのだと言う感じなのです。その繰り返しが起こってはなりません。

今はバーチャルリアリティの技術も出てきたので，現実に起こったものを起こった場所で見られるようなもの，大きなアーカイブを作る必要はないのですが，現地にそのような装置をいくつも作り上げて，そこに画像を提供していくことによって，われわれはあの日を忘れてはいけないのだろうと思います。

復興は復興で大事です。復興予算の使い方等について，今，いろいろな議論が出ていることも知っています。それをわれわれは乗り越えながら，3.11が起きた時のあの状況をいかに管理，保存していくか。もちろんその議論をした時に，現地の人に首を強く横に振られたこともありました。「いや，われわれはあんなことはもう思い出したくないのだ。あれはトラウマなのだ」と。それもわかります。しかし，そういう彼らと議論しながら，われわれは復興の映像を残すのです。そして，それを日本の中だけでなく，世界各地に，こういう状況の中で起きて，これをこうやって復興させていったのだということについて，われわれはもっと語らなければいけないと思っています。
　以上，今日は，主として私が関わってきた国のレベルでの委員会における動きのごく一端だけをお話ししました。

3　阪神・淡路大震災：下河辺淳のデザインとリーダーシップ

　さて，「さかのぼり災後史」は，今では平成災後史の起点となった，「阪神・淡路大震災」にたどりつく。
　下河辺淳という異色の大物官僚OBがリーダーとなって，「阪神・淡路大震災」の復興委員会を仕切ることが，1995年1月17日に勃発した震災から1カ月ほどで決まった。その報を受けて，私は「同時進行オーラル・ヒストリー」を実現できないかと思った。そしてそれを実現させた。その一部始終について，それから20年後の2015年5月26日，五百旗頭真さんと語り合う機会を得た。これまた人の目に触れる機会の少ない「下河辺淳アーカイブス・Archives Report」のVol. 11として「震災復興——阪神・淡路大震災20年の教訓」と題する冊子（日本開発構想研究所，2015年6月刊）に収められている。私の発言部分をつなぐ形で，ここに記した。

＊　　　＊　　　＊

（1）7名の阪神・淡路復興委員会の成り立ち

　私は復興委員会ができるという時に，下河辺さんのところに行って，それな

らば同時進行で私たちに話をしてくれないかとお願いをしました。なぜかと言いますと，一つには内閣官房にできる委員会であるということを聞いて，これは絶対に資料は残らないと思ったからです。今でこそ違いますが，当時は官房に置いてある資料はその内閣が終わったらすべて捨てられてしまうという運命にありましたから，おそらく残らないだろう。だとすれば，残さなければいけないと思ったわけです。下河辺さんに相談に行った時には，ずいぶんと考えておられました。やはり情報が洩れては困るということもあったでしょう。確かにそのとおりです。ただ，運が良かったと言いますか，当時下河辺さんは民間シンクタンクの東京海上研究所の理事長でした。官に関わるポストの長であったら難しかっただろうと思いますが，民であれば工夫はできるだろう。東京海上研究所は人の出入りなどもうまく按配できる状態になっていて，セキュリティも保たれるということで，委員会が終わったら日をおかないうちに，私と若手のメンバーとで研究所に行って話を伺いました。そして話はすべて記録に録ってすぐに活字にして見てもらうようにしました。下河辺さんが忘れてしまわないうちに，手を入れてもらおうということです。

　その時，いくつか印象に残ることがありました。この震災後には，関東大震災をモデルとした「復興院」のような新しい組織を発足させなかったのですが，その裏側にはもう一つ意味があります。実は小渕恵三さんを中心とする経世会は組織をつくりたかったんです。組織をつくってそこに自分たちの息のかかった人たちを入れてやや派閥的に運営しようと考えていた。もともと国土行政は自分たちのものだという意向が非常に強かったですから。しかしそれはまずいだろうという思いが下河辺さんにあって，だから組織はつくらない。人間関係とコネクティングでやっていくということを強く主張された。この時期に組織を一つつくったら，お金もかかるし，しかもその組織がどれだけの権限を持つかという権限闘争から始まって，いろいろ面倒なことになるということを見込んでおられた。

　だから，委員会という軽い形でやっていくことになった。委員の数がきわめて少ない。たったの7名ですが，これは，管理する上で一番いい数字なんです。昔，大蔵省主計局の主計官は7人いて，彼らが各省庁をだいたい統括していま

した。7という数は官僚的には支配がうまくできる数字だと聞いています。一方で，政治家を入れないというのも下河辺さんが立てた原則です。その代わりに，入れなくてはいけないと言っている人たちに示しをつけるために，顧問という形で後藤田正晴さんを入れ，経済界からは平岩外四さんを入れました。何かあれば，後藤田さんにブロックするという役割を担ってもらったのです。それから震災に思いを致す人が，一番ケ瀬康子さんでした。堺屋太一さんもメンバーでその後も阪神・淡路の復興のために尽力されていますが，もし復興院や復興庁ができていたらその指揮を執っていたかも知れません。

（2）委員会の戦略：スピードとメディア

　委員会が始まって，最初に「何がこの委員会の大事なことだと思われますか」と聞いたら，下河辺さんは「早くこの委員会を終わらせることだ」と言いました。つまり，得てしてこういうものは長引く，けれども長引いたらおそらくだんだん権威がなくなる。だから一番いいのは半年で終わらせて，あとは実務だ，というわけです。これが下河辺さんの主張の一つでもありました。実際は半年を超えましたが，1年はかからなかったです。

　そういう意味ではかなり目配りしながら始めたわけですが，計算違いもありました。大きなことは，復興委員会が始まって程なく経った3月に地下鉄サリン事件が起きたことです。その時に下河辺さんは「これで，阪神・淡路の復興の問題は地方区に落ちる」と言いました。全国区はサリンの話題でさらわれるから，復興が全国紙の一面を飾ることは難しいだろう。どうやって地方紙でも関心を持ってもらうかということが，大事だと。私が「全国紙は捨てるんですか」と言ったら，「捨てるも捨てないも，全国紙の方がわれわれを捨てる。だから無駄な努力はしない。捨てられる方は捨てられる方で，阪神地域の地方紙にいかに復興が行われているかを示していく」と言っていました。

　下河辺さんはメディア戦略を非常に考えている人です。メディアにいかに取り上げてもらうか。国土計画に携わっている時からそうですが，新聞記者に見出しになるようなキャッチーなコピーを与えるんです。だから当時も，提言1，2，3として順番に新聞に載るようにということを考えてやっていました。た

だ途中で,「予想外に復興委員会がうまく行き過ぎている。これはまずい」と言うんです。うまく行き過ぎると,新聞が興味を持たなくなるというわけです。新聞は,うまく行っていない,あるいは内部に対立があるとなると,喜んで記事にする。けれどうまく行っていると自分が言うと,記事にはならない。「だったら何か対立をつくったらいいじゃないですか」と私は言ったんです。そのくらい,メディアに話題を載せるということを考えておられました。

(3) 官僚とのつながり・委員会のまわし方

それと同時に,下河辺さんが当時官僚の内部を抑えられたのは,彼が役人時代に一緒に仕事をした連中が,当時だいたい局長クラスになっていたからです。彼らに直接指示ができたし,密かに研究所に来てもらってそこで具体的な復興計画を詰めていきました。彼らの了解を得ながら,さらに課長クラスの人たちを組織できたのだと思います。下河辺さんも「運だよね」と言っていました。震災がもう少し後に起きていたら,自分にはもう仕切れなかっただろう,と。「やっぱり直接じゃなきゃだめですか」と聞いたら,「そりゃあ,直接怒鳴られた経験がある受け手というのは,意外に言うことを聞くもんだよ」と言っていました。だから"ツーと言えばカー"と答えるような感じで,仕事ができたのだと思います。

阪神・淡路復興委員会の7名は7名で,下河辺さんはそれなりの苦労はされたと思います。"震災に対して思いを致す"ということを代表したのが一番ケ瀬さんでしたが,彼女に対してどのような対応を取られたかを聞いたところ,「とにかく思いを語ってもらう」と言われました。思いだけではどうがんばっても復興政策にはならないし,予算にもならない。しかしその思いをずっと聞いているうちに,一番ケ瀬さん自身が,自分が話していることでは復興は進まないと気が付くわけです。また下河辺 vs. 堺屋という構図も当時取りざたされたことがありましたが,事実としてあったと思います。下河辺さんは堺屋さんの行動に対して先手を打っていたようです。

お話を伺っていて,当時折々に話を聞きながら下河辺さんが迷っているなと感じたのは神戸港の再建です。神戸港の問題は日本の港湾政策にも関わってい

ます。もともと日本の港湾政策は割とおんぶにだっこで来ましたから、世界のハブ的な港になかなかなれないうちに大震災が起きてしまいました。神戸港は震災で大打撃を受けた後、繁栄には程遠い状況になって、今に至っています。神戸港について下河辺さんに何度となく質問しましたが、ああだこうだといろいろなことを言っていた割には、現実に神戸港が大復興を遂げることにはあまり賛成ではなかった気がします。

　下河辺さんがある時期から私たちに言ったのは、ライフラインの話です。ライフラインが途切れないように整備していくという構想を、全国に持っていかなくてはならないという話を盛んにされていました。後藤田さんも下河辺さんも発想はドメスティックだったのだと思います。

（4）下河辺委員会の汎用性

　下河辺さんとはずいぶんといろいろな話をしました。その成果は、ナンバリングを付けた冊子として残され、今は、『阪神・淡路震災復興委員会（1995-1996年）委員長・下河辺淳「同時進行」オーラルヒストリー』（上・下、政策研究大学院大学, 2002年）、として公開されています。震災から1年が経った頃から、だんだんと彼の関心が阪神・淡路から沖縄に移ります。実は、この後沖縄問題についても、私たちは引き続き同時検証委員会をつくりました。阪神・淡路の時にはこちらから頼んだのですが、沖縄の時は下河辺さんがわれわれに要請したんです。それで、橋本首相と大田知事との沖縄に関する和解案としての下河辺メモができるまでのプロセスを何度かお話しいただきました。ただ当時はそのこと自体が非常にシークレットでしたし、生々しかったこともあって、阪神・淡路大震災の時のような冊子にまとめるということをしないままでした。昨年「下河辺淳アーカイヴス」でそれを掘り出してくれて、当時を思い出しました。なお、今年（2016年6月）に入って、沖縄公文書館にて、この冊子は公開されました。

　蛇足になりますが、下河辺さんは復興委員長をやったことによって自分が自分のできる範囲でどれだけ動けるかということにかなり自信を持ったところがあって、だから沖縄問題に関しては内閣から頼まれた時に一切の肩書きをつけ

なかったのです。補佐官にするという要請も断ったくらいです。補佐官にされたら現地とはうまくいかないから,「下河辺淳」個人として動く。そして,まったく会話ができなかった国と沖縄県との関係を少しずつほぐしながらつなげていったわけです。おそらく彼の公的生活の終盤の仕事として,あれは醍醐味だったのではないか。つまり一個人に戻ってやるという,彼の美学を通したのだと思います。だから意外と,阪神・淡路復興委員会と沖縄問題というのは,彼の構想の中では一体化されたものとしてあったのではないでしょうか。

4 関東大震災:「赤い日」と「社会革命」と「バラック賛歌」

かくて,「さかのぼり災後史」は,90年余昔の「関東大震災」に至る。これについては,今を去ること20年前に,『東京』(読売新聞社,1996年)に論考を書き,昨年,これを大幅にアップデートして改稿し,「往還する『災後』と『戦後』」と題して,「復興への想い——平成27年度特別展」(文京ふるさと歴史館,2015年10月)という展示目録の中に収めた。これもまためったに手に入らぬ物なのでそこから一部を抜粋してここに挙げた。

＊　　　＊　　　＊

(1)「赤い日」の印象
　東日本大震災復興構想会議の『提言』「前文」の最初の部分で関東大震災に触れて,あるジャーナリストは「九月一日は赤い日であった」と記した。このジャーナリストこそ誰あろう,戦前派リベラルの馬場恒吾にほかならない。いったい何が赤いのか。「試みに見給へ,地震後のバラックの上に立ててある旗は大抵赤いから。何故こう皆んな申合をしたように赤い旗ばかり立てるのであろう」と馬場は述べて,こう結論する。

　地震と火事を経て来た人々の頭は,余りに深く赤い色の印象を受けて,外(ほか)の色を忘れたのであろう。だから旗と云う時,赤い旗以外に思い及ばなかったのであろう。

だが赤い日が決定づけられるまでに，もう少し地震には他の色あいの趣きもあった。この９月１日，法要で浅草寺に出かけ仲見世の鳥料理屋「金田」にて，ちょうど地震に出くわした新派の花柳章太郎の日記は，そのあたりを記して実にヴィヴィッドこの上ない（「『関東大震災』花柳章太郎　人間国宝の手記（遺稿発見）」『文藝春秋』2012年８月号）。

　　逃げまどう群集は極度の興奮と恐怖におそわれて人の顔の色をして居ない。折から吹き荒れ出した強風の砂塵を頭から浴びて見るもいたましい姿である。そのうちに浅草の千束町方面と吉原方面と吉野町の方面と三ヶ所から黒煙が上がり出した。人々のあわてふためいた表情とその持出した荷物なぞでそれが火事であることがすぐに察しられた。
　　煙はますますひろがって黒い魔の手と赤い舌を拡げ出す。

「黒い魔の手と赤い舌」はさらに周囲の色を変貌させていく。

　　吹き暴れる風の音と火災にわめく人々の叫喚（きょうかん），なおも続く。余震のためにいずこともなく立昇る砂煙，曇り陽の太陽の先をすっかり包んでしまったので太陽の色と云ったらない。何が凄いと云って私はこの日の太陽の色を忘れることは絶対に出来ないのである。

　とまれ［赤い日］の印象は，あまりに強烈であった。だからであろう，昭和は震災とともに始まったという感覚を持つ人がいても不思議ではない。山本七平の弁をきこう（『昭和東京ものがたり』読売新聞社，1990年）。

　　私が生まれたのは大正十年末，昭和元年で五歳，大地震のときは二歳と九か月である。もちろん記憶は何も残っていないはずだが，記憶しているような錯覚は今も残っている。これはおそらく，三歳から五，六歳まで，絶えず大震災の話を聞かされていたからであろう。

破壊の一点をとってみれば，関東大震災に比肩し得るのは東京大空襲である。だが山本によれば，「昭和のはじめの大人にとって，大地震が与えた影響はそれと同じか，それ以上であった。戦争はある種の予告があり，さらに空襲は警戒警報や空襲警報という直接的な予告があるが，震災には全く予告がない」。したがってその突発性に対する恐怖から，何年も語りつがれて当然と言わざるを得ない。

（2）「天譴」と「社会革命」

そして作家の菊池寛は，「災後」の人心の変化をはっきりと次のように描き出す（「震災文章」『菊池寛文学全集』第6巻，文藝春秋社，1960年）。

> あの地震を天譴と解した人などがいたが，私はあの地震で，天譴などが絶対にないことを知った。若し天譴があるならば，地震前栄耀栄華をしていた連中が，やられそうな筈が，結果はその正反対であった。…（中略）…
>
> 私自身，あの地震を境として，人間が少し悪くなったような気がする。恐らく東京人の多くもそうではないかしら。一つはボンヤリでも怖れていた天道を全く怖れなくなったのと，とにかく一の命拾いをした以上，もっと面白おかしく暮らそうと云う享楽的気分が生じたのではないかと思う。

だが他方で菊池は，「震災は，結果に於て，一の社会革命だった」との鋭い見方を提示する。いったい何をもって社会革命というのか。「財産や地位や伝統が，滅茶苦茶になり実力本位の世の中になった。真に働き得るものの世の中になった」。これが菊池の回答だ。実は東京の復興はすばやかった。政府の手を借りるまでもなく，あっという間にバラックや露店が立ちならんだ。9月末の新聞がすでにバラック3万戸という数字を掲げたと言われている。

つまりここに見られる東京市民の復興への意欲満々の中に，菊池はノホホンとしていては他人に先を越されてしまうかもしれない競争心の存在を見い出したのだ。ともかく震災復興の過程で生き馬の目を抜く都市化の進行が加速された結果，東京市民も人が悪く享楽的になったに違いない。それこそが，「社会

革命」なるものの実体であった。

(3) 馬場恒吾のバラック賛歌

それにしても今日では，震災復興事業は，意外にもかなりの成果をおさめたと言われる。それはなぜか。それは先述した菊池寛の「社会革命」と関連がある。実は政治過程の外側のジャーナリズムにあって，馬場恒吾もまた後藤新平の大型版の復興計画に反対であった。馬場は次のように根底からの批判を展開する（「破壊の日」『政界人物風景』中央公論社，1931年）。

　自分が労せずして，自然の行った破壊を利用して，社会改造を企てるような事は，虫が良いと云う外はない。帝都を復興する序でに，帝都を改造するなどという考えも，虫の良いことに於ては社会主義者と異なる所がない。このように，労せずして功を収めんとする計画に，昔も今も，将来も失敗する運命を有している。

その上で「復興とは何ぞや」と問う。それは「兎も角も，地震前の生活迄，生活を復活せんとする事だ」。
　翻って後藤の都市計画道路を「天下の愚案」と決めつけた馬場は，さらにこう続ける。

　政府が斯の如き愚案の詮議に日を暮らしている間に，バラックは到る処に建てられつつある。試みに上野の山，或は愛宕山に上って見るがよい。見渡す限りのトタン屋根と板葺きの家は果たして何を語っている。人民は政府の愚劣な都市計画案を待たずに，人民の都市を作りつつあるではない乎。

かくてバラック賛歌の果てに，馬場は次のように結論する。

　彼等とても元より立派な市街の出来る事に反対するのではない。併し彼等は立派な市街を要求する前に，彼等自身先づ活きなければならぬ。活くる為

めには何か商売を始めねばならぬ。生活の根拠地を作らねばならぬ。バラックは人間が活きんとする力の表象である。其(その)活きんとする力は、政府の計画が出来ると否とにかかわらず、所謂(いわゆる)東京市を作るのだ。

まさに馬場の言う「人間が活きんとする力」がみなぎって、後藤の復興計画と対峙(たいじ)した時、実は一見対立するかに見えたバラックの力と計画の力は、意外にも融合して震災復興を推し進めていったのではないか。「初めて都市計画に基づく区画整理が実施されたほか、官の手を離れた民の次元でも、新東京の建設は着々と進められた」と評する松葉一清の言に、それは裏書きされる(『帝都復興せり――「建築の東京」を歩く』)。

(4) 震災復興から空襲へ

かくて「災後」から20年。今度は日米戦争の終盤にて、米軍の空襲により東京は再び灰燼に帰した。東京の破壊に際して、昭和天皇は関東大震災の折と同じように、東京視察に赴いた。1945年3月10日の東京大空襲直後のことである。昭和天皇は震「災後」ならぬ新たな戦「災後」にも立ち会う運命を負っていたのだ。

3月18日、昭和天皇は戦災地視察に出かける。この時の昭和天皇の様子については、藤田尚徳侍従長の回想が、あますところなくその雰囲気を伝えている(藤田尚徳『侍従長の回想』講談社、1961年)。

　三月十八日、私は陛下に供奉(ぐぶ)して東京の空襲被害地を巡った。この日は彼岸の入りであったが風が冷たく、陛下の御巡幸の道順の警戒もできぬほど、焼け跡の整理はできていない。深川富岡八幡宮の焼け落ちた本殿の跡で、大達(茂雄)内相が被害状況をご説明申上げたが、この日の御巡幸を知らぬ都民は、ふと陛下のお姿をみて、驚きの表情でお迎えしていた。
　陸軍の軍装を召された陛下は、都民のモンペ姿、防空頭巾姿にいちいち会釈しながら、汐見橋、東陽公園、錦糸町、駒形橋、上野、湯島切通坂と一巡なさった。車中で私に悲痛なお言葉をおもらしになったのは、湯島を通り過

ぎる頃であったろうか。

　「大正十二年の関東大震災の後にも，馬で市内を巡ったが，今回の方がはるかに無惨だ。あの頃は焼け跡といっても，大きな建物が少なかったせいだろうが，それほどむごたらしく感じなかったが，今度はビルの焼け跡などが多くて一段と胸が痛む。侍従長，これで東京も焦土になったね」

　こうして昭和天皇が，焦土と化した東京の視察を通して，本土決戦ならぬ終戦の決意を固めたであろうことは想像にかたくない。「一望涯々たる焼野原，真に感無量なるものあり，此灰の中より新日本の生れ出でんことを心に祈念す」(『木戸幸一日記』下，東京大学出版会，1966年) との木戸の簡潔なる記述は，昭和天皇の胸中を暗示するものにほかならなかった。

5　「さかのぼり災後史」からの展望

　「さかのぼり災後史」を記してきて，今考えることは，3・11の「災後」から5年のあの大震災のアーカイブに，今一度思いも新たに取り組まねばならぬということである。あの3・11の「提言」に至るプロセスで，最初の5月の段階の「復興構想7原則」において，原則の筆頭 (第1原則) に，「失われたおびただしい『いのち』への追憶と鎮魂こそ，私たち生き残った者にとって復興の起点である」と，アーカイブの意義を説いた。その初心をややもすると忘却しつつあるのではないだろうか。ハッとせざるを得ない。

　「戦後」が終わり，「災後」が始まるという3・11当時の思いは，たちまちにして「戦後」は終わらず，「災後」は停止するという現実を体験してのリアリズムに取って替わられた感に苛まれる。しかし「東日本大震災」から「関東大震災」へと歴史を溯り，また「東京大空襲」そして「終戦」ないし「敗戦」まで戻ってくると，確かに見えてくるものがあることに気がつく。

　それこそ，「災後」と「戦後」は別物ではない。むしろ一体となって，歴史と現在とを往還するダイナミックな構造を持っている。だからこそ，くり返し

くり返し往還する「災後」と「戦後」とのあやなす交錯の中から,「さかのぼり災後史」の新なる起点がいつ来るかを充分に意識しつつ,力強く「未来」への第一歩を踏み出していかなければならないのだ。

第Ⅰ部

三大震災の復旧・復興過程

第1章
関東大震災後の政治過程

筒井清忠

1　はじめに：関東大震災と政治

　本章は大震災がその後の政治過程にどのような影響を与えたか，また逆に震災後の政治過程が震災からの復興にどのような影響を与えたかを，関東大震災を中心にして明らかにし，震災からの復興と政治との関係に示唆を得ることを目的としている。

　関東大震災後の政治情勢に関する歴史認識として，東日本大震災後には，「政党政治に対する不信の中でおきた関東大震災は大正デモクラシーの息の根を止め，民衆は『強い日本』への願望を高めて選択の自由を失いました」（日本総研理事長寺島実郎，毎日新聞2011.4.11)，「昭和史の視点から見ると，百日で終わった山本内閣の後から劣化内閣が続き，どんどん軍部の台頭を許していく」（半藤一利「関東大震災と東日本大震災」『文芸春秋』2011年，6月号，101頁）というようなものが見られた。

　関東大震災の数年後に起きた普通選挙法を制定する護憲三派内閣も民政党によるロンドン海軍軍縮条約という「戦前期政党政治の最高の達成」と言われる歴史もなかったような言説である。今日これらの人々の認識がどの程度改まったのかつまびらかではないが，関東大震災後の政治過程を正確に認識することが何よりも大切であり，すべてはこのことから始めなくてはならないということをこれらの言説は指し示していると言えよう。

2　第二次山本権兵衛内閣の成立

　加藤友三郎内閣後の山本権兵衛内閣の組閣の最中，大正12（1923）年9月1日関東大震災が起きた。山本はシーメンス事件でその内閣が潰れた後，ほぼ10年ぶりの登場であり「世間も事の意外に驚いた」組閣であった（古島，1951, 202頁）。山本への大命降下は，実際は西園寺公望がイニシアティブを取ってやったことだが，元老の西園寺と松方正義（薩摩出身）のしたことなので，それは当然のように薩派の動きによるものと見られた（升味，1979, 51-52頁）。

　実際，組閣は山之内一次ら薩派の側近を中心にして進められ，そのことが政党人の反発を招いた。山本は，政友会総裁高橋是清と憲政会総裁加藤高明に入閣を要請し拒絶された。革新倶楽部党首犬養毅のみが入閣したのである。山本はシーメンス事件の時の，政友会の冷淡な態度を忘れていなかったらしく，議会の多数派であった政友会が期待したような入閣交渉はしなかった。また，シーメンス事件で山本を激しく攻撃した同志会が憲政会となったのであるから，憲政会総裁の加藤が身代わりを出すといってもそのままにしたと言われている。ただ，第一次山本内閣で加藤に入閣を勧めたという経緯があった仲と見られていた。

　書記官長となる薩派の樺山資英から組閣情報を入手していた革新倶楽部の古島一雄は，犬養の入閣交渉を頼まれ，名古屋にいた犬養に帰京するよう電報を打ち，深夜沼津で会い山本の意向を伝えると，犬養は「普選で勝負しよう」と一言だけ言った。翌日，犬養が山本に会うと，山本は「普選のことはよく知らないから宜しく頼む」と言った。そして，山本は組閣について犬養に相談もしたという。

　その頃，後藤新平はしきりに古島のもとに人をよこして内相としての入閣を望んだ。そこで，普選のためには犬養が内相となった方がいいのだが，それほど望むならということで，古島は犬養に逓信相を勧め，組閣本部にいた山之内に会い，犬養・後藤らで翌日組閣の相談をすることとしたが，そうした相談中に突如，関東大震災が起きたのだった。

後藤は山本の組閣に不満を持ち始めた所であったが，急がれた組閣に協力し，連絡がむづかしいため困難があったが，9月2日に組閣はなり内閣は成立する。赤坂離宮御庭園前の四阿に裕仁摂政宮が野立ちし，余震でゆらぐ蝋燭の中，親任式が行われた（古島，1951，202-205頁）。

したがってそれは，薩摩出身の山本を中心にした伊集院彦吉・財部彪・山之内一次・樺山資英ら薩派という出身地域閥を基底とし，そこに寺内内閣の外交調査会以来提携関係にあった犬養と後藤の二人が大きく加わった形で成立した内閣であった。閣僚は補充含め以下のようなものであった。

　首相　山本権兵衛
　外相　伊集院彦吉　薩摩，元外交官
　内相　後藤新平　貴族院，元内務官僚，遞相・外相・内相歴任
　蔵相　井上準之助　元日銀総裁
　陸相　田中義一
　海相　財部彪　薩
　法相　平沼騏一郎　元大審院長
　文相　岡野敬次郎　貴，元東大法教授・商法
　農商相　田健治郎　貴，元遞相・台湾総督
　遞相　犬養毅　衆議院
　鉄相　山之内一次　薩，貴，元内務・鉄道官僚
　書記官長　樺山資英　薩
　法制局長官　松本烝治　元東大法教授・商法，満鉄副社長

3　山本内閣と新聞世論

この内閣に対し，『東京朝日新聞』は，多数党たる政友会が腐敗し，第二党にも期待できないので，既成政党打破と既成政党外の真に国民の意志を代表する新勢力の台頭を期待するとし，『東京日日新聞』も，既成政党は国民から厄介者扱いされており，超然内閣による政界の廓清(かくせい)を期待するとした（東京朝日，

8月28, 29日, 9月1日；東京日日, 8月27, 29日, 9月1日；岡［1969, 208-210頁］）。

　超然内閣ではあったが山本内閣は新聞世論から期待されたことがわかる。季武嘉也氏は，「大正後期になると，政友会・憲政会はジャーナリズムの間で既成政党と呼ばれるようになった」としているが，日本共産党の結成は1922年であり，マルクス主義・社会主義が台頭し知識人に影響を与えだすと，保守的な政党をブルジョア政党と規定し，既成政党と名づけることによって，「真に国民の意志を代表する新勢力」＝社会主義勢力の台頭が期待されだしたのである（季武・武田，2011年，123頁）。それは，後述の後藤新平の無党派勢力結集論にも影響を与えていたものと見られる。

4　山本内閣と政党

　山本権兵衛内閣に対し，議会の多数派であった政友会の非総裁派は多数党の政友会に政権が来なかったことを総裁の高橋是清の責任とし，総裁交代・党改革を主張，高橋是清擁護の総裁派と対立した（升味, 1979, 53-55頁；石上, 1960, 63-72頁；松尾, 1989, 277頁）。

　これに対し，憲政会は，前述の山本と加藤高明総裁との関係のことなどもあり「好意的中立」の態度を取った。そして非政党内閣に対して掲げていた「憲政常道」論を棚上げすることにした。これは，元老の普選への不安感の除去のため加藤総裁がしたことと見られている。大震災は，特定の政策を引込めるための口実に使われることもあるのである（村井, 2005, 128-130頁；奈良岡, 2006, 241-242頁）。

　少数党の革新倶楽部についてはすでに著したところである。犬養毅が「普選一本槍」で入閣したと語ったように，革新倶楽部は入閣を機会に普通選挙制を実現させようとしたのである。それだけに，（後述のように）普通選挙制実現の見通しがたたなくなると，あっさりと総辞職に賛成することになる。その点で，犬養のほうが，後藤よりも政治的態度は明確であった。ただ，政党人の犬養と非政党人の後藤という違いもあるかもしれない（鷲尾編, 1968, 中巻, 540頁）。

5　後藤・犬養と新党運動

(1) 普選実施へ向けて

　この内閣の一つの柱であった後藤新平は犬養毅とともに普選実施体制を構築しようとして普選断行を含む施政要綱を山本権兵衛首相に提示した。そして，新聞が，既存政党を批判し新勢力の台頭を言いつのっている中，「無党派聯盟」の重要性を強調した。山本内閣を「無党派聯盟的ナル有機的組織」（鶴見，2006，135頁）にしようというのである。無党派聯盟を作るには普通選挙の実施は当然のことであった。

　犬養が閣僚を説得したが，田中義一陸相は在郷軍人会の選挙権獲得運動問題の解決のために，平沼騏一郎司法相は「一君万民」「皇室中心」で治安立法も実施ということで了解した（古島，1951，208頁；松尾，1989，267-269頁）。

　10月15日の閣議においての普選についての閣僚への意見聴取で「概(おおむね)賛成」ということになり，後藤・岡野・田・犬養・平沼に政綱政策とくに普選についての講究が委嘱され，翌10月16日に五大臣会議で「納税資格全廃」等五つの普選原則が決められた。さらに，18日，首相の諮問機関たる法制審議会が開かれ，後藤内相が首相の審議促進の要請を伝達（これは，12月5日の最終答申書提出となる），10月23日，内務省が法案起草開始。11月12日地方長官会議の訓示で三大政綱（綱紀粛正・普選即時断行・行財政整理）を発表，普選案は来議会に提出とされた。わずか3～4ヶ月での普選実施体制の構築へ向けての急激な展開であった（松尾［1989, 264-289頁］参照）。

(2) 新党計画

　9月5日，第一次加藤高明内閣法制局長官，第二次加藤高明内閣・第一次若槻礼次郎内閣書記官長となる塚本清治を内務次官に，第一次加藤高明内閣内務次官となる湯浅倉平を警視総監に任命することが発表された。後藤内相の行った反政友会系で憲政会系の内務省人事である。震災後4日目であった。

　9月27日，後藤が総裁となる帝都復興院官制が公布施行されるが，この復興

院の作った復興計画を審議するのが19日に公布された帝都復興審議会官制により作られた復興審議会であった。

　委員は19名で，閣僚10名のほかは高橋是清政友会総裁，加藤高明憲政会総裁，伊東巳代治枢密顧問官（山県系官僚），市来乙彦日銀総裁（前蔵相，薩，貴），渋沢栄一，和田豊治（富士紡社長，貴），青木信光貴族院研究会幹部，江木千之貴族院茶話会幹部（文部・内務官僚，憲政会幹部江木翼の父），大石正巳であった。万一多数決の時は，閣外者が9名で閣僚10名より1名少なく，内閣の意志が通るように構成されたと見られている。

　大石は，自由民権運動以来の古い政党人であり，政界を引退していると一般には見られていたため，新聞は次のように書きたてた。「衆議院を無視—大石正巳氏の如き今や政治界を退き野狐禅に隠れて無責任に政治を放棄していた老人である，彼は何を以て民間政治家を代表する権利を有するか。」「之によって他の政治的目的を達せんとした跡歴然，此の如き機関によって此大事業を達成すること思ひもよらず」（東京朝日，9月21, 25日）。

　枢密顧問官三浦梧楼は，田健治郎系の政界情報収集家松本剛吉に「此の震災を利用して審議会抔を拵へ，大石抔を入れ，新政党の下拵へを為すとは先が見え過ぎて可笑しくてならぬ」と言っている（岡・林，1959, 10月8日, 266頁）。犬養の盟友古島一雄は，犬養が「老友（大石）の埋れるのを惜しんで推薦したのである」としているが，新党樹立の工作に使うため箔付けしたと見られるしかない人事であった（古島，1951, 206頁）。

　実は山本内閣工作というものは前年頃から始まっており，後藤・犬養に，大石も加わっていたのである。犬養は前年暮れに「大石も権兵衛が愈々出るといふことであれば，何時でも飛び出して来て助けると云ふて待って居る」と語っており，この年8月15日に大石は「先ず憲政会と革新倶楽部との合同を計らなければならぬ。たとひ権兵衛内閣が出来たにしても，これがバックになるべき政党がなければ，折角成立はしても直ぐ投げ出さなければならぬやうな事では困る。どうしても憲革合同のバックを作って援助させなけァ駄目だ」と語っていた（村上，1924, 68, 120頁；季武，1998, 339-344頁）。彼らは，山本内閣を作り，それを「憲政会と革新倶楽部との合同」勢力で支えようと企図していたのである。

さらに，10月25日，地方長官大異動人事が発表されたが，政友会系知事13名を休職処分とした。内務次官・警視総監人事に次ぐ露骨な反政友会人事であるが，意図がストレートにわかりやすすぎるやり方なのは，後藤が本来あまり寝業師的な性格ではないということなのか，地震の後ということで自身も慌てていたということなのかは定かではない。いずれにせよ人事による熱心な工作が続けられたのである。

　10月中旬頃からは大石斡旋・中心の新党計画の報道が始まり，11月10日には憲政会議員32名（前職含む）が「非政友合同」を議論。11月22日には庚申倶楽部の普選派3名が，憲政会・革新倶楽部の両党を訪問し，普選三派を基礎に「広く天下同志を糾合し新党樹立を為し，以て更始一新の実を挙げんと欲します」として協力を要請した（東京朝日，11月11，17，23日；松尾，1989，281-282頁）。

　憲政会では，下岡忠治・仙石貢・箕浦勝人（みのうらかつんど）・加藤政之助・望月小太郎らが加藤総裁の政治指導への不満と普選実施の主体となることによる党勢挽回を期し「元老方面の気受けがいい」と考えられた後藤と加藤とを「握手させれば，場合によっては政権にありつける」と考えた。若槻によれば「どうかすると，加藤を押しのけようという空気さえあった」という。こうして加藤・後藤二人総裁論ないし後藤総裁論が台頭，総務委員合議制論なども検討された（若槻，1983，249頁；松尾，1989，283頁；横山・樋口，1985，下巻，527-528頁；村井，2005，131頁；奈良岡，2006，264-265頁）。この，元老と後藤との関係についての情報はまったくの虚構であり，元老の西園寺公望は後藤をまったく評価していなかったのであるが（岡・林，1959，8月22日，249頁，8月31日，256頁）。

　しかし，実は少し前頃から「此節の様に後藤万能では」（三浦観樹の言，岡・林〔1959，10月8日，266頁〕）と言われるほど後藤の勢力は伸びきっており，また危うかった。充分な補給の準備もなく戦線を拡大しきり，勢力が一見最大限に見える時が，その後に来る急速な没落の前兆点なのである。
「風呂敷を拡げ其括（くく）りの出来ぬのは後藤の病気である，其病人の頭を能（よ）う押へぬやうな総理では迚も駄目である」（三浦観樹〔梧楼〕，10・8），（岡・林，1959，10月8日，266頁）「実は山本首相も後藤には困り居るものと見え」（松本剛吉，

10・10)(岡・林, 1959, 10月10日, 269頁),「内閣も後藤の為めに先が見えた…(中略)…後藤は駄目である」(三浦観樹, 10・23)(岡・林, 1959, 10月23日, 270頁)等, 後藤の「説得不足」と「独走」は急速に人望を失わせていたのである。

6　新党計画の挫折

(1) 憲政会の動き

　加藤高明憲政会総裁は11月下旬以降連続幹部会を開催し合同への慎重姿勢を確認し, 12月2日・4日に自邸で開かれた総務会と異例の多数幹部会で, 引退と政治資金拠出を断る可能性を示唆した。憲政会の政治資金は加藤の女婿岩崎弥太郎・三菱財閥にほとんど依存していたと見られている(奈良岡, 2006, 265頁)。

　12月5日憲政会は合同打ち切りを正式に決定し, 加藤の意を受けた安達謙蔵と政友会幹部岡崎邦輔が政友会・憲政会の第1回の提携交渉を開始した。加藤・安達と岡崎の会談は継続され, 1924年1月清浦奎吾内閣が成立すると加藤は率先護憲運動の狼煙を上げ, 革新倶楽部とともに護憲三派を形成し護憲三派内閣成立を領導する(奈良岡, 2006, 265頁)。「第二次護憲運動は, 第二次山本内閣の下で準備されていた」(村井, 2005, 133頁)。これも後藤が急速に戦線を伸びきらせたからであるが, わずか数ヶ月の間にこれだけ伸ばせたのも「大震災後」という特別の時空間の中だったからである。また, (加藤)憲政会というものを獲得できなければ, 革新倶楽部だけでは, 超然内閣という批判が待ち構えていたのであり, 清浦内閣はその点がより強まっただけだとも言えよう。

(2) 後藤の失墜

　11月24～27日に開かれた帝都復興審議会総会で後藤新平の復興計画は伊東巳代治・大石正巳・田中義一らから攻撃された。田中内閣を目指す横田千之助と政界策士西原亀三が大石・田中・貴族院研究会間を策動していたのである(松尾, 1989, 283-284頁;西原亀三関係文書〔国会図書館憲政資料室〕, 29冊;季武, 1998, 388頁)。

伊東は寺内内閣の外交調査会委員以来後藤・犬養とは「三角同盟」と言われた関係だったのだが，後藤との関係が悪化していたのである。したがって，伊東とこの田中内閣プランとの関係がどの程度かははっきりしないところもある。伊東が自分の「土地を高く売りつけようとする」ので，後藤が「そんなことをいっては困る，われわれに委せてくれといって巳代治のいうことを聴かぬ。後藤は安田善次郎に金を出させる肚があるから巳代治のいうことには耳をかさない。そこで巳代治が腹を立てたんだ」というのが，犬養・古島サイドの理解である（古島，1951，208頁）。

大石は新党計画のために後藤らが帝都復興審議会メンバーにしたのだが，後藤に反旗を翻したのである。大石には田中内閣のほうが魅力があったのであろう。また，根本的な原因としては，後藤が復興院のほうに復興計画のほとんどを委ね，帝都復興審議会を無視したことが大きい。12月17日に大石は首相を訪れ，伊東・高橋・青木・江木・自分の辞意を伝えているが，このことは「最近審議会委員の中から無視するなら廃止せよという提案があった」（大阪朝日，12月19日）と報道されている。自ら作った機関だが丹念にメンバーの意向を聞き説得しようとせず放置したので，自らの足かせとなったのである（中邨，1993，268-279頁）。

復興院について，『東京朝日新聞』は，「失望せしむる事大」，内務大臣の兼任で「屋上屋を架し」「組織徒らに複雑，責任の帰着点 癒 不明」で，これまで「連絡なく統一なき」「行政各機関が互に割拠して事毎に矛盾衝突」している状況下「復興院の組織の欠点は之等の弊害を除去することを得ない」と批判していた（東京朝日，9月25日）。セクショナリズムで官僚機構が充分機能しないというマイナスが大きい中，そこにまた複雑な組織を作ったので，ますますセクショナリズムの弊が大きいという的確な批判であった。

復興院の副総裁人事に対して，後藤はポストが2人のところ4人に交渉をしていた。これは『正伝 後藤新平』ですら「人事上の不謹慎」とし，復興計画に支障をきたしたことを認めている（鶴見，2006，205頁）が，こういう計画性のないやり方だったため，土地区画整理をめぐって，反対派の宮尾舜治副総裁・池田宏計画局長と推進派の松木幹一郎副総裁・佐野利器建築局長の対立が

始まると，その対立は深刻化した。最後には土地区画整理は折衷案で実施されることになる。後に永田秀次郎らは民政党に接近，宮尾舜治副総裁は政友会に近づくなどして後藤系官僚は分裂するが，その原因の一つはこの復興院での路線対立にあるという説が有力である（駄場，2007，174-177頁；中邨，1993，279-280，291頁；越沢，2005，48頁）。また後年，復興局で一連の不祥事が起きた原因の一つがここにあることは間違いなかろう。

　さて，議会が近づくと普選尚早（制限）論であった薩派の樺山資紀書記官長は，議会多数派で普選尚早論の政友会への接近を策する。11月18・21日両日の閣議では実施論と尚早論とが対立し，山本権兵衛首相も尚早論へ傾き始めた（松尾，1989，284頁）。

　12月4日に犬養が古島一雄宛に書いた書簡には「昨夜後藤子と打合 候 処(そうろうところ)同子ハ頗る曖昧に化し，戸主制（戸主のみに選挙権を与える制度）外(ほか)なかるべしとか或ハ総理の考次第とか申迄ニ変化致シ居候」。（鷲尾編，1940，379頁；松尾，1989，284頁）とある。

　12月6日に首相は政友会の岡崎邦輔らを招請，岡崎は政友会の持論の普選尚早論を説き首相に「一体あなたは普選に賛成したのかどうか」と聞いたところ，山本首相は「犬養後藤両君は頻りに普選即行を提唱しているが，之れは只両君だけの意嚮(いこう)であって政府の決定した意見ではない」と述べたと報道された。これは11月12日の地方長官会議訓示の否定となる。そこで古島は山本に会い「あなたは新聞にこういうことを書かせたが，怪しからんじゃないか」と言ったら，山本は「意思表示じゃない」と言う。そこで，古島は新聞でこの発言を否定した（古島，1951，209頁）。山本は行き当たりばったり的になってきたのである。

　12月12日の閣議で，薩派は大正17年頃施行等の普選尚早（制限）論を展開，犬養毅・平沼騏一郎の無条件翌年5月総選挙実施論と対立し，「内閣成立以来最も緊張した場面」を現出したと報道された（東京朝日，12月7日，13日；松尾，1989，284-285頁）。古島によると，伊集院彦吉外相が「普選なんか急がないでもいいじゃないか」と言ったので，「その時は犬養もひどく怒って，『貴様なんかの知ったことではない，余計なことをいうな』とひどくこきおろした」という（古島，1951，209-210頁）。

（3）後藤攻撃と後藤の挫折

　12月19日の「弾劾の標的は後藤子」という『大阪朝日新聞』記事によると，政友会は「後藤内相不信任の弾劾案を提出せんとて目下秘密裡に画策中」であり，後藤内相に誠意がないことは復興審議会の意見を無視していることからも判る，とされた（大阪朝日，12月19日）。

　12月9日，財部彪海相の下で，危機打開のため後藤を逓相にし岡野を内相とするなどの内閣改造プランが練られたが，この相談に乗った松本剛吉は「予は現内閣の命数幾何もなきことを確めたり」と著した（岡・林，1959，12月9日，274-275頁）。

　12月18日，政友会は後藤内相の作った復興院予算の大幅削減と復興院そのものの廃止を決定した。こうして12月19日の閣議は解散総選挙か政友会への屈服かを迫られる閣議となった。後藤らの攻勢で，加藤が追い詰められてから，2週間ほどしか立っていないという，事態の急激な展開であった。

　この日の朝，『大阪朝日新聞』は次のような記事を掲載している。「妥協政治の仮面を去れ」——「降って湧いた震災をタネに，挙国一致の看板をかけて政略的に立ち上げた仮面・復興審議会は今やむしろ山本内閣の威信を傷つけるものになった」。「審議会に先立ち重要案件を決めるなどして審議会を猫扱いしていたが虎の如く咆哮した」。「不純な動機」を持っていたのが間違いで「有害な機関であるとは始めから知れてある」。「審議会の廃止を断行せよ」。国民は復興と普選をこの内閣に託したが，復興計画においては「国民の信頼に反き」「普選即行もごまかすのでは」「何処に山本内閣の存在の理由があるか」「最早是れ以上時間を貸す必要もなさそう」（大阪朝日，12月19日）。

　閣議では，犬養が解散を主張し，平沼がこれに同調，田中・財部が解散乃至総辞職論を主張したのに対し，後藤は屈服を選択した。「意外亦甚」（田日記）であった（田，1923，12月19日；鳥海，1972，108頁）。「解散を主張した…（中略）…各大臣も肝腎の後藤内相の鮮かな軟化振りに力瘤の入れ処を失つて呆気に取られ肝腎の後藤内相が我慢すると云ふものを，それでもとは云ひ兼て茲に閣議は解散を避くる事に決定した」（東京朝日，12月20日）。後藤の日記には「早朝八時閣議屈従決定　午後二時衆議院大削減通過」とある（後藤新平記念館蔵「後藤

新平自筆日記覚」［大正12年12月4日～大正13年1月4日］；北原，2011，361頁）。

　憲政会の策士安達謙蔵は，政府は解散か総辞職を選択すべきであったが「勇気がないから」断行できず，帝都復興事業遂行の「口実の下にもろくも屈従」した。「解散しても復興事業が出来ぬ事はない」。しかし，閣内が普選論にまとまっていない政府に解散はできない。この結果貴族院の信用を失墜し輿論も政府攻撃し「結局土崩瓦解するに至るであろう」（東京朝日，12月20日）という談話を新聞に発表している。

　また加藤高明は，「山本内閣の復興案は大杉栄の葬式の様なもので，大杉の骨がドコに行ったものやら骨なしで葬式したといふが，今度の復興案も其の通で骨なし復興案になって了った」（後藤新平関係文書〔国会図書館憲政資料室〕；鳥海，1972，109頁）と言っている。

　その翌日，後藤は突然財部海相に予算成立後の解散を提言，これを聞いた山本首相は田農商相に相談したが，田は"解散するならば衆議院で復興予算が削減された時にすべきで，その時，「削られたる予算にて責任を以て遂行する」と言っておきながら予算成立後解散するというのでは「内相の真意何れに在りや甚だ了解に苦しむ」"と拒絶を進言している。山本は「何うも後藤はぐらつくから困る，困ったものだと連発せり」という状態で，さらに田健治郎が「後藤のぐらつくのに，又々あなたが辞表抔申出でられては全く内閣の中心を失する」と言うと，「首相は後藤は駄目だ駄目だ，困った困ったと連発せり」という有様だった（岡・林，1959，12月22日，278-279頁）。

　12月23日，その田農商相が主務的に担当した火災保険貸付法案が審議未了となった責任を取り，辞任した。新聞は田の辞任との対比で後藤を激しく批判した。「後藤子の行動の如きはお話にならない。審議会で復興計画を目茶目茶に縮小されても堂々と争ふことも出来ぬ癖に委員会では盛んに審議会の老人連をコキ卸し陰弁慶をきめている。又衆議院が更に復興案を縮小し自己の立脚せる復興院を廃止しても恬として其の地位に止まり閣議で解散説起るや自ら非解散派の張本となるなどは責任ある政治家の行動といふ事は出来ない我等は田男（爵）今回の勇退に鑑みて後藤子の出所の明快でないことを一層切実に感ずる」（国民新聞，12月24日）。

12月27日，虎ノ門事件が起こり，翌々29日，山本内閣は総辞職する。この時，山本の辞表提出に対して元老西園寺は留任の優諚（ゆうじょう）が妥当と助言したので，摂政から辞表聴許せずとの優諚が下付された。閣議が開かれ犬養が強硬に引責総辞職を主張したので，結局総辞職と決まった。「犬養は早くから普選が駄目と見てうまく退陣の機会をつかんだ」（古島一雄）のだった（古島，1951，210頁；村井，2005，134頁）。

　この点，後藤の影響下，1923年12月に「日本復興無党派聯盟」を結成した橋本徹馬は次のように言っている。「復興計画に其大理想を叩き込まうと意気込むで居た後藤子が，今其俗小なる計画に甘んじて居る有様はどうか。彼れの参考人であるビアード博士は曰く『今日理想に過ぐとの非難を国民より受くるは，他日国民より感謝せらるる所以，今日国民より好評を受くるは他日に悔を残す所以』と。さらば後藤子たる者其職を賭しても世の俗論と戦ふ処に自己の使命の一部を感じなければならぬ筈であるのに，あの七億計画の無理想はどうであるか」（季武，1998，349頁）。

　では本人は「失敗ノ原因」をどのように分析していたのだろうか。

　後年，後藤本人が記した「失敗ノ原因」と題された文章には，「議会解散ヲナスベキニ躊躇逡巡シテ勇断ヲ欠キ，大削減ヲ被リ議会ニ服従シ，不名誉ナル因循微力ノ内閣タルノ譏（そしり）ヲ免レザル中ニ引責総辞職ヲ為スニ至リタルコト」（鶴見，2006，409-414頁）とある。後藤の主張で行った「服従」を，「躊躇逡巡」とか「勇断」を欠いているとか批評しているのである。

7　小括：震災復興政治への提言

（1）震災復興行政の検討

　①大きく言うと，政治コースとして，復興院で復興計画を立て，それを復興審議会で審査した上で，閣議にかけ決定し，議会を通すという設定がなされたことになる。しかし，復興審議会を新党結成に利用しようとした上，復興計画は復興院ばかりに委ね無視したので，政友会や審議会メンバーの反発を受け，復興審議会の方が反対派の拠点となり，復興計画は縮小する一方であった。復

興院→復興審議会→閣議→議会，というコースは，一つのモデルとしては悪くないが，新設の復興院・復興審議会はその構成・連携に失敗すればたちどころに破綻することを示すモデルを示したことになった。

②復興院は，『東京朝日新聞』が批判したように「屋上屋を架し」「組織徒らに複雑，責任の帰着点癒々不明」な官庁となった。すなわち，最初の人事の失敗に始まり内部で激しい路線対立が起き，その結果妥協的なプランしか出し得ず，後年の後藤系官僚の分裂や復興局をめぐる諸事件につながったのである。復興院的なものの設置自体が妥当かどうかケースに応じた検討が為される必要がある。

③復興審議会も『朝日新聞』の批判があたり，ほとんどポジティヴに機能し得なかった。人選に公平性・機能性を欠いたからである。高橋是清政友会総裁，加藤高明憲政会総裁，伊東巳代治枢密顧問官（山県系官僚），市来乙彦日銀総裁（前蔵相，薩，貴），渋沢栄一，和田豊治（富士紡社長，貴），青木信光貴族院研究会幹部，江木千之貴族院茶話会幹部（文部・内務官僚，憲政会幹部江木翼の父），大石正巳，の９人のうち，高橋是清，加藤高明，青木信光，江木千之の４人は超党派の政治勢力の結集・議会対策として，市来乙彦，渋沢栄一，和田豊治は経済界への配慮として，仕方ないとしても，伊東巳代治，大石正巳はあまりにも露骨な政治的盟友の厚遇であり，国民的賛同を得にくいものであった。公開性・民主性という視点を欠いたこうした審議会の設置は失敗するという，これまた悪しきモデルケースとなったのである。

（２）東日本大震災の復興行政との比較

大自然災害からの復興を一つの官庁を中心にして行うという理念は，理想的であり，否定しにくいものである。ほかのやり方よりもより熱心に，また効率的に目的が達成されそうに見えるからである。しかし，それは多くの危険性に取り囲まれているものである。

まず何よりも各官庁からの寄せ集め人事によって集められた官庁の役人たちは，いずれは戻る自分の出身官庁の方に目が向き，権限を自己の出身官庁に有利に回収することなどにエネルギーを注ぎがちになる。

また，新官庁と旧官庁との間で重複しがちな行政内容に関する軋轢も生起しがちであり，そこに上述の問題が絡まってくるので非常に統合しにくい事態が起きやすいのである。

そして，立案・計画・実施までのすべてを行う復興に関する独裁的官庁であるから（特に実施段階での裁量権が大きいから），外部からの目が行き届かなくなりがちである。そこに，巨大な利権官庁という実態に目をつけたブローカー的人間が接近してくると，目に見えにくい込み入った利権構造が作り上げられる危険性が高いのである。実際復興局でも多くの不祥事が起きた。

さて，東日本大震災の復興をめぐる過程の中では，関東大震災の復興院を参考に，復興庁が設置されたが，復興院は計画のみに携わったのであり，実施は内務省外局の復興局と東京市（東京に関し）が担ったのだから，関東大震災後の復興が評価されるというのであれば，実施は既成の所管官庁と外局程度の規模のものの新設と地方自治体とで十分のはずであった。したがって，関東大震災後の復興がモデルとすれば誤解による設置であり，過去の歴史的経験に学ばず，勢いに押される日本の政治・行政の典型的事例となったことになる。

また，東日本大震災後，政府は復興構想会議も設置したが，復興構想会議は文字どおり復興の構想を練る会議であるから，これは関東大震災時の復興院に該当すると見るしかない。そうすると，復興構想会議の報告を受ける首相を本部長とする復興対策本部が復興構想会議のプランを各省庁に割り振って各省庁が実施していくという方策も考えられたが，復興庁が設置されたので，これはなくなった。内務省の外局の復興庁よりは規模の大きいものができたことになる。

しかし，東日本大震災の復興庁にも，やはり復興予算流用問題等が起きた。

改めて考え直してみると，本来，首相官邸に本部を置き，首相を司令塔とした立案部門を屹立させ，その実施は各官庁で行うという方が被災者のためになり効率的となるという対策もあり得たはずであった。

したがって，今後は，復興庁的官庁を設置するケースと設置しないケースとを類型的に準備想定しておかなければいけないであろう。後者の場合は，復興計画の基本的立案に関することはできるだけ首相官邸と緊密な連携を持った復

興庁的官庁が担当し，具体的な実施の部分に関しては，「復興」的根幹的部分のみを復興庁的官庁が担い，在来的復旧に留まるものは各官庁に任せるなどの分業体制のモデルを構築しておくべきであろう．そして，復興庁的官庁をたえず何らかの行政監察の目が行き届いた官庁にしなければならないであろう．

いくつかのモデルがケースに応じて発動していくような体制が準備構築されるべきなのである．

（3）政治状況についての整理

①関東大震災後の政治過程の主たる政治焦点は，復興問題ばかりではなく，普選・新党問題であった．

②閣内では薩派，閣外では既成政党勢力という反対勢力を抱えた後藤新平らは，政界策士利用・内務省人事などで一部政党の乗っ取りによる新党形成を策したが，その冒険的で強引な手法は一時的成功に終わった．

③復興問題上最も重要な帝都復興審議会の政治的利用は後藤の側から仕掛けながら，十分な根回しを怠り反対派の反転攻勢の舞台となった．

④政府の最大の武器である「解散総選挙」が後藤らの閣内地位の低下と閣内の不統一のために駆使できないと見定めた反対党の政友会の判断により，最後の政治的勝敗は決した．

⑤政党政治確立期に政党的基盤を持たなかった後藤は，大衆的人気を支えにするしかなく，いつも壮大なアイデアを出して耳目を引いたが，それを確実に遂行する誠実な持続力や安定感を持たなかった．

復興計画のため鳴り物入りで来日し，後藤との邂逅風景が大々的に報道された米国の学者チャールズ・ビアードが，後藤や復興院に献言を聞き入れられずその「きわめて冷淡な態度」に失望しわずか1ヶ月ほどで「淋しそうに」帰国したのもその一例である（中邨［1993, 271, 279頁］参照）．

（4）震災復興の政治過程

①大震災後というような混乱時には，通常の政治過程時では時間がかかり容易に実現できそうにない政策を，権力を握った政治家が一挙に実現しようとし

て行動することが起きやすい。罹災者を中心にメシア待望的姿勢になっているからである。後藤が新党結成に向けて憲政会乗っ取りのため復興審議会を利用しようとしたのは，それであった。

②しかし，後藤の策略は単純に過ぎ，それは短期的には成功しかけたが，追いつめられかけた加藤憲政会総裁の反転攻勢などにより実力以上に伸びきった戦線は遮断され後藤の企図は挫折して，むしろその政治生命をうばった。それは，後藤にとっても不幸なことであった。

③非常事態及びその後の政治過程に際しては，リーダーに大幅な権限を委譲することになるが，その際，その限度を平和時に明確に規定しておくべきであろう。それも，地震，大火災，津波，火山噴火，安全保障（陸・海・空）への障害など想定される事態によって内容が異なってくるので個別ケース・類型ごとにもとめられるであろう。そうすれば，震災後数ヶ月という緊急時に解散総選挙か内閣総辞職かというような事態は避けられ，後藤のような政治家も，震災復興に専心し本来の力を発揮するものと思われるのである。一例として，大規模災害後一定期間の，解散総選挙・内閣総辞職の回避などがルール化されることが考えられるであろう。

　　［付記］　本章全体にわたり，拙著『帝都復興の時代　関東大震災以後』（中公選書，2011年）に依拠した。事実に関し重複が多いが，同一テーマなので避けられなったことをご理解いただきたい。

引用・参考文献

石上良平『政党史論　原敬歿後』中央公論社，1960年。
岡義武・林茂校訂『大正デモクラシー期の政治――松本剛吉政治日誌』岩波書店，1959年。
岡義武『転換期の大正』（日本近代史大系5）東京大学出版会，1969年。
北岡伸一『後藤新平――外交とヴィジョン』中公新書，1988年。
北原糸子『関東大震災の社会史』朝日新聞出版，2011年。
木舎幾三郎『政界の裏街道を往く』政界往来社，1959年。
越沢明『復興計画』中公新書，2005年。
後藤新平関係文書（国会図書館憲政資料室）。

季武嘉也『大正期の政治構造』吉川弘文館，1998年．
季武嘉也・武田知己『日本政党史』吉川弘文館，2011年．
添田知道『添田啞蟬坊知道著作集 4　演歌の明治大正史』刀水書房，1982年．
田村祐一郎「関東大震災と保険金騒動（13）　田と各務の辞任」『流通科学大学論集
　　――人間・社会・自然編』第21巻第 1 号，2008年．
駄場裕司『後藤新平をめぐる権力構造の研究』南窓社，2007年．
鶴見祐輔『〈決定版〉正伝後藤新平 8 「政治の倫理化」時代　1923～29年』藤原書店，
　　2006年．
『田健治郎日記』（国会図書館憲政資料室）．
鳥海靖「原内閣崩壊後における『挙国一致内閣』路線の展開と挫折」『東京大学教養
　　学部人文科学科紀要』54輯，1972年．
中邨章『東京市政と都市計画』敬文堂，1993年．
奈良岡聰智『加藤高明と政党政治　二大政党制への道』山川出版社，2006年．
西原亀三関係文書（国会図書館憲政資料室），29冊．
平田東助関係文書（国会図書館憲政資料室）．
古島一雄『一老政治家の回想』中央公論社，1951年．
牧野良三編『中橋徳五郎　上・下』中橋徳五郎翁伝記編纂会，1944年．
升味準之輔『日本政党史論　第 5 巻』東京大学出版会，1979年．
松尾尊兊『普通選挙制度成立史の研究』岩波書店，1989年．
水島爾保布『新東京繁昌記』日本評論社，1924年．
村井良太『政党内閣制の成立　1918～27』有斐閣，2005年．
村上貞一『政界縦横録』村上貞一，1924年．
横山勝太郎監修・樋口秀雄校訂『憲政会史』原書房，1985年．
若槻礼次郎『明治・大正・昭和政界秘史――古風庵回顧録』講談社学術文庫，1983年．
鷲尾義直編『犬養木堂書簡集』人文閣，1940年．
鷲尾義直・木堂先生伝記刊行会編『犬養木堂伝』原書房，1968年．

第2章
三大震災における記憶の記録

牧原　出

1　はじめに：震災とアーカイブ

　東日本大震災後,「アーカイブ」という言葉が様々な場で聞かれるようになった。3月11日に震災が起こり,翌4月1日に公文書管理法が施行され,国の歴史的公文書作成と保存のプロセスが法律上明記された。震災への対応と並行して,行政文書の保存が政府の重要な課題となったのである。また,スマートフォンの普及が進んでいた当時,災害現場での記録を写真に撮り,自分の機器に保存すると同時に,友人と共有したり,ウェブ上に公開したりという営みは,ごく日常的な風景となった。もちろん,被災企業や復興に協力する企業もまた,そうした機器を活用して電子データを大量に保存した。「高度な情報社会」の中で,蓄積されつつあるデータについて,どう保存するか,またどう共有し活用するかがテーマとなった。結果として,震災についての「デジタル・アーカイブ」の構築が,国,被災自治体をはじめ広く日本社会で重要課題と認識されるようになったのである（高野・吉見・三浦，2012，2-31頁）。

　ふりかえれば阪神・淡路大震災では,「ボランティア」が脚光を浴びた。被災地に救援と復興のため多くの人々が訪れた。それは,災害ボランティアと認知され,ボランティアの育成,組織化がそれ以後の課題となっていった。このように阪神・淡路大震災が「ボランティア」を日本社会に根付かせたとすれば,東日本大震災は「アーカイブ」を根付かせつつある。

　もっとも,「アーカイブ」の発想は,阪神・淡路大震災でも当然の如く意識されていた。行政官庁,マスメディア,一般市民による様々な記録が公刊された。テレビ番組のビデオや,市民が撮影した映像も編集され,保存されている。

大災害後にそうした営みは自然発生するとも言える。

　これは関東大震災も同様である。たとえば，内務省社会局は『大正震災志』を震災後の1925年から1926年にかけて発刊している。そのうちの『写真帖』では，「大正十二年の大震災に会し，震災府県の実情を伝ふるに，文字の記録以外，写真の記録も亦重要なる修史の一たるを思ふ」と緒言で述べ，24年10月から府県と公私の応援を得て写真を収集し，「技術者を督して実地を撮影」した。つまり震災発生後2年ほどで写真の収集と編集を終えたのである（内務省社会局，1926，緒言）。数千の写真の内，458葉をこの『写真帖』は掲載している。

　美術史家のジェニファー・ワイゼンフェルドは，科学技術と人々の認識の変化に関心を向けるフランスの哲学者ポール・ヴィリリオの「世界を悲しみで包む大異変と大惨事のメディア・スケール」という概念を用いながら，震災後に新聞社の発刊した写真帳を通じて「フォトドキュメンタリー」が「繰り返し複製され循環するうちに，指標的なものから図像的なものへ」変容したプロセスを分析している（ワイゼンフェルド，2014，55頁）。これに対して，東日本大震災の場合，いくつかの津波の図像はかなり「繰り返し複製され循環され」ているが，膨大なアーカイブのデータを見ると，特定の「視覚的言い回し」が確立するというよりは，多様な図像が拡散していくという道筋であったように思われる。

　したがって本章では，そうしたイメージが拡散する原点に立ち戻り，関東大震災時の内務省社会局とその前身組織である臨時震災救護事務局が，なぜ震災後の比較的早い段階から記録の収集と保存とを考え始めたのかという点に着目する。現時点では「アーカイブ」の利用やその効果に着目するよりは，アーカイブの構築を考えつき，その構想を持続する力のありようを検討したい。それこそが，震災を「記憶」する原動力となるからである。そこから東日本大震災までを見渡して，記録保存の動機とその意義及び効果について検討していく。

2　関東大震災と記録保存

（1）情報収集から記録保存へ

　阪神・淡路大震災に際して被災地を長期的に取材した朝日新聞記者の外岡秀

俊は，取材を通じて，「地震と社会のかかわりを包括的に示す資料の蓄積」が不足していることを痛感したと述べる。行政機関や専門家がそれぞれの角度から復旧・復興について記録をとりまとめて分析を進めたとしても，被災者の視点を重視し，「人々にその教訓が伝わ」るように整理されたものは少ないと見るのである（外岡，1997，3-10頁）。

　もっとも，個別の記録自体は関東大震災についても数多く残されている。新聞であれ，作家・詩人であれ，科学者であれ，この災害に直面して記録を残さない方が不自然ですらあるからである。しかし，それらの記録を後になって読み返すのは三重の意味で困難である。一つには，そうした個別の記録を発掘するのが必ずしも容易ではない。記録全体を見渡す視点をすぐには持てないのである。二つには，個々の記録を読んだとして，その内容に入り込み共感しつつ理解することが困難である。過去の記録であるため，現在とは断絶した歴史的事象である。そして，災害はどれもが個別的なものであり，それぞれの災害の特質，たとえば発生時間，地理的条件，政府の財政余力などの要因を一つひとつ確定しないと，どのような性質の災害であるかがつかめないのである。三つには，関東大震災の復興事業が終了した後，日本は満州事変以後の戦争の時代に突入したため，人々の関心は自然災害よりは対外関係に移った。戦争の時代に巨大地震は勃発していたが，人々も政府もそうした災害を歴史的に見渡し，関連づける意識を持てないまま，太平洋戦争の敗戦へと至ったのである。

　こうして，関東大震災を経て，戦争による破壊と復興さらには高度経済成長という流れが歴史の前面に記憶された後に，大規模災害として阪神・淡路大震災が勃発した。そこで，人々はボランティアを通じて助け合う一方で，過去の災害とは断絶した目前の災害について，その記録を収集し保存するという課題に，徐々に向き合っていったのである。したがって，関東大震災と阪神・淡路大震災とは，歴史的状況は異なるが，災害の勃発後，有益な先例のないまま，徐々に「記録の収集と保存」の重要性を意識する過程を経た点で共通している。これらと比べて，阪神・淡路大震災から16年後に勃発した東日本大震災では，阪神・淡路大震災をはじめ，以後各地で次々に発生した大規模な地震や自然災害についての記憶と記録が蓄積されていた。そのため，多数の先例をもとにし

た記録の保存が可能であった。そこではまた，阪神・淡路大震災を機に改めて発掘された関東大震災の記録なども前提として，復旧・復興の取り組みが進められた。つまり「アーカイブ」が事実上存在している状況下で，より自覚的に「アーカイブ」の構築が進められた点が特徴となっているのである。

　それがどのような過程を経たか，行政の側と市民の側とのそれぞれについて取り上げる。行政の側は内務省社会局が編纂した『大正震災志』である。市民の側は，明治新聞雑誌文庫の設立と『帝都復興誌』の編纂である。

（2）『大正震災志』

　1925年9月に内務省社会局は関東大震災の記録として『大正震災志』を編纂した。上下2巻と，図録，写真帖という4部構成の大著である。

　だが，この編纂は，震災直後の23年10月に着手されていた。すなわち「臨時震災救護事務局は，大正12年10月，総務部内に震災志編纂係を置き，笹川種郎，藤澤衛彦，其他の諸員をして専ら之に当らしめ，救護事務局廃止の後は，之を社会局内に移し，月を経ること旬余にして，此書を成すを得たり」とする（内務省社会局，1925，巻首に冕す）。

　この10月とは，救護事務局内の情報発信に変化のあった時期であった。というのは，発足直後から救護事務局は，情報部より『震災彙報』を精力的に発行していた。地震発生の翌2日から情報部は，震災についての流言飛語を防ぎ，確実な情報を迅速に伝他するため，この『震災彙報』の発刊に着手した。これは67回にわたって1日数回，多い時は1日に5回発行された。内容は，政府の措置，食料・飲料の提供など応急救護措置，インフラの復旧状況，住民への注意よびかけ，特定個人・団体の消息，義援金品や寄付金の状況などを幅広く伝えた（東京大学大学院情報学環，1987，67-71頁）。「紙面の体裁の整はなかつた」が，それは「探訪・編集等に何等経験のない者が，匆卒急遽其任に当つた」ためであったという（内務省社会局，1925，88頁）。そして，新聞紙の発行状況が復旧するにつれて，「部員各自本来の常務も亦次第に繁劇を加へ」るようになったため，情報部は総務部へ移管され，情報係が編集に当たったが，10月25日に最終号を発行して終刊したという（内務省社会局，1925，89頁）。この10月に総務

部に震災志編纂係がおかれたのである。

　震災の被害状況を時々刻々伝えるとは，被害・救護・復旧の状況を整理し発信する作業である。その中で救護事務局がこれを記録することを考えるのは，きわめて自然である。担当者には編集経験がなく，本来業務を行う必要が出ると，情報発信をやめて記録保存へと切り替えるのも合理的である。だからこそ，保存業務は，歴史家・俳人の笹川臨風，民俗学者の藤澤衛彦という専門家を委員に任命してこれに委任したのである。その点で，この『震災志』は内務省の公的な震災についての史書でありながら，その編纂は民間委託されていたとも言える。事実，上巻1200頁ほどのうち最初の250頁ほどは「震災前史」として，明治までの地震史が延々と語られる。その後は関東都県，臨時震災救護事務局などの政府諸機関の対応についての叙述が続く。

　そして着目したいのは，下巻附録である。ここには，「芸術品並に史的古物及古典籍の損害」について，編纂段階で把握されていた焼失した工芸品，古文書・書籍のリストが，各区の機関・諸家ごとに記載されている。関東大震災は，「我国史創まつて以来の典籍の最大厄難」と表現されている（内務省社会局，1925，749頁）。震災の人的被害，都市基盤の被害とその当座の復旧を記録した後に，震災によって，それ以前の社会を記録した資料が失われたことが記録される。これへの対処が以後の課題となっていくのである。

（3）『震災画報』

　こうした焼失した資料への眼差しは，市民の間にも見られた。その一例が，ジャーナリスト宮武外骨である。大日本帝国憲法発布に対して抗議の意味を込めて『頓智協会雑誌』でこれを風刺し，以後も数々の新聞・雑誌の発刊を主導した「反官僚的ジャーナリスト」であった宮武は，関東大震災直後から翌年1月まで『震災画報』全6冊を発行した。宮武は，被災状況，地震予知研究の現状，住民の避難生活，政府の対応など，見聞した事象を追跡していく。ところが，次第に筆致は「予想に反した事」と題して，新聞社の営業部大繁盛，罹災者の電車賃無料などと報じたり，「焼跡の掘出し物」と題して銀座の焼土から美術品が出てくるらしいという話を掲載する。写真も数点あるが，専ら挿絵が

掲載され，その多くは被災者の生活を活き活きと描いている。もちろん，宮武は火災による多数の死者の写真を収集しており，自警団が朝鮮人を虐殺した事実も把握している。当局から発禁処分を受けないために深刻な記事を多数掲載するのを控えて，明るい内容の記事を掲載したという方便もあるにせよ，『震災画報』は全体として震災後たくましく生き抜く人々を活写していく。その力強さに宮武は強く共感していたのである（宮武，2013）。

　他方で，宮武は震災後の取材の中で，『大正震災志』が記載するような明治以前の貴重書のみならず，明治以後に発刊された数多くの本，雑誌，新聞が焼失したのを知った。すでに第一次世界大戦中から東京帝国大学法学部の吉野作造と知己であった宮武は，震災前後に法制史家の中田薫など法学部教授と交流を始めた。その中で明治文化研究会が組織され，これを資料的に支える史料館として，宮武の提唱したのが「新聞雑誌文庫」の設立であった。紆余曲折を経て，1926年に東大法学部での文庫設立が決定された。その後，吉野，中田，穂積重遠などの法学部教授や，博報堂主瀬木博尚らの協力で，明治新聞雑誌文庫が設立され現在に至っている（西田，1995，195-199頁）*。

　　* 吉野は日記1924年9月15日の項で「明治堂から古本の荷が着いたとの報に接し中田外骨両君と共にかけつく　二三の掘出しものあり」と記している（吉野，1996，373頁）。これが震災後の書籍収集の一端であろう。

　『震災画報』を見渡すと，確かに「文庫」設立に関連する記事が見受けられる。第1には新聞社の動静である。報知新聞，東京日日新聞，都新聞が焼け残り，「焼失新聞の読者を取込まんとあせり，その争奪戦もまた尋常ではな」いこと（第1冊），「本所被服廠跡の焼屍体を写真版にして出した」ため，発売頒布を禁止された新聞もあったこと（第1冊），『関東大震災』号といった臨時発行物を新聞雑誌社が出したこと（第2冊），東日の発売頒布禁止の理由は，「鮮人殺害さしつかえなしの布令出づ」との一行が掲載されたためだとすること（第6冊），震災時の東京発の号外が丸の内近辺でしか配布されなかったのに対して，大阪発の号外が上野桜木町界隈で回ってきて人々が奪い合うように読んだこと（第6冊）などが挙げられる。

第2に,『震災記』発刊についての珍聞である。この時期から震災の記録の保存が考えられていたものの,その実物は「きわ物の地震出版が早いもの勝ちで飛ぶように売れた事」であったという観察である。だが,「拙速主義の新聞雑誌切抜出版は,その間に合わせのための貧弱な内容に仲間商人さえもがたちまち愛想をつかしてしまう」ものであったという。そのため「最近の図書市では卸値を定価の半額に下げてさえも1冊も売れない」状況であった。講談社が「空前の震災史。絶好の国民教科書。各家庭必備書」と銘打って20万部出版した『大正大震火災誌』は,売れ残りが8万冊もあったというのである(第5冊)。

　そして第3に地震についての古書展の開催である。12月に帝国図書館は,江戸時代の震火災に関する図書記録の展覧会を開催したという。ここには宮武自身が所蔵本を出品した模様である(第6冊)。

　このように,震災直後から焼失した本や活字などの印刷機器が一方にあり,他方には次々と出版される新聞雑誌や『震災誌』があった。その中で貴重書の保存という課題が次第に登場したのである。

(4)『帝都復興史』

　帝都復興事業の終了を記念して1930年に東京市主催で帝都復興祭が開催された。この復興事業について最もまとまった編纂書は復興調査協会編『帝都復興史』である。「東京市,府,横浜市及神奈川県に於ける復興並復旧事業の全般に亘り細大洩さず之を録記し,加ふるに復興七年間に於ける政治経済其他社会萬般の変遷推移を以てし,復興事業記念史たると共に復興年鑑たらしむる方針の下に編纂せるものである」との編集方針のもとで復興過程を多角的に振り返る全3冊の膨大な記録である。建築評論家の松葉一清が驚きとともに「奇書」と記しているように(松葉, 2012)*,これは行政機関による正史ではなく,民間の執筆者による復興私史の束なのである(復興調査協会編, 1930)。

　＊　これもまた東日本大震災を契機に過去を振り返る本の一つである。

　関係名士の肖像,寄稿,揮毫などが大量に掲載され,本編は,復興事業策定過程,個々の地区の区画整理事業,諸分野の復興過程がそれぞれ叙述され,最

後は関係者による復興観がまとめられている。これは諸団体から情報を出させ，広告料も取り，編纂したものである。ジャーナリスト中心の執筆陣のため，復興状況とこれに対する意見書とを対置している。その結果，全体として事例集の性格を帯びる。とりわけ詳細な土地区画整理事業の叙述では，事業の推進者を描き，地区ごとに記述を重ねている。

著者の高橋重治は後の1935年に，航空協会編『日本航空史』を編纂しているが，これもまた同様の手法である。そこでも，まずは肖像，現場写真，揮毫，関係名士の序文寄稿が並び，次いで陸軍・海軍・民間に分け，それぞれについて編年体で発展過程が叙述される。また人物伝とりわけ飛行機事故と遭難者・殉職者列伝が付されているのである（高橋，1935）。

復興史から航空史へという問題関心の移行は当時としては自然である。そもそも関東大震災では，被災状況を知るために航空機や気球からの写真が撮影された。軍縮が進む中で，合理化・機械化を進めつつあった軍は，その成果の宣伝も兼ねて，写真を新聞社に配信し，それが各紙に掲載された。『大正震災志写真帖』もまたその一部を収録している。つまり，震災は飛行機という先端的な科学技術が活用された場でもあった。だからこそ，『日本航空史』の中でも，震災時の航空機の活動に触れている。当時の陸軍における航空隊の活動について，日光滞在の天皇・皇后の安否確認と摂政への伝達，被災地の情報収集や，電信等が復旧するまで名古屋・大阪への連絡手段とされたことなどを詳細に記録しているのである。

（5）先端技術と手作業

こうして先端技術が活用され，その記録が『震災志』に写真として納められ，『復興史』の中にも織り込まれていく。新技術によって記憶が鮮明になるにつれて，記録の保存が促進されるのである。

他方で，震災による秩序の崩壊は，過去の憧憬とそれが失われていくという感覚を味わわせた。宮武に典型的なように，手元の印刷機で震災後の復旧状況を手作業で写写する作業を経て，明治期の新聞・雑誌を保存するため，明治新聞雑誌文庫が創設された。

いわばハイテクとローテクの双方が記録の保存を促していく。前者は未来へ向けた利活用の可能性を示し，後者は過去への懐古の情感を保存しようとする。いずれも記録の蓄積が進むにつれて変化していくのは言うまでもないが，この二つの間に災害の記憶を記録する動機が埋めこまれていたのである。

3　阪神・淡路大震災と「記録保存」の記録

（1）記録の不備による記録作成

　第2節の冒頭で朝日新聞記者の外岡が，取材を通じて地震と社会との関係を包括的に捉える記録が少ないことを痛感した点を指摘した。関東大震災から70年ほど経過したこの地震の発生時，特に関西地域には1946年の南海大地震をのぞいて直近の大型地震の記録はなく，地震に直面した政策担当者の多くは記録の不備を痛感した。

　兵庫県の災害対策本部の状況について，担当職員は次のように回顧している。

　　災害対策本部会議は，朝6時を皮切りに1日，4，5回開かれた。その度に担当部署の責任者から報告が出され対策を協議，すぐさま実行に移された。とくに，肉親を失った絶望感，住む家を失った喪失感に打ちのめされながら寒さの中でじっと耐え続けている被災者の救助，救援は"待ったなし"。迅速性が何よりも必要であった。本部会議は，緊張感で張り詰めていた。そんな中で，フッと頭に浮かんだのは兵庫県のシンクタンク「（財）21世紀ひょうご創造協会」で地域政策の研究指導を受けたある神戸大学教授の言葉だった。「阪神大風水害（1938年）の正確な記録が神戸にない。地元の大学として他の研究機関からの問い合わせに答えられなくていつも恥ずかしい思いをしてますよ」

　ここから神戸大学と兵庫県，神戸市によって兵庫県南部地震緊急被害調査団が編成されたというのである（計盛，2005，17頁）。

　記録がないという問題意識が前提とするのは，記憶すらないということであ

る。阪神・淡路大震災は，かつてない都市直下型大地震の中で，瞬間瞬間の記憶を確かめつつ記録を残すという作業を多くの関係者に強いたのである。

そのもう一つの例を出せば，内閣が設置した阪神・淡路復興委員会の委員長下河辺淳は，委員会の開催と並行してオーラル・ヒストリーに応じている。当時としては未曾有の災害の中で，新規の課題に取り組む政府機関の審議と並行して聞き取りを行うのは，それ自体まったく新規な研究上の取り組みであった。他方，下河辺の側は，官僚が内閣を動かしていた時代と細川護熙政権から阪神・淡路大震災発生時の村山富市政権にかけての政権交代の経験を踏まえて，こう考えていた（政策研究大学院大学，2001，76頁）。

> 今の官僚たちは，「いろいろな人の意見を聞いて」ということになり，しかも評論家の意見を聞いてやるような内閣になったりすると，官僚としては立つ瀬がないなと思うんです。そこで，…（中略）…官僚は自分の独断でやれる好きな仕事を担っていると思っているだけに，自分の考えたこと，やったこと，全てを記録しておかなければいけないと思います。成功しても失敗しても，最初に意図したときからの記録が完璧に残されていないと，あとの人が困ってしまうことは明らかであります。

この発想を得ていた下河辺は，初回のインタビューの最後にこう語っている（政策研究大学院大学，2002，33頁）。

> 私の提案書が修正になっていくプロセスも，私が整理して，見ていただけるようにしましょう。もっとも一番最初に内閣審議室に出したものは，到底呑めないだろうなと思って出したんです。そして，それを呑める形にガタッと落としたわけです。それで面白いのは，行政は「助かった」と言いながら，実は落としたほうに行政が興味を持っていることです。

記録の不備はさらに，口述によって補うという流れが震災をきっかけに本格化するのである。このようなオーラル・ヒストリーは被災地でも関係者によっ

て包括的に実施され，後で触れる『阪神・淡路大震災復興誌』と並ぶ貴重な記録として保存されたのである。

（2）『阪神・淡路大震災誌』

このように未経験の事態について，まずは記録を取ろうとする動機から，様々な記録が積み重なる。阪神・淡路大震災では，まちづくり，医療，教育など様々な分野について記録が残された。そして震災1年後に最初の記録集成のタイミングが訪れた。朝日，読売，毎日の主要3紙は，この時点でそれまでの報道を中心とした震災記録を出版していた。中でも600頁を超える最も大部の『震災誌』を発行したのは朝日新聞社編（1996）であった*。

 * 比較的早くに出版されたのは，読売新聞大阪本社編（1995）（1995年10月）であり，毎日新聞社編（1996）（1996年1月）もある。朝日新聞社編（1996）は1996年2月発行である。

これが類書と異なるのは，第1に，関東大震災時に大阪朝日新聞社が，被害状況を網羅的に記録した『関東大震災記』を発刊したことについて序文で触れて，その伝統を継承したことを宣言している点にある。東京が壊滅的打撃を受けた中，大阪・東京両朝日新聞社が収集した情報をまとめた50頁ほどの小冊子であった（大阪朝日新聞社編，1923）。そして第2に，執筆者が朝日新聞社以外に，55名の社外の執筆者に協力を得て，網羅的な『震災誌』の編集を目的としていることである。

『震災誌』は，第1部どんな地震だったか，第2部被害の実態，第3部どう対応したか，第4部被災後のくらし，第5部復興後今後の防災，という構成である。地震発生から1年経過した段階なので，第3部までが『震災誌』の基本的内容である。だが，可能な限りこの段階での仮設住宅における被災者の生活上の困難や，国・地方の政府の対応について展望を記しているのである。また，この記録では説明に写真を使用しておらず，報告書のような簡素なレイアウトとなっている。この種の記録としては特異なもののように見えなくもない。別に報道写真の記録集を出版しているといった理由が考えられるが，文章と図表

に限ることで，今から見ても，冷静な記録作成を目指していると解釈できるように思われる。

もっとも発生後1年というのが，速報性を本質とする新聞社によるぎりぎりの対応である。その後の息の長い震災の記録は行政と市民に委ねられることとなった。

（3）『阪神・淡路大震災復興誌』

未経験の大規模災害の中，人々は手探りで記憶を保存し始めた。阪神・淡路大震災の場合，朝日新聞社など新聞各社が地震発生後1年を目途に『震災誌』を発刊した。これに対して，甚大な被害を受けた地方自治体は，震災後に『復興誌』の編集を開始した。兵庫県・21世紀ひょうご創造協会『阪神・淡路大震災復興誌』は，編年体で『復興誌』を10年間継続して発行したのである。つまり，震災誌と復興誌とが同時に編集されたのが，この地震の特徴なのである。

すでに1997年に発刊された第1巻で今後10年間継続して編集されることが決定されていたこの『震災誌』もまた，市民レベルの記録保存の継続を基礎としていた。その第1巻はこう記している（兵庫県・21世紀ひょうご創造協会，1997，196頁）。

> 今回の震災の大きな特徴は，あらゆる団体，あらゆる人たちによって，膨大な記録が残されたことである。被災を受けた人，被災地に入った人，救助活動をした人，ボランティア，それに子どもたちから，若者，主婦，お年寄りら，無数の人が，無数の体験記を書いた。また，すべての企業，調査機関，行政がそれぞれの立場で克明な調査結果をまとめた。こんなことは，これまでの日本では考えられないことであった。そして，それらの記録は，ものすごい量の冊子として公刊されたのである。

10年にわたる『復興誌』の構成は，各年の活動を全体として記録した総論部分と，各論とに分かれる。各論の叙述は，生活，文化，住宅，福祉，保健・医療，教育，産業・雇用，都市計画・まちづくり，都市インフラ，防災といった

第2章　三大震災における記憶の記録

表2-1　『阪神・淡路大震災復興誌』各巻序論・総論部分の概要

第1巻	被災地の概要，地震の発生と被害，復興計画
第2巻	喪失と教訓，復旧・復興はどこまで進んだか，復興における今後の課題
第3巻	節目に立った復興状況，復興の問題点と課題，わが国社会の転換点に立つ復興，座談会「3ヶ年を振り返って」
第4巻	編集委員の眼：すまい・まち・しごと・担い手・安心の復興
第5巻	編集委員の眼：すまい・担い手の復興
第6巻	編集委員の眼：すまい・まち・仕事・担い手・安心の復興
第7巻	貝原前兵庫県知事・笹山前神戸市長へのインタビュー
第8巻	被災地復興の足どり：阪神，明石・三木，淡路の首長が語る教訓と防災対策
第9巻	復興10年目の総括：生活，文化，住宅，福祉，保健・医療，教育，産業・雇用，都市計画・まちづくり，都市インフラ，防災，市民活動
第10巻	座談会「震災から10年，そしてこれから」，復興の活動・人の記録

分野に概ね分けて構成されている。市民活動を前半に，行政の活動を後半におくというスタイルである。それは，震災復興調査研究委員会企画編集部会の編集委員が神戸を中心とする関西地域の大学研究者によって構成され，市民からの目線での編集記録が目指されたからである。

　このうち総論部分は復興状況に応じて，その年ごとにトピックが組まれている。それを表にまとめると表2-1のとおりである。
　こうして総論では，復興事業分野と計画年という二つの軸に沿って，それぞれの年の復興状況に合わせて特定のトピックについて叙述される。これに対して各論では，各分野においてその年にどのような復興事業が進んだかが説明される。事業ごとに10年分を読むと，それぞれの歴史があることがすぐに理解できるのである。
　記憶の記録という観点からは，文化の章の1項目として毎年挙げられた「震災記録活動」に着目してみたい。『復興誌』全体が復興についての記録であるが，その中での「震災記録活動」は，記録の記録だからである。
　まず第1巻では記録が豊富であることが指摘され，それが第2巻では，散逸が危惧され，市民グループのネットワーク化が始まったことに触れている。そ

してボランティアが記録の保存に取り組みだしたことも記録されている。そして第3巻からは具体的な市民の取り組みについてかなり網羅的に列挙されるようになっていく。もちろん，「阪神大震災を記録しつづける会」や神戸大学震災文庫など早くから活動を開始した団体もあったが，3，4，5年目の『復興誌』では市民の記録保存について様々なヴァリエーションがあったことについて触れている。避難所日誌，長田区の「震災・まちのアーカイブ」活動，様々なオーラル・ヒストリー，写真や映像記録の保存，資料の電子化とウェブでの公開，さらには記憶を風化させまいとする「語り部」である。

　3年目の『復興誌』は「関東大震災では市民の側からみた震災資料があまり残されていない」「被災者がやむにやまれぬ思いで書いた『資料』は，その多くが捨てられた」という反省をこめて，ボランティアがネットワークを組んで資料の収集，整理，保存に努めていると指摘する（阪神・淡路大震災記念協会，1999，163頁）。4年目の『復興誌』は，「震災を記録し，社会に伝えていくことは，新聞などマスコミだけに課せられた課題ではない」とした上で，市民による記録保存の重要性を説いた（阪神・淡路大震災記念協会，2000，196頁）。そして5年目の『復興誌』は，この段階で家族に無事を伝えるビラ，食べ物の情報を記したチラシ，避難所に掲げた名簿など，「身近なナマの記録」は膨大な反面，時間が経つにつれて失われつつあるとした上で，「ボランティアの思い」から始まった震災の資料収集活動は「図書館や行政も巻き込んだ大きな運動に広がっていった」とまとめる（阪神・淡路大震災記念協会，2001，168頁）。これらの資料は7年目に完成した人と未来防災センターで保存・公開されていったのである。6年めの『復興誌』は，復興事業は6年目でほぼ終了し，ここからは資料収集と保存・公開といったソフトな方法が重要であると指摘する（阪神・淡路大震災記念協会，2002，168頁）。人と未来防災センターはその点で画期をなす「メモリアルセンター」となっていったと言えるであろう。

　こうしてボランティア→市民・図書館・大学→行政という方向で多様な記録が保存されていく。最初は情報量が膨大であることが保存の動機であるが，次第に散逸されていることが意識され，それを防ぐためにこそ記録保存が重要であるとして，その目的が位置づけられた。こうして，一つひとつは手探りであ

ったが，10年間の『復興誌』を見渡すと，現在で言う「アーカイブ」が自然発生的に構築されていったことが読み取れるのである．

4　東日本大震災と「アーカイブ」を見渡す視線

（1）アーカイブの前史

　手探りで「アーカイブ」が構築されたのが，阪神・淡路大震災であった．そして，この後の10年間に鳥取西地震や中越地震のような大規模な揺れを伴う地域地震が相次いで起こった．阪神・淡路大震災による復興と記録活動はこれらの地震にとっても先例であった．いずれも『震災誌』が作成された＊．特に阪神・淡路大震災から10年近く経つ2004年10月に発生した中越地震は，「阪神・淡路大震災と同クラスの震度7の大地震」と自らを位置づけ（新潟県，2007b，35頁），県災害対策本部には兵庫県と人と未来防災センターが参画した（新潟県，2007a，58頁）．また復興計画である『震災復興ビジョン』の作成に当たって，人と未来防災センター河田惠昭センター長が総合アドバイザーとなった．そして『ビジョン』は，次のような仕掛けをとった．まず10年後の被災地の未来図として，発生から10年後に記録される復興過程はいかなるものとなるかという問いを掲げ，次に10年後に「出してはならない記録」と「出すことを目指す記録」という二つのシナリオがあるが，後者を目指すべきとする．「出すことを目指す記録」とは，この地震が「日本の中山間地を再生・新生させた地震」であったとする「記録」だというのである．

　　＊　中越地震については『中越大震災誌』（新潟県，2007a；2007b）を参照．鳥取県西部地震については，『鳥取県西部地震震災誌』2007年（http://www.pref.tottori.lg.jp/45116.htm　2016年6月27日閲覧）がある．

　このように「記録」されるものはどうあるべきかという観点から，復興ビジョンを編み出すのが中越地震後の復興計画の策定過程である．ここには阪神・淡路大震災における記録作成と保存の努力が，復興計画にそのまま反映されているのである．

こうして阪神・淡路大震災の復興と記録保存をもとに各地で記録保存に取り組む動きが生まれ始めた。その後に東日本大震災が発生したのである。

（2）記録保存の現状

　阪神・淡路大震災とその後に生じた地域地震の特徴は「局地性」であった（計盛，2005，20頁）。これに対して東日本大震災では，地震の揺れは東日本のみならず西日本の一部でも感じ取られ，津波被害は北海道から千葉県の太平洋沿岸に及んだ。福島第一原発事故の影響は日本全体に波及した。その意味での「広域性」を特徴とする地震において，記録の種類と範囲は果てしなかった。津波で印刷機械が破壊された石巻日日新聞社は，記者が手書きで記事を張り出す「石巻壁新聞」を作成し，それは全国的にも話題となり，ニューヨーク・タイムズでも報じられ世界に知られていったのである。他方，各地区の状況については，普及しつつあったスマートフォンないしは携帯電話・パソコンを通じて，ツイッターなどの形で発せられた。津波被害の状況，物資不足の地区などについて，ネットを眺めると次々と情報が流れ込んできた。このように初期段階で手作業から先端技術まで，使えるものは何でも使われたのである。

　そして，県や市町村，自衛隊など国の機関は，いずれも早い段階で復旧過程について報告書を作成し，公表した。情報公開制度の定着や，ウェブによる政府情報の発信が進んでいたからであるが，本震の規模があまりにも甚大であったため，余震という形で再び大規模な地震が起こる可能性があり，当座可能な範囲で初動がいかなる形で行われたかを確認する意味もあったのではないかと思われる。

　ただし，いずれも局地的な情報発信であり，被災地域の被害状況と時々刻々変化するその復旧過程の全体像を把握するのは，きわめて困難であった。そのため震災後1年経過したところで，写真と映像記録集を除いて，関東大震災や阪神・淡路大震災のように，全体を見渡す『震災誌』は作成されていない。現在のところ，それに類する編集書は，『3.11大震災の記録』である（震災対応セミナー実行委員会，2012）。行政機関と並んで，弁護士，行政書士，司法書士，社会保険労務士など「各士業」すなわち専門家団体がどのように復興支援に従

事したかを記録するものであり，広域性もさることながら，関与した団体の多様性を記録する点に特徴がある。こうした復旧・復興支援に各種の団体が関わるのは，震災が広域に及び，被害が甚大である上に，阪神・淡路大震災後の「ボランティア」による復興支援が日常化したからであろう。

そして，デジタル機器の革新が加速した2000年代を経て勃発した東日本大震災では，多くの記録が電子化されていった。メモであれ，写真，映像であれ手軽に電子化され，保存され，共有されたのである。これら大量のデータを収集し，その分類と利活用を考えるため，デジタル・アーカイブが至るところで唱えられた。行政文書，市民の撮影した画像動画，さらには震災の記録をオーラル・ヒストリーとして語った記録など，様々なデータの保存が目指されたのである。国立国会図書館の「ひなぎく」東日本大震災アーカイブ，東北大学災害科学国際研究所のみちのく震録伝，さらにはハーバード大学ライシャワー日本研究所の2011年東日本大震災デジタルアーカイブなどが，データの提供を受けてこれを公開する取り組みに従事している。こうしたプロジェクトを通じて，随時資料が収集され，それが公開されていった。検索を通じて，そこからデータを取得することができる。阪神・淡路大震災では10年間毎年『復興誌』を編纂したとすれば，これらは財政的措置が続く限り，半永久的に資料の整理と公開を続けており，いわばアーカイブ自体が未完の『復興誌』となりつつある。阪神・淡路大震災での『復興誌』の継続発行は，こうしたデジタル・アーカイブをアナログで果たす役割を担っていたと見ることもできるのである。

5　おわりに：震災の記録保存の意義

関東大震災と阪神・淡路大震災とは，被災者にとってはまったく前例のない自然災害であった。そのため，記録保存は以下の3段階を経た。第1に，当座の被害を記録することである。それは復旧と復興のための状況把握のための必要条件であった。第2に，喪失したものを記録することである。かけがえのないものが失われたという事態を前に，記録保存への強い動機が生まれた。そして第3に，記録することそれ自体が記録された。それこそが『復興誌』なのである。

これら過去の2大震災における『震災誌』・『復興誌』の最大の特徴は，継続的な復興活動の総括という点のみならず，記録全体の俯瞰であった。東日本大震災のデジタル・アーカイブでは記録の俯瞰は可能なのか。それともあえて『復興誌』が今後編集されるのか。この点はいまだ結論が見えていない。それはまた，アーカイブという「ビッグ・データ」の利活用がどうなるかが見えていない点と軌を一にする。貴重なデータが活用されないまま，ただただ蓄積されるのみなのであろうか。

　また，関東大震災後の明治新聞雑誌文庫の設立や，阪神・淡路大震災後の長田区「震災・まちのアーカイブ」のように，失われた貴重な記録への愛着もまた記録保存の原動力であった。かつての地域の風景やコミュニティの紐帯などが保存の対象であるが，これらはデジタル・データに馴染むのかどうかも問われている。

　そうした記録保存に形を与えるのが，被災の記念施設である。阪神・淡路大震災で発災後5～6年後から，文書であれ，生活遺物であれ，記録保存を施設に集約する取り組みが進められた。これに対して東日本大震災では，被災地が広域にわたることから，単一の施設への集約は不可能であり，県ないしは市町村レベルで施設の設置が構想されつつある。その場合に重要なのは，記念施設のネットワーク化である。すでに中越地震では，「中越メモリアル回廊」として，行政区域を越えた被災地の4施設3メモリアル・パークが連携し，来訪者が施設等を順に訪問することで，記憶の伝承を広域で進める取り組みがなされている。東日本大震災では現在被災3県でそれぞれ施設が建設される方針が決定されており，このうち国は陸前高田市，石巻市の公園整備の中で国立施設を建設することを閣議決定している。各市レベルではメモリアル・パークや博物館・アーカイブなどの建設を検討中である*。これらがどう連携し，それによってどのように記憶の伝承が図られるのかは，今後の国・自治体・市民の取り組みにかかっている。

　*　仙台市復興事業局震災復興室『他都市等のメモリアル事例集』2013年（http://www.city.sendai.jp/fuzoku/__icsFiles/afieldfile/2013/07/05/sankou2jirei.pdf　2016年6月27日閲覧）

個々人やコミュニティの記憶と，全体を見渡すことで得られる記憶とが同時に伝承されることが，大規模災害を後代に伝えていく営みである。東日本大震災ではあまりに被害規模が大きいため，いずれも容易ではない。だが，関東大震災と直近の阪神・淡路大震災という経験を踏まえれば，この困難な課題に応えるためには，『復興誌』の形態を取るかどうかは別にしても，記録することの記録を続けることが必要である。電子化されない遺構や関連する資料は，メモリアル・パークなどとともに収集・保存されていく。施設があり続けることが，記録の記録となるのである。他方で，デジタル・アーカイブについては，単に電子資料を集めるだけではなく，いわば「メタ・アーカイブ」としてデジタル・アーカイブの歩みそのものを記録することが必要となるであろう。デジタル・アーカイブでは，高度な先端的情報技術が不可欠であるが，この「メタ・アーカイブ」では手作業によって各アーカイブを見渡す作業も欠かせない。すでに中間段階でアーカイブの現状を見渡した報告も出ているが（今村・柴山・佐藤，2014），こうした作業を継続するには，ハイテクの中でローテクが必要となる。『復興誌』における記録保存の記録を，『復興誌』なき時代にも続けることが，デジタル時代のアーカイブの課題なのである。

引用・参考文献

朝日新聞社編『阪神・淡路大震災誌　一九九五年兵庫県南部地震』1996年。

今村文彦・柴山明寛・佐藤翔輔「東日本大震災記録のアーカイブの現状と課題」『情報の科学と技術』第64巻第9号，2014年。

大阪朝日新聞社編『関東大震災記』1923年。

計盛哲夫「第一章　阪神・淡路震災復興計画」財団法人阪神・淡路大震災記念協会『阪神・淡路大震災10年　翔べフェニックス』2005年。

震災対応セミナー実行委員会『3.11大震災の記録——中央省庁・被災自治体・各士業等の対応』民事法研究会，2012年。

政策研究大学院大学『C. O. E. オーラル・政策研究プロジェクト　オーラルヒストリーの課題と実践』2001年。

政策研究大学院大学『「阪神・淡路震災復興委員会」（1995-1996）委員長下河辺淳「同時進行」オーラルヒストリー上巻』2002年。

外岡秀俊『地震と社会　上』みすず書房，1997年。

高野明彦・吉見俊哉・三浦伸也『311情報学——メディアは何を伝えたか』岩波書店，2012年。
高橋重治『日本航空史』航空協会，1935年。
東京大学大学院情報学環「災害と情報」研究会『都市災害の情報問題　その1』1987年3月。
内務省社会局『大正震災志　上』1925年。
内務省社会局『大正震災志写真帖』1926年。
新潟県『中越大震災　前編　雪が降る前に』ぎょうせい，2007年a。
新潟県『中越大震災　後編　復旧・復興への道』ぎょうせい，2007年b。
西田長寿「明治新聞雑誌文庫の思い出」吉野孝雄『宮武外骨此中にあり26　宮武外骨研究』ゆまに書房，1995年。
阪神・淡路大震災記念協会『阪神・淡路大震災復興誌　第3巻』1999年。
阪神・淡路大震災記念協会『阪神・淡路大震災復興誌　第4巻』2000年。
阪神・淡路大震災記念協会『阪神・淡路大震災復興誌　第5巻』2001年。
阪神・淡路大震災記念協会『阪神・淡路大震災復興誌　第6巻』2002年。
兵庫県・21世紀ひょうご創造協会『阪神・淡路大震災復興誌　第1巻』1997年。
復興調査協会編『帝都復興史』1930年。
毎日新聞社『詳細阪神大震災』1996年。
松葉一清『「帝都復興史」を読む』新潮社，2012年。
宮武外骨『震災画報』ちくま学芸文庫版，2013年。
吉野作造『吉野作造選集14』岩波書店，1996年。
読売新聞大阪本社編『阪神大震災』1995年。
ワイゼンフェルド，J．／篠儀直子訳『関東大震災の想像力——災害と復興の視覚文化論』青土社，2014年。

第3章

復興権力の三大震災比較
――近代日本における「災後」の統治と政権交代――

村井良太

1 大規模地震災害と復興権力：創造的復興を担う政権基盤，制度装置，体制原理

　大規模災害は時の政治権力を試験する。中でも大規模地震災害からの復興過程において政治体制はどのような意味を持つのだろうか。本章は近代日本が経験した大規模地震災害である1923年の関東大震災，1995年の阪神・淡路大震災，2011年の東日本大震災の比較を通して復興を支える権力，すなわち復興権力について考察する。

　1755年，ポルトガルの首都リスボンを地震と津波が襲って壊滅的な打撃を与えた際，宰相セバスティアン・ジョゼ・デ・カルヴァーリョ・イ・メロ，後のポンバル侯爵は王の信任を背景に20年以上にわたって強権を振るい，被災者の救護に始まって地震に強い都市の再生を手がけた。もとより近代の日本においてこのような権力は望むべくもなく，また望まれもしない。近代日本における権力とは立憲的権力であり，民主的権力である。このような復興権力という観点から三大震災を見れば，いずれも首相の交代に止まらない大きな政権交代の前後に発生した。関東大震災は複数政党制に基づく民主政への移行期に，阪神・淡路大震災と東日本大震災はともに民主政の再編期に当たっていた。すなわち，関東大震災は1923年9月の発災後約半年にして政党を中心とする政府反対運動である第二次憲政擁護運動が起こり，総選挙を経て1924年6月に第一次加藤高明内閣が誕生すると，以後8年間にわたって政党間での政権交代が行われた。次いで阪神・淡路大震災は，日本国憲法下で「1955年体制」と呼ばれる長期政権を維持した自民党が1993年8月に細川護熙政権誕生で第一党でありな

がら下野し、短命の羽田孜政権を経て村山富市社会党党首を首班とする連立内閣で再び政権に参画して約半年後の1995年1月に起こった。そして東日本大震災は2009年9月の総選挙で多数派が逆転して自民党から民主党に政権が移行してから約1年半後、2011年3月の出来事であった。それぞれ同時代における決定的な政変の前か後かという違いはあるにせよ、いずれも新たに政権交代を通じた日本政治の運用を模索する政治変動下に起こった。それは偶然の一致ではあるが、政治変動期の日本政治は三度大震災によって試されたのであった。

　大規模地震災害は、発災後、初動、応急、復旧・復興へと局面は展開し、復興後に至る。それぞれの局面で政府に求められる役割は異なり、また地震の反復性ゆえに復興後は次の地震災害の前史ともなる。地震が起こった時に何ができるか、多くは地震が起こる時点までに蓄積してきたことに左右される。そこで本章ではまず前史を叙述し、震災内閣を論じ、その後の政権交代を議論する。また、阪神・淡路大震災後にフェニックスのたとえとともに創造的復興が謳われ、東日本大震災では復興の基本思想となったが、関東大震災の復興もまた事実としての創造的復興であった。そこで、発災から復興後に至る地震災害のサイクルを意識した上で、創造的復興に当たる復興指導者、政権基盤、制度装置に注目する。

　さらにこうした復興権力を総体として規律する体制原理も意識する。近代日本の文脈から、第1に人権保障と権力分立による善政を目指し、憲法諸機関による多元的統治像に立つ〈立憲主義〉、第2に国民と結び付いた強力な権力による善政を目指し、選挙に支えられた政党政治による一元的な統治像である〈民主主義〉、そして第3に合理性による善政を目指し、科学的統治像に立つ〈調査主義〉、これら三者間の調和と相克を論じていく。復興権力において復興の構想はどの様に調達され、現実化されていくのか。複数政党制に基づく政権交代のある民主政治下に生活する私たちにとって、来歴も含めて民主政治下での震災を問い、震災下での民主政治を問うことは、将来の震災対応時の指針とともに日常的な政治と社会の関係についても示唆を与えるだろう。なお、東日本大震災の復興過程は5年目に入り現在も進行中である。したがってここでの整理は関東大震災の復興過程を比較的多く叙述し、阪神・淡路大震災、東日本

大震災の復興過程を俯瞰するものとなる。

2　関東大震災（1923年）と復興権力：第一次世界大戦後の民主化過程と震災対応

（1）発災時までの政治構造：中央集権的立憲国家の建設と発展

　明治維新後の新政府樹立と1871年の廃藩置県によって中央集権国家化を進めた日本は，1890年に大日本帝国憲法を施行し，近代国家としての制度を整えていった。もとより当初から〈民主主義〉を目指していたわけではなく，それどころかすでに多数党横暴が懸念される中で，衆議院を牽制する貴族院，帝国議会を牽制する枢密院，独立性の高い陸海軍，そして何より広範な大権を保持する天皇と〈立憲主義〉的統治観の下で，政府もまた一党による支配を否定する「超然主義」を唱えていた。にもかかわらず衆議院に基盤を持つ政党勢力は，自由党，立憲改進党に始まり，1900年に伊藤博文が立憲政友会を組織すると不可欠の統治主体へと成長していく。日清戦争，日露戦争の勝利を経て韓国併合に至る中で第一次桂太郎内閣が1901年に成立すると，以後，貴族院と官僚勢力を基盤とする陸軍出身の桂と，衆議院多数党政友会の総裁西園寺公望との間で1913年まで交互に政権が担われ，桂園時代と呼ばれた。

　このような10年を超える〈立憲主義〉的均衡は，1911年に起こった辛亥革命など周辺環境の流動化によって動揺し，「閥族打破」「憲政擁護」を唱える第一次憲政擁護運動で崩壊した。ポスト桂園時代の統治像が求められる中で〈民主主義〉の圧力が強まり，桂は自らの政党を組織し，政友会もまた「憲政常道」の名のもとに衆議院の多数を背景とする政党内閣を主張していく。そこにヨーロッパで始まった第一次世界大戦に日本も参戦し，1918年には主要戦勝国の一角を占めた。ロシア革命と米国の参戦によって連合国の勝利は〈民主主義〉の勝利と謳われたが，日本でも大戦末期に成立した政友会の原敬内閣が「初の本格的政党内閣」と呼ばれ，選挙権が拡張されるとともに1922年には女性の政談演説会への参加を禁じた治安警察法も改正された。

　このように〈立憲主義〉的制度の中に〈民主主義〉的要素が育まれていく中

で，第三の統治原理として科学的な〈調査主義〉が重要性を増していった。明治国家において専門知は当初，老農や旧幕臣，私塾など在野に点在していたが，帝国大学など新たな教育制度や留学制度，お雇い外国人等を通じて国家官僚制の中に多く蓄積され，1895年の台湾領有以来の植民地経営にも活かされた。さらに第一次世界大戦の総力戦化とロシア革命は統治の科学化を後押しした。関東大震災の復興を担う後藤新平は医官から政治家へと成長を遂げた人物で，台湾民政長官でも科学的統治を重視し，南満州鉄道株式会社総裁時には調査機関を設けた。また，自治の精神を説く後藤は1922年には東京市長として東京市政調査会を設置し，大戦後日本の振興計画を立てる大調査機関設置にも関心を寄せていた（内政史研究会編，1963，50-53頁）。

（2）震災内閣の取り組み：官僚内閣下での初動と復興計画の規模をめぐる対立

　1923年9月1日午前11時58分に関東大震災が発生した時点で，日本政治には首相がいなかった。8月24日に海軍出身の加藤友三郎首相が病死し，28日に同じく海軍出身の山本権兵衛に組閣の大命が降下されたが，約10年ぶり2度目の組閣に際して，政党勢力も含めて主要勢力のトップを網羅した「挙国一致」内閣を目指した山本の取り組みは，未だ実を結んでいなかった。そこで加藤内閣の内田康哉外相が臨時首相として初動時の対応に努めた。関係閣僚は水野錬太郎内相，市来乙彦蔵相，山梨半造陸相，財部彪海相らであるが，内田臨時首相は連絡のついた伊東巳代治枢密顧問官と相談しながら，応急措置としてすぐさま臨時震災救護事務局を設置し，非常徴発令を発し，戒厳令中必要の規定を4日にかけて東京市ほか5郡，東京府，神奈川県，埼玉県，千葉県に適用していった。府県行政は内務省に一元化されており，初動時には他府県からの個人的応援もあって対応に努めた（大震会編，1977，304-307頁）。

　他方，山本は衆議院での多数派工作もままならぬまま翌2日には急ぎ内閣を発足させた。まず直面した課題は秩序の回復であった。大震火災の不安が被災地を覆う中で，自警団による朝鮮人らの虐殺事件が発生したことはよく知られるが，帝国陸海軍は関東戒厳司令部のもとで治安に当たり，陸軍内の事件につ

いては海軍出身の山本が田中義一陸相とも協力して処分に指導力を発揮した。また，陸海軍は治安活動のみならず，発災直後から物資の供給や橋梁の仮設など救護応急活動に努め，高い評価を受けた。

　復興の青写真は内務省を率いた後藤新平内相によって描かれた。後藤は入閣した2日夜には「帝都復興根本策」を練り，6日の閣議には〈調査主義〉の立場から帝都復興に関する特設官庁の設置を求める「帝都復興の議」を提出した。この時期は日本で都市計画が本格化する時期で，後藤は震災を「理想的帝都建設のため，真に絶好の機会」と捉えた。政府の復興への基本方針は9月12日の「帝都復興に関する詔書」で示された。これは「お上のお力をお願いするよりほかに途はない」と考えた山本首相が，伊東と諮って発したもので，議論があった遷都論を否定し，復旧を超えた復興を目指すこと，特殊な機関で検討した上で枢密院と帝国議会に謀る方針を示した。それは〈調査主義〉と〈立憲主義〉の調和を求めるもので，新たに「審議の機関」と「調査の機関」として帝都復興審議会と帝都復興院が設置された（後藤新平研究会編，2011）。

　9月19日に勅令で設置された帝都復興審議会は山本首相を総裁，後藤内相を幹事にほか10名の閣内委員と9名の閣外委員からなる。閣外委員には高橋是清政友会総裁，加藤高明憲政会総裁，伊東枢密顧問官，貴族院議員，実業家などが選ばれ，組閣で果たせなかった「挙国一致」を求めるような構成であった。憲政会は先の臨時外交調査委員会には総裁を出さなかったが，9月4日の最高幹部会で震災対応についての政府援助や「災害なかりし全国各地方の人士は罹災民に対し最善の同情を表せられんことを望む」という決議を行い，山本に手交していた（『憲政』第6巻第6号，1923，38頁）。他方，9月27日に勅令で設置された帝都復興院は後藤内相を総裁として副総裁2名，技監1名，理事7名に総裁官房，計画局，土地整理局，建築局土木局，物資供給局，経理局からなる技術官庁であった。

　11月16日に戒厳司令部が廃止され，その前の11月10日には「国民精神作興の詔書」が出されるなど，被災地は次第に落ち着きを取り戻しつつあった。その中で，帝都復興院で作成された復興案は，11月1日に設けられた東京横浜両市長，各省次官，専門家などからなる復興院総裁の諮問機関帝都復興院参与会で

審議され、さらに15日に設けられた阪谷芳郎や鳩山一郎など70人の政界・実業界・学識者からなる帝都復興院評議会で議論された。後藤の「帝都復興省」構想は内閣に直属する帝都復興院となる中で、東京横浜両市の都市計画と市街地建築物関連の事務を担当することになり、罹災者救護は臨時震災救護事務局に、両市以外の復旧復興は府県中心で国が助成、各省舎の復旧事業は省ごとにと分散したが、なおも積極的な復興策が議論されていた。

しかし、復興院案は21日に井上準之助蔵相率いる大蔵省との予算調整で縮小され、24日からの帝都復興審議会では、私権尊重を唱える伊東の強い反対で土地区画整理を焼失地域に限定するなどさらに刈り込まれた。そして12月10日召集の臨時議会では多数党政友会によって4億4800万円の復興事業費の内1億600万円が削減され、帝都復興院も廃止された。明治憲法下において衆議院の意思を無視することはできない（福元・村井、2011）。後藤は解散総選挙による政界再編に期待したが、山本内閣は政友会との妥協を模索し始め、これに反発した犬養毅逓相は摂政狙撃事件である虎ノ門事件を機に内側から総辞職を強硬に主張して、震災内閣は約4ヶ月で倒れた。

震災前から後藤の主導した東京の都市計画に関わってきたチャールズ・ビアードが「現在の日本の状態を英国の例にとって見れば、あたかも1666年のロンドンの大火が1832年の議会改造法案問題が白熱度に達した頃に突発したようなものである」と述べたように、関東大震災は日本政治の民主的高揚期に起こった（後藤新平研究会編、2011、224頁）。原内閣が3年1ヶ月余の長期政権を維持したことで、ポスト桂園時代の統治像の第一候補は衆議院を基礎とする政党政治となっていた。その中で、後藤の「理想的」な復興案は党派政治によって理不尽に縮減されたと惜しまれるが、第1に男子普通選挙制の導入を旗印に政治的攻勢をかけたのは後藤ら内閣側であった（筒井、2011、39頁）。第2に後藤の「理想的」復興案は大蔵省の財政規律によってすでに大幅に縮小されていた。そして第3に復興指導者としての後藤の権力調達の問題であった。高橋が「いったい超然内閣の分際であああいう膨大な計画をするのは間違っておる」と述べたような衆議院に多数を持たない内閣の困難に止まらず、後藤の復興構想は山本首相をはじめ閣内でも理解を得ていなかった（後藤、2011、232頁）。さらに

「三角同盟」と呼ばれた後藤と犬養と伊東の提携関係であったが，犬養は「復旧を主眼に」と新聞記者に語り（『大阪朝日新聞』1923年10月1日付），伊東も帝都復興審議会で反対を貫いた。このことは政党政治に自ら背を向けてきた後藤の〈調査主義〉にとって本質的な問題であり，何らかの権力の源泉を必要としたのである。

（3）政権交代と復興過程：政党内閣制の成立と復興計画の継承

次期首相には，衆議院の任期が近づく中，選挙管理を意識して清浦奎吾枢密院議長が選ばれた（この時期の首相選定について，村井［2005］）。1924年1月に貴族院議員を網羅して発足した清浦内閣は「特権内閣」と批判され，新聞記者を巻き込んで第二次憲政擁護運動が起こった。その中で内相兼復興院総裁には発災時と同じ水野錬太郎が復帰した。水野のもとには土地区画整理事業について政変を機にさらに計画の縮小を求める声もあったが，東京市長と市会の意見を求めて計画の実行を決め，清浦首相は「政府ハ帝都ノ復興ニ就キマシテハ既ニ決定セラレタル計画ヲ速ニ実行シ，且ツ罹災者ニ対シ，建築並ニ商工業資金ノ融通ヲ便ニシ，復興ノ気運ヲ助長スルト同時ニ，農村ニ対シテモ亦是ガ振興ノ一方策トシテ，更ニ農事行政ニ関スル組織ヲ拡張シ，進ンデ各種産業ノ発達ト貿易ノ伸張トヲ期セム」と演説した（水野，1930，395-404頁；『貴族院議事速記録第二号』大正13年1月22日）。復興の中心にいた池田宏社会局長は留任し，前内閣提出の臨時予算はすべて踏襲された。その中で復興院が廃止された後，内務省外局として復興局が設置され，東京市，横浜市によって事業は継続された。

他方，政府反対運動が高揚する中で政友会は分裂し，衆議院の解散を受けて震災後初の総選挙が5月に実施された。政友会から別れた政友本党が政府を支持したが，野党が多数を占めたことで清浦内閣は自発的に退陣した。その結果，6月に「護憲三派」内閣と呼ばれた第一党憲政会の加藤を首班とし，政友会の高橋，革新倶楽部の犬養が入閣する第一次加藤内閣が成立した。明治憲法下で総選挙の敗北による政権交代はあっても，総選挙の結果に沿って次の首相が選ばれたのはこれが唯一の例であった。この内閣のもとで25歳以上の帝国臣民男子による男子普通選挙制や貴族院改革が実現する（選挙制度について，村井

[2013])。こうして日本政治は〈民主主義〉的な政治改革の熱狂に覆われたかのようであったが，その第一次加藤内閣で復興院関連以外の1億500万円の追加予算が復活した。これは清浦内閣の置き土産であったが，なぜこのようなことが起きたのか，二つの点に注目したい。第1に若槻礼次郎内相と憲政会である。憲政会は先の総選挙に向けた政策の最後11番目に災害地復興を掲げ，「既定の計画」の速やかな完成を謳っていた（『憲政』第7巻第3号，1924，4頁）。若槻もまた復興には区画整理をするもしないも二つの方法があったが，「市民モ殊ニ罹災民モ亦地区画ニ基イテ復興ガ行ハル、モノトシテ，諸般ノ事柄ハ総テ此期待ノ下ニ於テ計画ヲシテ居ルノデアリマス，ソレガ若シ今ニ至ッテ方針ガ変ルヤウナコトデアリマシタナラバ，是ハ罹災民全体ノ期待ニ大ニ反スルモノ」と既定事業の完成を説いた（『衆議院議事速記録第6号』大正13年7月6日）。若槻は，かつて憲政会として反対した陪審制度の整備のためにも，個人的な反対は変わらないがすでに議会で決定されていると追加支出を求めている。また外交でも継続性を強調したように第一次加藤内閣は転換すべき政策と継承すべき政策を慎重に選り分けた。第2に政友会を含む連立内閣であったことである。政友会の東武は7月3日の衆議院質疑で先進地域への国費投入に疑問を呈した（『大阪朝日新聞』1924年7月4日付）。すでに豊かな京浜地域への支出には批判もあり，井上蔵相が後藤の壮大な復興案に反対したのは増税なき復興を求めたためであった。しかし，政友会は与党内での協調を重視し，他方，野党の政友本党は清浦内閣で準備された追加予算を支持した*。

* 同政権の政策への連立の影響を考察する他の例として（中澤，2012）を参照。

　連立内閣の主要課題は政治改革であったのでその目途がつくと与党の結束は緩んだ。政友会は山本内閣で陸相を務めた田中が新総裁となり，革新倶楽部は政友会に合流した。田中政友会は次第に対決姿勢を強め，関東大震災から2年を迎える1925年8月には憲政会単独の第二次加藤内閣が成立した。しかし，加藤は年明けの議会中に死去し，1926年1月，若槻が内閣を引き継いだ。この時期，問題となったのは一つには復興局疑獄事件であったが，ここでは政権党による問題の管理が議論された（筒井，2011，73頁）。もう一つは震災時の応急対

応の後始末であり，1927年9月に満期となる震災復興手形が政権運営を困難にした。若槻内閣は枢密院で台湾銀行救済緊急勅令案が否決されると総辞職した。関東大震災の経済的影響はその後の日本政治を揺るがし続けたのであった。

　1927年4月，与野党間で政権が交代し，田中内閣が成立した。これを機に憲政会と政友本党は合同して立憲民政党となり，以後，地方選挙にまで拡張された男子普通選挙制によって政友会との二大政党が政権を競うことが高い蓋然性を持って社会に認識されるに至った。1928年2月には初の男子普通選挙制に基づく総選挙が実施され，女性参政権獲得運動も積極化していた。こうして政党内閣制・男子普通選挙制・二大政党制によって日本政治が規律されるようになる中で両党は雌雄を争ったが，復興政策それ自体は大きな争点にはなっていない＊。田中内閣が退陣すると野党民政党が浜口雄幸内閣を組織した。同内閣の下で1930年3月には復興事業の完成を祝う帝都復興祭が催され，昭和天皇の行幸を得た。そして復興事務局が廃止されたのは政権が再び政友会に戻って犬養内閣下の1932年3月のことであった＊＊。

　　＊　両党の機関誌でも直後を除いて震災関連の記事はほぼなく，政友会大蔵参与官山口義一の5周年を機とする寄稿が目立つ程度である（山口，1928）。山口は「大正大震災」と「安政大震災」を比較した上で，将来の震災に備えて「充分なる科学的研究を積み最善の対抗方法を講ずる」ことを説いた。
　　＊＊　サミュエルズは関東大震災後について軍の地位向上と政党の衰弱という点で例外的に漸増以上の変化があったと述べる（Samuels, 2013, p. 192）。しかし，関東大震災後に軍は引き続き厳しい軍縮に適応を余儀なくされ，政党内閣制が成立していることから，関東大震災の災後体制は明治立憲制下でのデモクラシーであり，その崩壊は次節で整理するように世界大恐慌の影響として理解することが適当である（村井，2014）。

3　阪神・淡路大震災（1995年）と復興権力：冷戦後ポスト55年体制下での震災対応

（1）発災時までの政治構造：民主国家としての再建と展開

　次に約70年後の1995年に発災した阪神・淡路大震災である。関東大震災の復

興権力は，帝都復興祭の前年1929年10月に米国ウォール街の株価暴落で始まった世界大恐慌によって大きく傷ついた。すなわち，国際協調と〈民主主義〉を基調とした政党政治は深刻な不況を背景に，1931年9月には陸軍出先によって挑戦を受け（満州事変），復興事務局が廃止された直後の1932年5月には海軍青年将校らによる犬養首相暗殺（五・一五事件）を機に政党間での政権交代が棚上げされた。さらに「非常時」が高唱される中で〈民主主義〉は〈立憲主義〉によって再び回収され，1936年2月の二・二六事件で頓挫した。〈立憲主義〉は国体明徴運動など固有性の強調と戦時体制化によって政党政治による一元的な統治を否定し，帝国陸海軍など各憲法諸機関の独立性を高めることで，逆説的ではあるが人権保障機能を低下させた。その中で再び注目を集めたのが〈調査主義〉であった。大恐慌後の世界では危機下での計画的で強権的な体制が広がりを見せ，日本でも近衛新体制運動が〈民主主義〉を否定しつつ〈立憲主義〉の多元性を克服した体制を目指したが，1937年には事実上の日中全面戦争が始まり，政友会と民政党が1940年にともに解党する中，1941年には第二次世界大戦に突入した。

　第二次世界大戦の戦後も第一次世界大戦と同様〈民主主義〉の勝利とされた。その中で敗戦後の日本は二つの点で震災後によって規定されていた。まず，戦後改革の前提には関東大震災の災後体制であった1920年代の政党政治の経験があった（御厨，2016；村井，2008）。次に戦災復興に際して戦災復興院が設置されるなど，関東大震災の復興経験が応用された*。連合国の民主化・非軍事化・分権化を目的とする占領政策のもと，1945年末には選挙権が20歳以上の日本国民男女に拡張され，普通選挙制が実現した。さらに1947年に施行された日本国憲法，地方自治法によって首長は公選されることになり，同年，府県行政を統一的に担ってきた内務省も解体された（福永，2014）。こうして〈民主主義〉の中に〈立憲主義〉は回収された。他方，科学を奉じる〈調査主義〉はなおも不充分であるとされ，戦時の隆盛を引き継ぎつつ一元的な〈民主主義〉のもとに位置づけられた。このような戦後体制は新たに始まった東西冷戦体制と絡み合い，1955年には左右社会党統一と保守合同による自由民主党結成によって「1955年体制」と呼ばれる基本的な枠組みができ上がった。これは当初，自

民党と社会党の二大政党間での政権交代が予想されながら自民党の一党優位状況が続き，長期政権化したものであった。1960年の安保騒動，高度経済成長，そして沖縄返還と1970年の日米安保条約自動延長を乗り切り，戦後政治は一つの均衡を得ていく（酒井，1991）。その中で，朝鮮戦争を機に十分な議論のないままに発足し，社会党が違憲視し続けた自衛隊も現行憲法下での実力組織として国民の中に定着していった。

＊　昭和天皇は戦災に対して後藤の都市計画の未達成を惜しんだが，後藤の計画縮小の原因は財政に求めている。『昭和天皇実録』でも臨時議会前の1923年11月28日にすでに「その規模があまりに小さい」と述べたと記されている（宮内庁，2015，971頁）。他方で敗戦直後の計画立案は内務省国土局計画課を中心に進められ，関東大震災時のような審議会，委員会は設置されていない（越澤，2012，56頁）。1960年に戦災復興祭が挙行されている。

こうした〈民主主義〉的均衡もまた，時間の経過と内外環境の変化によって再活性化を求められる。第1に，高度成長に頼って国民負担の小さい政府を運営してきたが，福祉国家の充実と安定成長は財源問題を引き起こし，1980年代に入ると財政再建のための行政改革と増税が模索された。第2に，このような行政改革は財政的考慮に止まらず，縦割り行政や中央集権的なあり方など機能面での批判も受けて，官邸強化や地方分権改革が論じられるようになった。第3にその場合の政治主導の担い手となるべき政党について派閥や金権選挙などの問題が批判され，リクルート事件で頂点に達した。第4にこのような問題は政治家のモラルの問題に止まらずシステムの問題であるとして，一党優位制と中選挙区制にメスを入れ，政権交代のある政治が目指された。そして第5に，そのような問題を凍結してきた面のある冷戦が1989年に終結し，1991年の湾岸戦争後には自衛隊の海外派遣が初めて行われた。冷戦後の政治を牽引した小沢一郎は，話題を集めた1993年の著書で「日本型民主主義では内外の変化に対応できなくなった」と「分散した権力を，形式的にも実質的にも民主主義的に集中化する」ことを求め，首相官邸の機能強化や中選挙区制批判などを論じる一方，強い権力は明確に限定される必要があると「地方が知恵を出して国が後押しする」地方分権改革を主張した（小沢，1993，4，22，82頁）＊。

第Ⅰ部　三大震災の復旧・復興過程

＊　憲法改正についても「憲法は不磨の大典ではない。私たちが楽しく豊かに暮らすための基本的なルールである。私たちを取り巻く環境が変わり，私たち自身の必要や要求が変われば，憲法も，時代の変遷とともに姿を変えるのは当然のことだ」と述べている（小沢，1993，124頁）。

　こうしてポスト55年体制の統治像が模索される中，1993年に宮澤喜一内閣で政治改革をめぐって自民党が分裂すると7党1会派による細川護熙非自民連立内閣が誕生した。細川内閣は中選挙区制を小選挙区比例代表並立制に改めたが，連立内閣共通の課題であった政治改革が終わると不協和音が広がり，羽田孜内閣を経て，1994年6月，再び村山富市社会党党首を首班に新党さきがけとともに自民党が政権復帰することになった。1948年以来の社会党首班内閣が誕生すると，社会党は自衛隊合憲，日米安保堅持へと従来の政策を一変させた。自民党との連立と基本路線の転換は社会党を分裂の危機に陥れた。他方，野党は1994年12月，新進党を組織し，再び二大政党制への期待を高めた。

（2）震災内閣の取り組み：連立内閣下での初動と中央と地方をつなぐ復興計画策定

　こうした村山自社さ連立政権の下で，1995年1月17日午前5時46分に阪神・淡路大震災は起こった。東京では揺れを感じることもなく，被災自治体である兵庫県や神戸市などからの情報も断線していたため政府の初動は鈍かった。村山首相はテレビ・ニュースで阪神地域の震災を知るもそのままその日の予定をこなし始め，足元の社会党では反主流派が分派を声明していた（五百旗頭ほか編，2008；村山，1996）。事態の深刻さが理解されたのは正午過ぎであり，中でも自衛隊の存在が見えないと言われた。小規模の近傍派遣を行いながらも午前10時頃，兵庫県知事の要請意思確認後に出動した部隊は渋滞で進路を阻まれ，自衛隊はその後被災地で十全の活動を遂げながらも，生存者救出においては決定的な後れを取った。

　村山首相は2日後の19日に被災地に入った。政府の反転攻勢は20日，防災に当たるべき小沢潔国土庁長官を外して，北海道開発庁長官を務めていた小里貞

利を三党首の決定として，専任の阪神・淡路大震災担当大臣に据えてからであった。小里のもとに大臣特命室が作られ，作業にあたっては関東大震災時の対応が徹底的に調べられた（小里，1995，100頁）*。同じく20日には通常国会が開会し，6月18日まで続いた。野党第一党は新進党であったが，村山は「野党もこと災害対策については積極的に協力してくれた」と回想している（薬師寺編，2012，241頁）。小里が8月8日に退任すると以後国土庁長官が官房長官とともに復興対策本部の副本部長となった。

* 河野洋平自民党総裁は小里を野党自民党時代に国対委員長を務め，自社連立政権に働きかけをした人物と回顧する（自由民主党編，2006，185頁）。

復興の青写真を描き，着実に実行していくために，村山内閣は首相自らが本部長を務める5年任期の阪神・淡路復興対策本部と諮問委員会である1年任期の阪神・淡路復興委員会を設置した（以下，主としてC.O.E. オーラル・政策研究プロジェクト［2002］を参照）。自民党内には関東大震災や戦災時にならって復興院設置を求める声もあったが，行政改革の最中でもあり委員会に落ちついた*。復興委員会の委員長には三党首合意で下河辺淳元国土事務次官が選ばれた。下河辺は1月25日に首相に会い，村山からは「一切任せるからやってくれ」と一任された（C.O.E. オーラル・政策研究プロジェクト，2002，上10頁）。復興委員会は1995年2月16日の第1回から1996年1月まで14回開かれた。復興委員会は委員長に加えて兵庫県知事と神戸市長，関西経済界，学識者など7人という組織で，後藤田正晴と平岩外四を特別顧問にした。

* 小里震災相は，帝都復興院は統制の時代の機関で戦後は地方自治を中心にしているとも指摘している（小里，1995，123頁）。

復興委員会は，第1に，復興計画・復興住宅・がれき除去を優先課題と位置づけた「緊急課題」，「十五年計画」，「長期ヴィジョン」の順番で検討し，提言を重ねるとともに，国・県・市の計画（3ヶ年計画，10ヶ年計画）や長期構想に意見を付していった。会では下河辺委員長が強い指導力を発揮した。委員長が原案を作成して，委員は自由討論やレジュメの提出によって意見を加えた。第

2に，委員会は行政が下案を作成する審議会型とも委員が行政と離れて案出する臨調（臨時行政調査会）型とも異なり，両者の緊張関係の中で協働する第三の道を模索した。これが可能であったのは官僚OBである下河辺が所管官庁と直接やりとりをする上で相手が後輩であったこと，そして顧問の後藤田には国土庁の次官をつれて事前に説明することを欠かさなかったためであった（後藤田・御厨監修，2006，352頁）。復興委員会の意見や提言は本部長である首相に渡し，本部を通じて縦割りの各省庁に改めておりていく。復興対策本部副本部長の官房長官と小里は常に委員会に出席し，首相もできる限り出席した（小里，1995，148頁）。そして第3に，「住民と地方公共団体中心主義」を唱え，兵庫県や神戸市など復興計画の責任主体となる地元自治体との協働に努めた。そして第4に，補正予算の策定や次年度予算の策定時期を念頭にスピード感のある提言を心掛けた。

　下河辺は，復興委員会の設置は「識者に意見を聞きながら」という点が国会向けに有効であり，また，復興を政治争点から外す意味があったのではないかと言う（C. O. E. オーラル・政策研究プロジェクト，2002，上28頁，下53頁）。これは〈調査主義〉の政治的効用であろう。また，下河辺は震災が首都から遠く国会や政府が機能できたことの意義を強調する。であればこそ，復興委員会には中央官庁と地方政府の仲立ちという役割が求められ，復興過程のフォローアップのために組織の延長を希望する声も聞かれた。このことは，地元主体の創造的復興計画を国が承認するに際してなぜ被災地神戸が特別な施策の対象となるのかが問われることにも通じる。後藤田ドクトリンとも言われたが，積極的復興は地元負担で行うべきで国費による被災地の「焼け太り」を許さないという方針は，創造的復興への一つのハードルともなった（五百旗頭，2015a）。

　豊かさの時代に大きな衝撃を与えた阪神・淡路大震災への関心も時間の経過とともに低下し，さらに震災2ヶ月後には地下鉄サリン事件が起こり専ら政府の危機管理能力に注意が向けられた。また夏には戦後50周年の国会決議と職を賭す意気込みで臨んだ村山首相談話が出され，9月に沖縄で米兵による少女暴行事件が起こるなど次なる課題に直面した。そうした中で1996年1月5日，村山首相は震災発生1年を前に突如退陣を表明した。それは当初より1年間の活

動を予定した復興委員会が解散する1ヶ月以上も前のことであった。

(3) 政権交代と復興過程：ポスト55年体制下の小康と財政方針の転換

　1996年1月11日，三党連立の枠組みを維持して新たに橋本龍太郎自民党総裁を首班とする内閣が発足した。退任した村山は三党合意がある限り連立与党内で首相が交代しても変更はないと考えた。内閣発足3日前に橋本，村山，武村正義の三党首間で交わされた「新しい政策合意の確認と三党による連立政権の堅持に関する確認書」には「政策の継続性を基本としつつ，新たな課題に対し果敢に挑戦していくことが不可欠」と記された。震災復興は「引き続き取り組む課題」には位置づけられず，「新たな重点政策」の10番目，「被災地の復旧・復興に万全を期する」こととその教訓を踏まえて「総合的な災害対策の充実・強化」が記された（服部，2014, 69-77頁）。時の経過に後藤田顧問は最後の復興委員会で「内閣は代わる。人間も代わる。復興本部は一つの役所。この仕事が尻切れトンボになりはしないか」との心配を口にしたという（『読売新聞（大阪版）』2000年1月12日付）。橋本内閣は「行政改革」や「財政構造改革」など六大改革に取り組み，緊縮財政方針を採ったが，1998年7月，景気低迷の中で実施された参議院議員選挙に敗北すると退陣した。

　後を引き継いだ小渕恵三内閣は，新進党が解党し，民主党が発足していた中で連立を組み替え，かつての対抗勢力であった自由党，さらには公明党と連立を組んだ。小渕内閣は経済再生のために大型補正予算を組み，また復興委員会委員を務めた堺屋太一が経済企画庁長官として入閣した。その中で減災という平和の技術での世界貢献を期する「人と防災未来センター」が設立された（齊藤，2005）。2000年2月には5年の期限を終えて阪神・淡路復興対策本部が解散され，内閣官房副長官補を議長とする阪神・淡路大震災復興関係省庁連絡会議に引き継がれた。そして2005年1月の震災10周年は2001年4月から2006年9月までの長期政権を担った小泉純一郎政権下で迎えた。追悼式と国連防災世界会議を神戸で開催し，天皇の行幸を得た。心の復興が重視される中で関東大震災時の復興祭のような明確な区切りはないが，復興後への一里塚と位置づけられよう。

　阪神・淡路大震災では政府の初動への批判が集中したが，下河辺は「手続き

がパンクしちゃっている」と評した（C.O.E. オーラル・政策研究プロジェクト，2002，上26頁）。すなわち被害者の数え方に始まって戦後長らく大規模災害がなかったために機能的でなかった。災害対応を担う国土庁を後藤田は「災害が終わった後で復旧にあたる役所」であり，「復旧だけをやる役所が，あれだけの大災害で緊急避難処置がとれますか。とれるわけがない」と述べている（自由民主党編，2006，90頁）。このことは復興では地方自治体の自主性に期待しつつ，初動においては国が積極的に介入していくことにつながっていく。

4　東日本大震災（2011年）と復興権力：21世紀初頭の政治的模索下での震災対応

（1）発災時までの政治構造：選挙による政権交代

　16年後の東日本大震災では，阪神・淡路大震災の復興過程や教訓それ自体が直接的な前史となった。先の震災後，内閣の危機管理機能が目に見えて強化され，自衛隊も初動への備えが進んだ。他方，政治では小泉政権で官邸への権力集中が進んだ一方，2006年9月に退陣すると再び日本政治は流動化した。後を継いだ安倍晋三内閣は参議院議員選挙で敗北し，再びねじれ国会を招いた。その影響から福田康夫内閣，麻生太郎内閣が2008年米国でのリーマン・ショックを間に挟んで1年ごとに退陣し，2009年8月の総選挙で与野党間での政権交代が実現した。マニフェストを掲げて圧勝した民主党の鳩山由起夫内閣は55年体制下での政官関係を政治主導に転換しようと模索したが，沖縄普天間基地移設問題でつまずき，高い期待とは裏腹に1年で退陣した。2010年6月，同じく民主党の菅直人が政権を引き継いだが消費税増税の唐突な提起で参議院議員選挙に敗北し，党内での軋轢も高まる中で尖閣諸島をめぐる日中間の衝突が起こるなど，半年後には退陣も議論されるようになっていた。

（2）震災内閣の取り組み：原発事故への対応と広域復興への道筋の模索

　2011年3月11日午後2時46分，菅直人政権下で東日本大震災が起こった。岩手，宮城，福島三県を中心に津波の被害が著しく，さらに福島第一原子力発電

所の事故が追い打ちをかけた。菅首相は阪神・淡路大震災時に与党である新党さきがけの政調会長を務めており，当時との対比で自衛隊の早急かつ大規模な動員を心掛けたという（山口・中北編，2014，163-178頁）。地震・津波については防災担当大臣から東日本大震災対策担当大臣となった松本龍が失言で交代することはあったものの，「阪神・淡路大震災や過去の津波の経験があり，やるべきことについて共通の認識がありました」と菅首相が回顧するように政府の対応は比較的スムーズであった。他方，原発事故については手探りの奮闘で，中でも菅首相の突出が批判を受けた。発災直後，野党は全般的な協力の意思を示したが，菅首相はさらに「一年とか，場合によっては二年，まさに挙国一致内閣で震災対応にあたる」ことを考え，復興担当大臣として谷垣禎一自民党総裁の入閣を求めたが果たせなかった。

　復興の青写真を検討すべく4月11日に東日本大震災復興構想会議の設置が閣議決定され，「単なる復旧ではなく，未来に向けた創造的復興」を目指す政治の意思が示された（五百旗頭，2015b，230頁）。復興構想会議は五百旗頭真防衛大学校長を議長に岩手，宮城，福島県知事を含む15名と顧問からなり，さらに19名の専門家からなる検討部会を併置した。5月10日には「復興構想7原則」を公表し，6月25日には「復興への提言──悲惨のなかの希望」を首相に手交した。注目したいのは第1に構成と運営方法である。当初，阪神・淡路大震災と同じく被災3県の知事を含めた10名程度の構成が検討されていたが，脱官僚を掲げる民主党政権であったが故に菅首相の意向で官邸や与党幹部の推薦を入れて30名を超える規模となり，二段構成になったという（五百旗頭，2015b，230頁）。この構成の下で，飯尾潤政策研究大学院大学教授を部会長とする検討部会は，8回の部会開催に加えて少人数の専門委員等による個別テーマでのワークショップを16回重ねて政策を構想会議に投入し，構想会議はヒアリングや現地視察を重ねつつ提言をまとめていった。提言の草案起草は議長代理の御厨貴東大教授が担い，3人の政治学者によるトロイカ方式であった（五百旗頭，2014；御厨，2011）。第2に，官庁との協働は検討部会が主として担い，政治との関わりでは会議発足時に五百旗頭議長は民主党の首相はもとより，自民党，公明党にも国民的視点に立った超党派での会議運営に協力を求め，好意的な反

応を得ていたという（五百旗頭，2015b）。第3に，当初より次なる大震災にも備え得る創造的復興を期して増税に言及したことである。そこには被災地を日本全体の問題として理解し，被災者と国民を「つなぐ」という基本姿勢があった。そして第4に，復興の主体は被災自治体であり，県や国が協力するためにその広域性と多様性に鑑みて復興に向けて利用し得る施策の類型が提供された（飯尾，2014，26頁）。

ところが復興構想会議の最終提言が出る前の6月1日，野党から内閣不信任案が提出され，民主党内からも同調する動きがあったため菅首相は退陣に言及した。後はいつ退陣するかが議論される中で6月24日には民主，自民，公明の三党合意によって復興基本法が成立し，さらに第二次補正予算，特例公債法，再生可能エネルギー特別措置法の成立を見届けた8月26日に退陣を表明した（藤村，2014，47-63頁）。

（3）政権交代と復興過程：選挙による再政権交代と復興の政治問題化

2011年9月に野田佳彦内閣が成立した。野田政権は復興基本法と復興の基本方針に基づいた政策の実行を心掛けた。設置の決まっていた復興庁の詳細を決め，原発事故では冷温停止に向けて言わば引き続く発災と向き合い福島復興再生特別措置法を制定した*。2012年2月には10年間の時限つき官庁として復興大臣のもと「ワンストップ」を理念とした復興庁が発足し，復興構想会議は新たに復興庁に閣僚からなる復興推進会議とともに設置された復興推進委員会へと発展的解消を遂げた（日本学術振興会東日本大震災学術調査委員会，2015，26頁；伊藤，2015）。復興推進委員会は五百旗頭，御厨，飯尾，そして被災3県の知事を含む15名からなる（http://www.reconstruction.go.jp/topics/09sankou01.pdf　2016年1月13日閲覧）。しかしその後も政権は安定せず，同年12月の総選挙で自民党が圧勝し，26日に第二次安倍晋三内閣が誕生した。内閣発足の前日に安倍自民党総裁と山口那津男公明党代表の間で合意された「自由民主党・公明党連立政権合意」では，8項目中の筆頭に「東日本大震災からの復興と万全な防災・減災対策」が掲げられた（服部，2014，101-102頁）。そして翌2013年3月には復興推進委員会の大幅な委員の入れ替えを行い，復興の加速化を喧伝している。

* 東日本大震災は原発事故への対応を越えてエネルギー政策をめぐる論争を導いた。この点での政権交代の影響はここでは検討しないが，Samuels（2013）を参照。

5　大規模地震災害と日本における民主政治：政治体制における防災の主流化

　ビアードは後藤の「理想的」復興案縮減を，「ディクテーターがその絶大な権力に任せて一夜にして荒野廃墟の上に大都市を出現すべく命じ得た時代はすでに過ぎ去ったが，しかも一方，デモクラシーは未だその完璧に達せず，これによって大事を成すまでに純化成熟していないのである」と嘆いた（後藤新平研究会編，2011，225-226頁）。関東大震災時の内閣は〈立憲主義〉に立脚した官僚内閣であり，〈調査主義〉的な志向と人脈を持った後藤を内相兼復興院総裁に得たことで創造的復興の手がかりを得た。しかし，後藤は〈民主主義〉を奉じる政党勢力のみならず，首相である山本の理解も得られず，復興計画は財政的規模に見合ったものへと縮減された。この時の審議会には復興に向けた権力の調達という側面があり，本来参加によって責任分担を促し，非政治化を求めるものであったが，逆流することで復興政策はかえって政治化した。にもかかわらず，復興政策が継続性を維持し得たのは，官僚内閣の継続性に止まらない若槻内相をはじめとする政党政治家の姿勢というもう一つの安全弁があり，復興政策について異なる姿勢に立つ政党間での連立内閣であったことも貢献した。そして専門性の高い行政官が地方政府の中で復興事業を着実に進めていった。それは世界大恐慌以前の自由主義議会における創造的復興としては，望み得る最大規模のものではなかっただろうか。

　これに対して，ビアードの言から約70年後に起こった阪神・淡路大震災時の復興権力は〈民主主義〉であり，〈立憲主義〉と〈調査主義〉はその健全な運営に資するものであった。当初，復興院に似た官庁の新設が議論されたが，中央と地方をつなぐ復興委員会が設けられ，練達の官僚出身者の連携を軸に，中央における縦割り行政を集約し，兵庫県，神戸市など現場における責任主体と連携し，復興への勘所と見取り図を示していった。対して〈民主主義〉の基幹

である政党政治は初動対応と復興への側面支援に徹し，特に問題が大きいと考えられた初動時の危機管理についてその後態勢を整備していった。そのような取り組みは16年後の東日本大震災で活かされた。自衛隊をはじめ初動時の積極的な国の介入姿勢は十全の効果を挙げたが，原発事故という新たな困難に直面した。官から民へのパワーシフトが論じられる中で設置された復興構想会議には広範囲に及ぶ被災地域に対して，中央と現場を結ぶ機能に加えて感情面の代表性までも求められるかのようであった。しかし，政党政治においても復興政策は政権交代を通した課題であり続け，時限的組織としての復興庁を要として長期的対応に意識を持ち続けている。

　大規模地震災害は発生する場所，時期，時間帯によって被害や性格が大きく異なる。したがっていずれの事例にも個別性があるものの，三大震災への対応を長い時間軸で比較相対化する時，複数政党制に立脚した民主政治下で再び迎えるであろう次の大規模地震災害に続く大きな流れやいくつかの考慮点が浮かび上がる。第1に，初動時の人命救助や応急対応については国が可能な限り関与し，責任を負う。1961年の災害対策基本法は被災自治体の主体性を求めたが阪神・淡路大震災で機能せず，逆に国の主体的役割が強化された。対して，第2に，復興の見取り図は地方自治体において立案・正統化され，中央で統轄し，支援する形が続くだろう。これは内務省，帝都復興院と二重に中央集権的であった関東大震災からの復興後，戦後改革，1990年代の地方分権改革を経て地方自治体の主体的役割を強化する流れである。しかし第3に，それは復興における中央の役割を受動化するものではなく，逆に財源やスキームを積極的に現場に提供する態勢が必要とされる。このことは第4に，被災地の復興が地域の復興であるとともに，日本全体やその時代の先行的な問題対処となることを求める。

　こうして中央・地方を問わず〈民主主義〉への予想される負荷は大きい。国民と政治家，与野党の政治家，政治家と官僚，中央と地方，国際社会との関係などいずれにおいても，そしてかつては対立した〈調査主義〉と〈立憲主義〉と〈民主主義〉の競合関係においても，調和と信頼がなければならない。私たちの日常が次への備えとなるよう，防災の主流化は政治体制面でも求められると言えよう。

引用・参考文献

飯尾潤「復興政策への期待と政府の能力」サントリー文化財団「震災後の日本に関する研究会」編／御厨貴・飯尾潤責任編集『「災後」の文明』阪急コミュニケーションズ，2014年。

五百旗頭真『日本は衰退するのか』千倉書房，2014年。

五百旗頭真「近代日本の三大震災」ひょうご震災記念21世紀研究機構編／兵庫県編集『翔べフェニックスⅡ――防災・減災社会の構築』同機構，2015年a。

五百旗頭真「東日本大震災復興構想会議の役割」ひょうご震災記念21世紀研究機構「国難」となる巨大災害に備える編集会議編『「国難」となる巨大災害に備える――東日本大震災から得た教訓と知見』同会議，2015年b。

五百旗頭真『大災害の時代――未来の国難に備えて』毎日新聞出版，2016年。

五百旗頭真・伊藤元重・薬師寺克行編『野中広務――権力の興亡』朝日新聞社，2008年。

伊藤正次「復興推進体制の設計と展開」小原隆治・稲継裕昭編『震災後の自治体ガバナンス』東洋経済新報社，2015年。

内山融・伊藤武・岡山裕編『専門性の政治学』ミネルヴァ書房，2012年。

小里貞利『震災大臣特命室――震度7と闘う男たちの記録』読売新聞社，1995年。

小沢一郎『日本改造計画』講談社，1993年。

宮内庁『昭和天皇実録』第三，東京書籍，2015年。

越澤明『大災害と復旧・復興計画』岩波書店，2012年。

国立国会図書館帝国議会会議録検索システム（http://teikokugikai-i.ndl.go.jp/　2015年7月31日閲覧）。

後藤新平『世紀の復興計画――後藤新平かく語りき』毎日ワンズ，2011年。

後藤新平研究会編『震災復興――後藤新平の120日』藤原書店，2011年。

後藤田正晴／御厨貴監修『情と理――カミソリ後藤田回顧録』下巻，講談社，2006年。

齊藤富雄「人と防災未来センター――減災への貢献」阪神・淡路大震災記念協会編『翔べフェニックス――創造的復興への群像』同協会，2005年。

酒井哲哉「『9条＝安保体制』の終焉――戦後日本外交と政党政治」『国際問題』第372号，1991年。

サントリー文化財団「震災後の日本に関する研究会」編／御厨貴・飯尾潤責任編集『「災後」の文明』阪急コミュニケーションズ，2014年。

C.O.E. オーラル・政策研究プロジェクト『下河辺淳「同時進行」オーラルヒストリー』上下巻，政策研究大学院大学，2002年。

自由民主党編『決断！　あの時私はこうした――自民党総理・総裁・官房長官が語る』中央公論事業出版，2006年。

大霞会編『内務省外史』地方財務協会，1977年。

中央防災会議災害教訓の継承に関する専門調査会「1923関東大震災（第2編，第3編）」（http://www.bousai.go.jp/kyoiku/kyokun/kyoukunnokeishou/　2015年7月31日閲覧）。

筒井清忠『帝都復興の時代——関東大震災以後』中央公論新社，2011年。

内政史研究会編『後藤文夫氏談話第一回速記録』内政史研究会，1963年。

中澤俊輔『治安維持法——なぜ政党政治は「悪法」を生んだか』中央公論新社，2012年。

日本学術振興会東日本大震災学術調査委員会『大震災に学ぶ社会科学（東日本大震災学術調査事業報告書）』2015年（https://www.jsps.go.jp/j-gakujutsuchosa/data/report.pdf　2015年9月7日閲覧）。

服部龍二「連立政権合意文書——1993-2012」『中央大学論集』第35号，2014年。

福永文夫『日本占領史1945-1952——東京・ワシントン・沖縄』中央公論新社，2014年。

福元健太郎・村井良太「戦前日本の内閣は存続するために誰の支持を必要としたか——議会・軍部・閣僚・首相選定者」『学習院大学法学会雑誌』第47号，2011年。

藤村修／竹中治堅インタビュー・構成『民主党を見つめ直す——元官房長官・藤村修回想録』毎日新聞社，2014年。

牧原出「二つの『災後』を貫く『統治』」サントリー文化財団「震災後の日本に関する研究会」編／御厨貴・飯尾潤責任編集『「災後」の文明』阪急コミュニケーションズ，2014年。

御厨貴『「戦後」が終わり，「災後」が始まる。』千倉書房，2011年。

御厨貴『戦後を作る——追憶から希望への透視図』吉田書店，2016年。

御厨貴・牧原出・佐藤信『政権交代を超えて』岩波書店，2013年。

水野錬太郎『我観談屑』万里閣書房，1930年。

村井哲也『戦後政治体制の起源——吉田茂の「官邸主導」』藤原書店，2008年。

村井良太『政党内閣制の成立一九一八〜二七年』有斐閣，2005年。

村井良太「戦前から戦後への日本の選挙管理——信頼性と政治的安定をめぐって——1889-1952年」大西裕編『選挙管理の政治学——日本の選挙管理と「韓国モデル」の比較研究』有斐閣，2013年。

村井良太『政党内閣制の展開と崩壊一九二七〜三六年』有斐閣，2014年。

村山富市／金森和行インタビュー・構成『村山富市が語る「天命」の五六一日』ベストセラーズ，1996年。

薬師寺克行編『村山富市回顧録』岩波書店，2012年。

山口義一「震災と経済」『政友』第335号，1928年。

山口二郎・中北浩爾編『民主党政権とは何だったのか——キーパーソンたちの証言』岩波書店，2014年。

Samuels, Richard. J., *3.11: Disaster and Change in Japan,* Cornell University Press, 2013.

第Ⅱ部

政府と官僚の危機管理

第4章
災害復興と都市・住宅政策

砂原庸介

1　災害後の復興重視から災害前の備えの重視へ

　大震災に代表されるような大きな災害があるたびに，その後に作成される都市計画が「復興計画」として注目される。しかし本来の防災や減災の観点から言えば，災害前の都市計画こそが重要なはずである。災害に対して脆弱な地域は，たとえば「木造密集市街地」のように，被災以前から政策当局者をはじめとした関係者に認識されていることは少なくないからである。そうは言っても，当然ながら，災害の規模を正確に予測することは不可能であるし，いつ来るかわからない災害への備えがすべてに優先されるわけではなく，「予想通り」災害への脆弱さを露呈する地域は少なくない。

　われわれは，しばしば大規模な災害のあとではじめて発動してくる土地や住宅をめぐるポリティクスを目にする。少しでも早く元の状態に近い形で居住を再開することを望む被災者に対して，ここぞとばかりに防災の都市計画を進める政策当局者との深刻な対立が生じるのである。以前にその土地に住んでいた人々は，引き続き住む権利を主張するが，都市計画という観点からは，その主張が常に受け入れられるわけではない。災害に対して脆弱な地域を，脆弱なままで復活させることはできないのである。これは，言い換えると，多くの場合その危険性が十分に指摘されているにもかかわらず，災害に脆弱な地域がそのままに残されてしまったということでもある。

　日本における最も深刻な大災害であった関東大震災，阪神・淡路大震災，東日本大震災という三大震災後の復興計画では，常にこのようなポリティクスが出現している。それを経験したわれわれは，大きな災害を受けたあとで都市を

改造するということを半ば自然に受け入れているのではないだろうか。しかし，災害に合わせて都市を作り替えることには，現実には非常に大きなコストがかかる。本来は，むしろ災害の前に，災害に強い都市を作る，すなわち脆弱な地域からは人々を離し，それでも住まなくてはいけないとすればそのための手当をする，ということが必要なはずである。

　本章では，このような問題を考えるために，まず三大震災からの復興計画，とりわけ住宅再建に焦点を当てて分析を行う。それぞれの復興において，住宅再建がどのように位置づけられ，どのような公的支援が行われてきたかを確認する。その上で，それぞれの復興における住宅再建の支援が生み出した問題点について検討する。さらに，震災復興における住宅再建が，再分配の側面を強く持っていることを踏まえて，震災発生以前からの都市計画・住宅政策による予備的な対応を検討し，政策的な選択肢を検討する。

2　震災復興と住宅再建

（1）関東大震災

　1923年に発生した関東大震災では，東京の広大な面積が火災によって消失した。震災を受けて，東京市長を経験し，当時内務大臣であった後藤新平による大規模な帝都復興計画が構想された（越澤，2011；2012）。震災直後に後藤がまとめた「帝都復興の議」は，東京を旧のままに戻すのではなく，復興に合わせて東京を抜本的に改造する意欲的なものであったと評価される。当初の計画では，消失していない地域まで含めて区画整理を行う大規模なものであり，そのために莫大な費用が必要とされた。この案は閣議決定されたものの，その後の政治過程で縮小を余儀なくされる。費用で言えば当初の半分以下に縮小された計画では，事業が被災地に限定されただけではなく，幹線道路や公園，築港などといった東京の都市インフラ再整備の事業も大幅に縮小されることになった。

　計画が修正された結果，国の区画整理への関与は限定的なものとなり，当時の東京市が中心となって区画整理が行われることになった。地元住民からは，土地の所有権を部分的に奪われる区画整理への反対運動が起こったものの，

1924年には消失区域のほぼ全域で区画整理が実施されることが内閣によって認められ，1930年までの帝都復興事業で消失区域の約9割に当たる地域で区画整理が実施された。抵抗はあったものの区画整理を実施した地域では道路や公園，上下水道などのインフラが整備されることになり，区画整理を実施しないまま市街化した地区が木造密集市街地として現在まで残されている状況とは大きく異なると評価されている（越澤，2012）。このような密集市街地は，当初の後藤新平の復興計画では区画整理の対象とされていたものの，計画の縮小に伴ってそのままに残されることになったのである。

地主が対象となる区画整理が進められる一方で，借りていた住宅から焼け出された人々は，新しい住宅を探す必要に迫られた。しかし復興事業の中心は区画整理であり，建築関係の補助金はほとんど存在しない状態であった（小野，2014）。そこで大量に出現したのが緊急避難的なバラックである。これは近い将来に恒久的な建築物に置き換えられることを予定した仮設的な住宅であり，公園や学校などに公的に設置された避難所などに加えて，被災者が自ら建設したバラックが大量に増えていった。

そのようなバラックは，震災直後の9月15日に公布・施行された「東京府及神奈川県ノ市街地建築物法適用区域ニ於ケル仮設建築物等ニ関スル件」（バラック令）によるもので，焼失地域においては通常の法令の適用を免れる形で住宅の建築が行われることになった（小野，2014）。**表4-1**にあるように，数ヶ月で10万戸を超えるバラックが建てられているが，すべての被災者が自力でバラックを建てたわけではなく，10月末時点で17万人余が「縁故者方ニ避難」して，7.9万人余が公設の集団バラックに収容されていた*。

* 数字は小野（2014）で引用されていた『中外商業新報』1924年9月3日の記事による。

バラック令では，大量に建設されたバラックが1928年8月末までに除去されることを規定していた。そのため，震災直後の建築費の高騰と，建築物の早期の除去が相俟って，焼失地域における住宅の賃貸価格が高騰し，支払うことができない人々は都心を離れて郊外に移るか，公的な集団バラックでの居住を続

表4-1　人口，世帯数，仮建築戸数（東京市，1923年9月～24年10月）

	人　口		世帯数	仮建築戸数
		焼跡復帰		
1923/9/1（推計）	2,226,951	—	477,714	—
1923/9/12	—	151,954	—	28,959
1923/10/30	—	421,172	—	86,132
1923/11	1,529,166	529,450	338,354	111,791
1924/1	1,917,308	—	418,357	133,919
1924/5	—	831,017	—	181,437
1924/10	1,926,310	—	417,833	—

（出典）小野（2014, 95頁）。

けることになる。当初一時的な避難所として建設された集団バラックだが，1924年10月になっても依然として5万人以上の人々を収容し続けていたとされる*。集団バラックでは，家賃や水道料金などがかからず，他方で焼失した都心地域に作られていて利便性が高いため，低所得層にとっては家賃が高い賃貸住宅や利便性の低い郊外よりも望ましい住まいだったのである。

*　小野（2014）で引用されていた『罹災要救護者収容所概要』による。

この集団バラックは，1925年6月までに撤去された。居住者は，同潤会や東京市の支援を受けつつ，新しい住宅に移動することになったが，それらの公的主体による住宅に入居した人々は必ずしも多くない。供給数が少なかっただけではなく，賃貸価格が高かったり，都心から遠かったりしたために，十分な受け皿とならなかったのである。そのためそういった住宅を選べない人々は，劣悪だが安い民間の賃貸住宅に入居するか，そうでなければ東京から離れて帰郷するという選択をとることになったと考えられる。

（2）阪神・淡路大震災

神戸市は，戦前からのいわゆる五大市の一つ，日本を代表する貿易港として発展してきた都市である。「山，海へ行く」という有名なコピーを生み出した埋立事業に象徴されるように，常に一定程度の人口増加を見越した都市計画が

策定され，人々の集住が進められていた。都市の発展とともに，利便性の高い地域を中心に住宅開発が進められていくが，同時に災害に脆弱な地域が残存していた。特に，第二次世界大戦での空襲による被害が少なかった地域では，戦災復興を通じた区画整理を実施しておらず，多くの木造密集地域が残っていた（越澤，2012）。

　1995年1月17日に発生した阪神・淡路大震災は，とりわけこのような木造密集市街地に大きなダメージを与えた。特に被害の大きい地域では，数日にわたって火災が続き，多くの住宅が焼失した。そのような状況に対して，神戸市では，震災直後から区画整理・再開発に関する計画の策定を進め，2ヶ月後の3月17日に新たな都市計画決定を行った。この間，区画整理事業が行われる予定区域では，建築基準法による建築制限が行われ，被災者による独自の住宅建設が禁止されている。関東大震災では，「バラック令」によって，被災者による仮建築を行わせていたのに対して，阪神・淡路大震災ではそれをさせずに行政主導で都市や住宅の復興が定められていったのである。

　このような行政主導の都市計画には批判も存在する。たとえば越澤明は，2ヶ月での都市計画決定が必要な措置だと評価しつつも，不安感を持つ住民やマスメディアなどへの情報発信が不十分であり，都市計画と住宅に関する計画を産業や生活，福祉などを含めた総合的な復興計画とは切り離して早期に公表すべきであったと指摘する（越澤，2012，93頁）。また，このように性急に決定された都市計画が非民主的であり，不要な区画整理事業までもが含まれた結果，コミュニティの喪失を招くことになったとする議論もある（塩崎，2009）。

　1995年3月の都市計画を踏まえて，実際の区画整理事業は「まちづくり協議会」などを通じて住民の意見を取り入れる「二段階」方式で進められていったが，事業が完成して住宅地として再生するには，数年の時間が必要であった。その間，被災者への住宅として提供されたのが仮設住宅である。1995年4月1日の時点ですでに3万戸程度の仮設住宅が設置され，最大で4万6000戸の仮設住宅が作られることになった（1995年11月）。他方で，1996年に入ると仮設住宅から恒久的な住宅への移動が順次始まることになる。

　区画整理事業が行われた地域では，どうしても時間がかかるものの，そうで

ない地域では，特に持家を中心に震災直後から再建が始まっている。持家の着工は，震災から半年が経過した7月頃から増え始め，1996年の6月から9月頃にピークとなっている（垂水，1998，53頁）。続いて増えていくのが分譲の集合住宅であり，住宅金融公庫の震災融資や阪神・淡路大震災復興基金による利子補給を受けるかたちで増加していった。被災したマンションの中にも，容積率の緩和の特例を認められたりすることで建て替えに成功したものがあるほか，区画整理事業や再開発事業などを通じて住宅の共同化が進められたところもある。

個人で持家を建設したり，分譲マンションを購入したりすることができればよいが，すべての被災者が自力で住宅を再建できるわけではない。震災前に持家があっても，震災で崩壊してローンだけが残るという被災者も少なくない。そのような被災者に対して，兵庫県・神戸市が中心となって公営住宅の提供を行っている。仮設住宅とは違う恒久的な住まいとして，兵庫県で2万5100戸（「ひょうご住宅復興三カ年計画・修正フレーム」）の災害復興公営住宅の供給が計画され，1999年末時点で計画を上回る供給が行われている。これをすべて兵庫県など地方自治体の建設で供給したわけではなく，民間の集合住宅を買い取ったり，20年の期限付きで借り上げたりするなどして供給を行った。

多くの公営住宅が供給されたものの，問題がなかったわけではない。一つは関東大震災の時と同様に，家賃が高いということが問題となった。特に震災以前に木造密集市街地に住み，年金暮らしをする高齢者世帯などにとっては，公営住宅の家賃でも高くて申し込めないのである。被災者からの要望を受けて地方自治体が国への支援を要望したところ，規模や立地，収入に応じて段階的な入居者負担額の決定が可能になり，また低所得者に対しては5年間の家賃減額が行われることになった*。また，これだけでは公営住宅の入居者と民間の賃貸住宅の入居者の衡平を欠くということで，民間賃貸住宅家賃負担軽減制度が導入され，住宅が滅失して民間の賃貸住宅に住む低所得の被災者が，3万円を限度として4年間の期限付きで家賃補助を受けることとされた（塩崎，2009）。

 * このような制度は，1996年に公営住宅法の改正によって導入されることになった，応能応益家賃制度を先取りするものであるとされる（塩崎，2009，114頁）。

もう一つは，公営住宅が多く建設されたものの，必ずしも被害の深刻でなかった地域にも多く建てられており，需要と供給がマッチしていなかったことである。その結果，もともと住んでいた地域で公営住宅に入居できなかった被災者の中には，遠く離れた供給過剰な地域で公営住宅に入居することになる人も多く，そのような被災者が従来のコミュニティから切り離されてしまうという問題も生じた（塩崎, 2009）。若年層であれば，仕事に復帰してから資金をためて，新たな住宅を選択するということも可能だが，高齢者にとっては難しい。特に不便な住宅では，若年層が抜けて高齢者だけが取り残されるという事態も生じることになった。

（3）東日本大震災

東日本大震災では，地震というよりも津波のために，きわめて広い面積で甚大な被害が発生し，多くの人々が住宅再建を必要とすることになった。阪神・淡路大震災では，当座の住宅として仮設住宅が数多く建築されたのに対して，東日本大震災では「みなし仮設」と呼ばれる政策的革新が生まれている。これは，すでに存在する賃貸住宅を仮設住宅と「みなして」入居させる，つまり，被災者に対して実質的に家賃補助を与えるというものである。もともとは，広範囲にわたって仮設住宅を供給することが難しい中での応急的措置として採用されたが，福島第一原子力発電所の事故のために広域避難を余儀なくされた福島県を中心として，「みなし仮設」に多くの人が入居することになった（表4-2）。

もともと民間賃貸住宅であった「みなし仮設」は，当然ながら仮設の時期が終わったあとで撤去するような住宅ではない。撤去が予定されている仮設住宅ではなく，恒久的な住宅を「仮設とみなして」運用するのは，従来型の仮設住宅から二つの意味で大きな政策転換を起こすものであったと考えられる。まず一つは，現物給付からの転換である。仮設住宅は，住宅という「現物」を地方自治体が被災者に対して提供するものであったのに対して，「みなし仮設」では住宅そのものを提供するというよりも，実質的に民間賃貸住宅を借りるための「現金」を提供することによって被災者の住宅を確保しようとするものになっている。そしてもう一つは，現地主義からの転換である。仮設住宅は，原則

表4-2　被災3県における仮設住宅の供給状況（2014年8月末）

	合　計	建設仮設住宅			借り上げ仮設住宅	公的住宅
	入居戸数（入居者数）	入居戸数（入居者数）	建設戸数（管理戸数）	入居率	入居戸数（入居者数）	入居戸数（入居者数）
3県合計	79,475戸（179,133人）	41,384戸（89,323人）	52,879戸（52,651戸）	78.6%	36,410戸（85,207人）	1,681戸（4,603人）
岩手県	13,550戸（30,699人）	10,964戸（23,957人）	13,984戸（13,887戸）	79.0%	1,909戸（4,729人）	677戸（2,013人）
宮城県	32,643戸（76,046人）	17,423戸（39,130人）	22,095戸（21,982戸）	79.3%	14,555戸（35,445人）	665戸（1,471人）
福島県	33,282戸（72,388人）	12,997戸（26,236人）	16,800戸（16,782戸）	77.4%	19,946戸（45,033人）	339戸（1,119人）

（注）入居率は入居戸数を管理戸数で割ったもの。
（出典）西田（2015, 262頁）。

的に発災していた時に住んでいた自治体が，その住民に対して提供するものであったのに対して，「みなし仮設」の場合に被災者は自治体の境界を超えてほかの自治体での民間賃貸住宅を借りることも可能となったのである。

　関東大震災，阪神・淡路大震災と比べて，東日本大震災における復興では，特定の自治体の都市計画が問題にはなりにくかった。なぜなら，被害があまりに広域にわたり，一つの自治体どころか県単位でもまとめることが難しいからである。他方，福島原発の事故対応や，民主党政権と参議院を抑える自民党・公明党の対立で，国が迅速に主導権を発揮することもできない状況が続いており，仮設住宅などへの補正予算が決定されたのも，5月に入ってからであった。

　そのような中で，2011年6月25日に内閣総理大臣の諮問機関である復興構想会議が「復興への提言──悲惨のなかの希望──」という提言を発表するが，ここでは，関東大震災や阪神・淡路大震災のように，総合的な都市計画を提案するというよりは，被災地域の類型を設定し，各被災自治体がそれぞれに復興の手法を検討・決定する形式が採られている。市街地や集落を高台に移転するか，嵩上げするか，あるいは防潮堤の整備や津波からの避難タワーを設置するか，といったことが，それぞれの自治体，さらにはそれより小さいレベルの集落などで決定されることになったのである。

　復興構想会議は復興の手法についての類型を提示したが，多くの自治体が防

災集団移転促進事業（防集事業）の枠組みを使って高台移転を選択することになった。防集事業は、もとの居住区域における住宅建築を禁止してほかの区域への移転を促進するものであり、個々の住民の居住の自由を制限するために合意には時間がかかる。しかし、住民が個別に移転すると自主再建が基本となるのに対して、防集事業であれば国からの補助金を用いた手厚い支援が可能になる。そこで、多くの自治体がこの事業を使って集落ごとの移転を促進したのである（大谷，2015）。

　手厚い支援は可能だが、集団的な移転には、住民の合意が必要であるために非常に時間がかかることになった。しかも、地形的な制約が多い上に、基本である自治体と被災者の間の売買契約にも時間がかかり（安本・森川，2013）、津波の被災を受けた地域で民間住宅などの宅地整備の着工が本格化し始めたのは2013年に入る頃からである。自力で住宅を建てることが難しい人々に向けた災害復興公営住宅は、建築資材の高騰という要因もあって、震災から2年経った2013年3月の時点で計画の4割程度が着手されていたに過ぎない（復興庁，2014）。特に、原発事故のあった福島県では調整に非常に時間がかかったために、はじめての被災者向け住宅ができたのが、2014年9月になってからであった。

　東京・神戸という日本を代表する大都市で発生した、関東大震災、阪神・淡路大震災と比べて、東日本大震災が抱える重要な問題は、将来の人口流出である。大都市ではないために、集合住宅よりも持家中心の住宅開発がなされてきたという特徴を持っていて、公的な支援があるとしても、個人で住宅を取得する場合には造成された宅地を購入するかどうかという選択を迫られる。宅地整備に当たって、自治体は住民の意向調査を行っているが、当初は購入を考えていた被災者が、変更・中止する選択に傾きがちとなっている。

　より大きな困難は、災害復興公営住宅である。現在も建設は進められているが、東京オリンピックによる建築需要の増加もあって遅れがちである上、当初公営住宅に入居を希望していた人々で、その意思を変更する人々も少なからず出現している。さらに、公営住宅に入居したとしても、将来稼得能力の高い人々から地域を離れていく可能性もある。そうなると、せっかく作った住宅ス

トックが有効に利用されず，自治体にとっても非常に重い負担になってしまうのである（平山，2013）。

3　平時の都市・住宅政策との連続性

（1）再分配としての住宅再建

　これまで検討してきた三大震災の経験を踏まえると，まず強調すべき点として，大震災において住宅が破損する被害を受けるのは，高齢者や低所得層などの社会的弱者が多くなることである。特に関東大震災と阪神・淡路大震災という都市型の大震災では，もともと木造密集市街地のように災害に対して脆弱な地域に集住する人々がいて，公営住宅の入居基準よりもさらに家賃の低い，きわめて古い木賃アパートに住む人々も多い。東日本大震災の場合には，特定地域に被害が集中する地震よりも，広範囲の津波の被害が大きかったが，若い人が少なく高齢化した過疎地域で大きな被害が生じていた。そのように，高齢者や低所得層で重点的に被害が大きくなると，その中で十分な資源を持たない人々が独自に住宅再建を行うのは非常に困難となる。

　そのときに，生活再建の資源としてどのようなものが考えられるだろうか。たとえば，図4-1は復興庁による被災者関連支援法関係の調査報告によるものだが，東日本大震災あるいはその他の災害で被災した場合，どのくらいの現金給付が支給されるかというのを見ると，最も大きいのは「共助」の重要な手段である地震保険である。地震保険に加入していれば，数百万までの補償を受けることが可能になるが，事前に地震保険に加入している人はそれほど多いわけではなく，2013年現在で世帯加入率は3割を切っている。特に持家の人々にとっては，それなりの補償を受けられる重要な「共助」の手段であるにもかかわらず，アクセスできる人がすべてではないのである。

　地震保険と比べると，被災者生活再建支援金のように政府などが給付する公的な支援の額は限られている（制度の変遷については田近・宮崎［2013］）。義援金などを含めても，被害が限定されている災害であればある程度カバーできるものの，東日本大震災のような広範囲の甚大な被害の場合は，一人当たりの現金

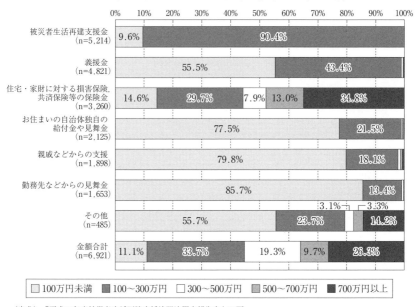

図4-1　現金の給付による支援金額（MA）（調査対象者全体）

（出典）「平成24年度被災者生活再建支援法関連調査報告書」27頁。

給付の規模が小さくなってしまう。さらに問題なのは，義援金はともかくとして，政府がどのような理由で現金給付を行うか，という根拠が必ずしも定かではないのである。損壊した住宅はあくまでも個人財産であり，これを公的に補償するのは難しい。そこで，特に住宅について再建支援という形で行われるのが，持家を建て直したり修繕したりする時の住宅ローンの利子補給や租税の減免という手法になる。実際，先に述べたように，阪神・淡路大震災の時もこのような手法によって持家や分譲マンションの建築が促進されている。

しかしながら，このような住宅の再建は，支援があるとはいえ非常に費用がかかるものであり，すべての人々にとって可能になるわけではない。とりわけ，厳しい状況にある社会的弱者にとっては十分な再建支援とはならない。被災後にも地震保険の加入が不十分でもなく，また，個人への現金給付は必ずしも充分でないために，独自の再建が困難である。さらに，災害によって仕事を失うケースがあると，そこから生活を立て直すことの困難が大きい。そこで，災害

復興公営住宅の建設のような公的な住宅の提供が，必要な支援になるのである。そして，このような支援は，単に大規模な災害の被害を受けた「被災者」に対する支援というだけではなく，その中でも厳しい状況にある人々への「再分配」という側面を強く持つことになる。

このような特徴を考えると，震災復興における住宅再建は，「被災者」に特別なものとして切り離すのではなく，平時の公営住宅政策との連続性を考えるべきである。日本の公営住宅は，供給の乏しさからもともと入居が強く制限されており，かつ，一度入居した人々がなかなか離れにくいことによる「残余化」の傾向がきわめて強いと考えられている（平山, 2009）。そのような公営住宅への入居は，本来，単純に低所得・貧困というだけでは困難な状態になっているとされるが，災害被災者はそこに優先的な入居が認められることになる。しかしながら，残余的な公営住宅であるために，（特に都市部において）一定の所得を受けて転居が可能な「被災者」から新たに住宅再建を行う，つまり公営住宅から離れて新たな生活を構築することが可能となり，他方でそれができない人々は公営住宅に残るということが進みやすい。結果として災害被災者においても「残余化」が強調されることになると考えられる。この点に対応するためには，平時から「残余化」を防ぐ取り組みが必要となる。

（2）資産としての住宅

再分配という視点に加えて，住宅復興を考える時に無視できないのは，住宅が社会における重要な資産であるという点である。住宅を建設するには多額の費用がかかり，不要になったとすれば撤去するのにも費用がかかる。全国的に「空き家」が問題になっている現在の状況を考えると，とにかく必要だから作ればよいということにはならない。

住宅を資産として考える時に，まず検討すべきは仮設住宅のあり方だろう。仮設住宅は，災害救助法に基づいて，避難所に続く応急的な住まいとして位置づけられており，先に述べたように基本的に被災の現地において，現物給付される。そして多くの場合，使用されたあとの仮設住宅は，不要なものとして撤去されることになる。

このように撤去されてしまう仮設住宅は，多額の費用をかけて建設したものであるにもかかわらず，資産として次代に残ることがない。たとえば，阪神・淡路大震災においては，5万戸近くの仮設住宅が建設されたが，このうち兵庫県で建てられた4万8300戸については，維持費なども含めて概算で約1470億円かかったとされている。当時の災害救助法では，仮設住宅1戸当たりの限度額は144万7000円であったが，阪神・淡路大震災の場合には1戸当たり約300万円がかかっており，撤去の費用まで含めるとさらにその額は大きくなる（児島，1999）。神戸のような地価の高い地域に，大量の仮設住宅を建設しようとすれば，需要の急増も相俟って費用が高くなってしまうのである。しかしながら，同時期に大阪市だけでも10万戸以上の空き家があったという推計がある（宇南山，2012）。つまり，このような仮設住宅を建てなくても，大阪市内の空き家を用いることで，被災者の住宅を確保できたのではないか，という指摘につながるのである。1戸当たり400万円あれば，数年分の家賃を補助してもある程度余剰が残るくらいだろう。

　資産の活用という意味では，東日本大震災における「みなし仮設」は大きな意義を持つ試みだったと評価することができる。活用されていない空き家を使うことによって，費用を節約する形で応急的な住まいを提供できるからである。しかし，少なくとも二つの課題が検討されるべきだろう。その一つは，入居する住宅が応急的・暫定的なものではなく，すでに恒久的なものであるという点である。応急的なものであれば，その撤去とともに居住者は住まいを変えることになるが，恒久的な住宅への実質的な家賃補助である「みなし仮設」の場合には，仮設住宅の撤去ではなく家賃補助の停止が必要になる。それは応急的な援助が必要である「被災者」というステータスが終了することを意味するわけだが，そのようなステータスの変更には抵抗が伴う。実際，東日本大震災の「みなし仮設」でも，当初は原則1年とされたものの，家賃補助の停止が議論にのぼると批判が生まれて補助が暫定的に1年ずつ延長される，ということが繰り返されている。

　もう一つは，「コミュニティ」の喪失という課題である。阪神・淡路大震災の直後，特に高齢者が従来のコミュニティと切り離されて個別に仮設住宅に入

ることになったため，多くの「孤独死」が起こったことが問題になった。その経験を踏まえて，東日本大震災の仮設住宅では，従来のコミュニティを維持する形でまとめて入居する方式が採られたところがある。しかし，「みなし仮設」の場合には既存の賃貸住宅にそれぞれが入居していく形式を採るために，従来のコミュニティを維持することが難しい。「みなし仮設」ではなく従来の仮設住宅を維持する論拠として，このようなコミュニティをどう考えるかという問題が残る（大水，2013）。

さらに，災害直後の仮設住宅だけではなく，恒久的な住宅についても，その質を考える必要がある。関東大震災，阪神・淡路大震災，東日本大震災といったようなきわめて大きな災害では，その後に大量の住宅需要が出現し，そのために住宅建設の費用が高騰する。他方で，一定数の公的な住宅供給を行うことが求められると，限定された予算でなるべく安い住宅を建設しなくてはいけないことになる。その結果として，数値目標を達成するためにとにかく住宅供給を優先すると，不便な立地・簡素な設備という意味で，「質」の低い住宅が多く生産されることになり，長期的に魅力的な住宅とはなりにくい。阪神・淡路大震災において，公営住宅が大量に供給される中で，需要が少ない地域にも過剰に建設されたというのも同様の問題のあらわれであると言える。短期間で大量に住宅を供給しようとすることで，「質」の低い住宅を作ると，そのような住宅でもよい，あるいはそのような住宅しか選べない人々だけが残ることになり，公営住宅の残余化を加速させる可能性がある。

人口減少が始まり，空き家が問題になっている中では，新たな住宅を供給する際に，長期的な価値を考える必要が強くなっている。東日本大震災の復興過程において新たに高台を造成し宅地の開発が行われているが，人口減少を止めることができないとせっかく造成した土地が有効に使われなくなってしまう。また，数の確保を急ぐあまりに質の低い公営住宅を供給して，残余化を進めると，質の低い住宅と数多くの空き家が共存するという望ましくない事態が生まれる可能性が高い。そこで重要なのは，「みなし仮設」と同様に，既存の住宅ストックの活用という方法だろう。もちろん，質の高い公営住宅のみを建設するということも必要だろうが，それだけでは費用がかかるし，必要なサービス

を十分に提供することができない。そこで、被災者に対して家賃補助を行った上で、既存の住宅を利用する可能性を探ることが重要になるのである。

　もちろん、恒久的な住宅において、既存の住宅ストックを利用する方法を広げると、「みなし仮設」と同様に、被災者としてのステータスや「コミュニティ」の問題が生じる。阪神・淡路大震災の時の一つの政策的な革新として行われた、既存の民間住宅の借上を通じた公営住宅の提供という手法は、入居から20年経って、利益を受けてきた被災者とそれ以外の住宅困窮者との間での公平性、つまりいつまで「優遇」を続けるのかという点が論点となっている（岩永, 2014）。また、既存の民間住宅を利用したことで民間事業者（貸主）の意思をどのように考えるかという問題も重要になる。民間住宅であれば、当然ながら貸主がその経済的な利益を求めて建て替えなどをしようとすることがあるからである。その時に、入居している被災者の権利をどのように保護するか、という点も一つの論点になり得る。

（3）自治体の役割・国との関係

　以上のように、災害復興における住宅再建が、再分配的な性格を強く持つということと、住宅を公共的な資産として「残余化」を防ぐ形で運営することを考えると、地方自治体にはどのような取り組みが求められるだろうか。重要な前提は、地方自治体が災害後の住宅再建において中心的な役割を果たすだけでなく、災害が起こる前の都市計画の主要な担い手だということである。

　「みなし仮設」のように家賃補助を災害復興における中心的な手段として位置づけると、東日本大震災がそうであるように、現地主義に基づいた復興が行われるとは限らなくなる。家賃補助を用いてほかの地域に移り住んでしまうと、住み慣れた土地といえどもほかの地域へと移ることは十分に有り得る。しかも、震災によって住宅供給が逼迫し、元の地域での住宅再建に相対的に費用がかさむことになるとその傾向は強まるだろう。反対に言えば、これまでの現地主義的な復興は、そのような費用がかかったとしても現地の復興を目指したものであったと理解できる。

　しかし、財政資源の制約や、平時における住宅の過剰供給（空き家の増加）

の問題などを考えると，これからも無制約的に現地主義的な復興を続けることが望ましいとは言えない。大きな災害が起こったとしても，その地域を維持することを目指すのであれば，復興よりもむしろ災害以前の都市計画において木造密集市街地のような脆弱な地域をあらかじめ減らしておく努力がきわめて重要なものとなる。阪神・淡路大震災において，第二次世界大戦の戦争被害による区画整理を行った地域に被害が少なかったように（越澤，2012），事前に災害に強いまちづくりを実現しておくことが，当然だが何より重要なのである。

　これは，現地主義的な復興の前提となる災害救助法のような法制がそもそも前提としていることでもあると考えられる。災害救助はあくまでも緊急避難的なものであり，たとえば仮設住宅が大量の住宅需要に答えるべきものでもない。関東大震災における東京の復興や，第二次世界大戦後の戦災復興のように，「焼け野原」からの復興というイメージが強いが，現代においては仮に地面に何もなくなったとしても様々な権利がきわめて複層的に絡み合っており，阪神・淡路大震災や東日本大震災で経験したように，その調整には長い時間がかかることになる。焼けた後に都市計画を行うというのは，費用的にも時間的にもきわめて非効率的なのである。

　事前に災害に強いまちづくりを実現する，と言うのは容易だが，実際には非常に難しい。そこで，災害前後の都市計画を連続させるようなかたちで，次の2点について検討が行われるべきだと考えられる。まずは，危険地域からの移住を促す手法である。ただし基本的に危険地域は資産価値が低いので，資産を処分して移住しようとしてもきわめて難しい。そこで，あらかじめ再分配的に移住を促すような給付を考える必要がある。具体的な手法としては，公営住宅の拡充（現物給付）や家賃補助政策（現金給付）である。木造密集市街地など，移動が生じないことが問題視されることは少なくないが，その背景には，住宅にかかる費用が大きいために移動が困難だということもある。公営住宅の拡充や家賃補助によって，住宅のコストを低減し，移動を促すということである。

　木造密集市街地のような危険性の高い地域において，補助金や課税などの手法を使ったとしても，居住者だけに委ねていると再開発は困難であると考えられる（山崎，2014）。特に災害によって崩壊する確率が高い地域や住宅について

は，政府が介入して再分配的な手法を使うことによって被害を減らすことを考えなくてはいけないだろう。これは，要するに，危険な地域や住宅をあらかじめ指定して，居住を制限した上で，東日本大震災で用いた「みなし仮設」という手法を，危険度が高い地域に住む人々にあらかじめ適用するということに近い。一方的に危険度が高い地域であるという指定を受けるだけでは，地価が低下するなどして住民の反発を招くだけである。そこに再分配的な移動の促進のような方策を組み合わせることが検討できると考えられる*。

* 山崎（2014）では，零細な土地所有者に対して，譲渡可能開発権（TDR: Transferable Development Right）の導入を提案している。開発の利益を土地所有者に分配することで，所有権や居住権を制限されたことを補償する仕組みだが，地主ではない賃借人の存在を考えると，導入のためには，当該木造密集地域だけではなく，社会全体として移動可能性を高める方策が必要になると考えられる。

次に，国と地方自治体の関係を見直す必要がある。もし災害に対して十分な備えがないままに，大きな被害が生じたとしても，国が十分な援助を行って復興を進めてくれるという期待があれば，地方自治体が減災のための都市計画に取り組む動機づけは弱くなる（Goodspeed and Haughwout, 2012; 田近・宮崎, 2013）。そこで重要なのは，地方自治体の責任を強調して，中央政府が十分な援助を行わないというコミットメントであろう。もちろん，そのコミットメントは簡単ではなく，しばしば守られないことになるが，地方自治体の責任を強調することによって事前の減災を進めることが重要なポイントとなる。

国が災害復興への関与を弱めることは，国の政治的な状況によって復興への支出が決められてしまうことを防ぐ意味もある。たとえば米国の研究でも，災害復興関係の支出と住民の支持を狙う選挙政治に関連があると指摘されている（Garrett and Sobel, 2003; Yamamura, 2014）。このような指摘は，東日本大震災からの復興におけるいわゆる「国土強靭化」の文脈でもしばしばなされるものにも近い（塩崎, 2013）。また，人々の関心を浴びる事後的な再分配政策に力を入れると，目立たない事前の予防政策に対して資源を配分しないという分析もある（Healy and Malhotra, 2009）。日本では，国が被災自治体あるいは住宅が倒

壊した個人への補償などについて事後的な手厚い援助を行うことがマスメディアなどで評価されがちだが，支援が事後に偏ることは，地方自治体を中心とした防災への投資のインセンティブを損なうこととともに，再分配の資金が政治的に配分される危険性があることを念頭におかなくてはならないだろう。

4　公共政策への含意：住宅から見た災害復興

　平時との連続性を見据えて災害復興における住宅再建を考える時，政策含意は復興だけではなく都市・住宅政策全般にも及ぶ。復興だからといって，すぐに撤去してしまう仮設住宅や，長期的に残余化する可能性が高い災害復興公営住宅を建設することは望ましくない。財政資源の制約が厳しい現代においては，既存の住宅ストックを利用し，また，平時の住宅ストックとしても遜色ない質の高い住宅を建設していくことが肝要となる。

　本章の議論を踏まえれば，そのために地方自治体を中心として，あらかじめ大きな被害が予想される地域から住民を動かすことの重要性が強調される。住宅の被害が大きい復興期でさえ困難である区画整理事業のような政策を，現に住宅が存在し，そこに住民が居住する平時に行うのはさらに大きな困難があるのは確かだが，災害に対して脆弱な地域をそのままにしておくことは，「減災」のような考え方からも望ましくない。対象となっている地域の合意を取ることがきわめて難しいことを考えると，他の地域への移動のハードルを下げつつ，危険地域としての指定や補助金・課税などのインセンティブを組み合わせて取り組みを続ける必要があるだろう。

　そこで検討すべき政策手段は，これまでよりも規模が大きい家賃補助の実施である。家賃補助は，すでに欧米諸国などにおいて重要な政策手段として多くの予算が割かれている。従来の公営住宅のように，特定の地域において国や自治体が直接住宅を提供するのではなく，人々がその所得などに応じて家賃補助を受けつつ，自由に居住地を選択するという方法である。また，実際に災害が発生した場合には，「みなし仮設」のような家賃補助という形になるが，その際には「被災者」としてどの程度特別な補償を受けることができるのかについ

て定める必要がある。たとえば台湾のように，一律の補償を被災者に対して行うような仕組みは参考になる点が多い（邵・室崎，2001）。それで足りない部分については，通常の再分配政策へとシームレスに引き継がれることが望ましい。もちろん，中央・地方を通じた危機的な財政状況を考えると，このような間接的な補助を中心とする時には，既存の住宅支援である公営住宅政策の再編は避けて通ることができないだろう。

　また，国の災害復興に対するコミットメントも再考する必要がある。被災者の個人財産への補償のような慈善的な政策は，しばしばマスメディアなどの喝采を浴び，政治家としても人気につながると考えられることはあるが，このように事後に偏った政策は，平時の事業を歪ませる可能性がある。地方自治体が取り組みを進めなくてはいけない以上，国がすべて再分配的な救済を行うというのではなく，あらかじめ地方自治体が主導して再分配を行うことができる部分を広げながら，その責任を明確にして，危機時に中央政府への過度の依存を許さないという姿勢を取ることが検討されるべきだろう。とりわけ，今後大災害が予見されている首都圏をはじめ「減災」が急務となっている地域に対しては，従来のような仮設住宅や災害復興公営住宅のような大災害における現地主義が困難となりつつあることを示しながら，独自に事前の対策を促すことが求められる。

引用・参考文献

岩永理恵「神戸市の借り上げ復興住宅問題──住宅保障と被災者」『神奈川県立保健福祉大学誌』2014年，第11巻第1号，3-11頁。

宇南山卓「応急仮設住宅の建設と被災者の支援──阪神・淡路大震災のケースを中心に」RIETI Discussion Paper Series 12-J-011，2012年。

大谷基道「津波被災地における高台移転」小原隆治・稲継裕昭編『震災後の自治体ガバナンス』東洋経済新報社，2015年。

大水敏弘『実証・仮設住宅──東日本大震災の現場から』学芸出版社，2013年。

小野浩『住空間の経済史──戦前期東京の都市形成と借家・借間市場』日本経済評論社，2014年。

越澤明『後藤新平──大震災と帝都復興』ちくま新書，2011年。

越澤明『大災害と復旧・復興計画』岩波書店，2012年。

児島達也「阪神・淡路大震災における応急仮設住宅の費用算定に関する研究」神戸大学大学院自然科学研究科修士論文，1999年（http://www.arch.kobe-u.ac.jp/~a7o/activity/theses-data/gra-mas/h11_m_kojima.pdf　2016年1月15日閲覧）．

塩崎賢明『住宅復興とコミュニティ』日本経済評論社，2009年．

塩崎賢明「復興予算問題が突きつけたもの」平山洋介・斎藤浩編『住まいを再生する――東北復興の政策・制度論』岩波書店，2013年．

邵珮君・室崎益輝「台湾地震における住宅復興に関する研究――1年半後の住宅再建の考察について」『地域安全学会論文集』第3号，2001年，157-162頁．

田近栄治・宮﨑毅「震災における被災者生活再建支援のあり方――制度の変遷と課題」『季刊　社会保障研究』第49巻第3号，2013年，270-282頁．

垂水英司「公的住宅の供給と公的支援策」神戸都市問題研究所編『震災復興住宅の理論と実践』勁草書房，1998年．

西田奈保子「仮設住宅と災害公営住宅」小原隆治・稲継裕昭編『震災後の自治体ガバナンス』東洋経済新報社，2015年．

平山洋介『住宅政策のどこが問題か――〈持家社会〉の次を展望する』光文社新書，2009年．

平山洋介「『土地・持家被災』からの住宅再建」平山洋介・斎藤浩編『住まいを再生する――東北復興の政策・制度論』岩波書店，2013年．

復興庁『東日本大震災から3年　復興の状況と最新の取組』2014年．

安本典夫・森川憲二「復興まちづくりと集団移転の事業制度」平山洋介・斎藤浩編『住まいを再生する――東北復興の政策・制度論』岩波書店，2013年．

山崎福寿『日本の都市の何が問題か』NTT出版，2014年．

Garrett, Thomas A. and Russell S. Sobel "The Political Economy of FEMA Disaster Payments," *Economic Inquiry,* 41(3): 2003, pp. 496-509.

Goodspeed, Timothy J. and Andrew F. Haughwout, "On the optimal design of disaster insurance in a federation," *Economics of Governance,* 13: 2012, pp. 1-27.

Healy, Andrew and Neil Malhotra, "Myopic Voters and Natural Disaster Policy," *American Political Science Review,* 103(3): 2009, pp. 387-406.

Yamamura, Eiji, "Impact of Natural Disaster on Public Sector Corruption," *Public Choice,* 161(3/4): 2014, pp. 385-405.

第5章
被災者への現金支給をめぐる制度と政治

手塚洋輔

1 問題の構図:なぜ現金支給が拡大したのか?

　私たちは,災害に遭遇すると,怪我や死亡などの身体的損害だけでなく,経済的にも大きな打撃を受けることがある。ここで言う経済的な損害には,売り物である商品が壊れたり,仕事道具が流されてしまったりといったことも考えられるが,とりわけ深刻なのが住む家の問題である。地震や津波は,いとも簡単に住居を家財道具もろとも壊し,流してしまうため,最大の資産とも言うべき住居を失えば,生活基盤が大きく損なわれることとなり,その後の生活再建にとっての足枷にもなる。

　そのため,今日では,住宅への被害の程度に応じて数百万円から場合によっては1000万円を超える公的支援を受ける仕組みがある。もちろんそれで震災後の生活の立て直しに十分かどうかは,なお議論の余地があろう。

　しかしながら,ここで着目されるのは,こうした現金支給政策が始まったのがそう古くはないことである。それまでの長い間,住宅被害への支援は人々から寄せられた義援金の配分により細々と行われていたに過ぎず,1990年代に入ってようやく公的支援の端緒が開かれた。そして,その後今日に至る20年で,税による現金支給が本格的に導入され,住宅本体以外の損害に対する「生活再建のみ」から住宅本体も含めた「住宅再建も」へと対象が拡がるとともに,財源面でも義援金主体から税を用いる割合が段階的に拡大してきた。

　ではなぜ,現金支給が導入され,拡充されてきたのだろうか。もっとも,この問題は,近年,災害研究でも研究の蓄積が進んでいる領域でもある(関西学院大学災害復興制度研究所被災者生活再建支援法効果検証研究会編,2014)。そこで本

章では，これらの成果に依拠しつつも，制度創設や制度改正に際しての政治過程を跡づけることで，新たな知見を得たい。

その際，考慮するべきものとして，次の3点に着目する。第1は，政府が対応するべき課題か否かという点である。政府がすべての要求に応えることはできない中で，やるべき仕事（サービス）の範囲は時代により可変的である。本章の文脈に即して言えば，住宅を含む個人的な経済的損害に対する現金支給が公的責任範囲に含まれるか，どのように認識されてきたのかを明らかにする必要がある。

とすれば次に第2として，行政サービスの範囲はなぜ変わるのか，という問いが出てこよう。これはサービスの拡充を目指す勢力とそれを防ごうとする勢力との争いがあるという意味で，きわめて政治的な問題でもある。1990年代以降，拡充勢力が優位した結果とするならば，それを促進した要因を探ることが重要である。特に，90年代に行われた政治改革や地方分権改革との関連が論点となる。

第3に，現金支給の仕組みである。一口に現金支給といっても財源・対象・金額といった諸点で多様な選択肢があり得る。それらの中から現実に作り上げられてきた制度は，上の政治対立の結果，譲歩と妥協がなされた産物であり，かつ，それは行政サービスの範囲と表裏の関係にある。

以上を踏まえて，最終的にはこの政策展開が，真正面から「公的責任範囲」が議論された結果というよりも，突発した災害に対応するための，良く言えば政策革新の積み重ね，悪く言えば場当たり的な対応が接合された側面が強いことが示される。だがその一方で，現金支給の場当たり的拡充は，90年代の改革の「必然」でもあったことを議論したい。

2　近代日本における義援金体制

（1）税金・義援金・下賜金

戦前，大規模災害が発生した後の応急対応・復興は，大きく三つの資金によって担われてきた。第1は，人々から強制的に徴収した税を元手とした政府財

政からの支出である。またこうした支出はしばしば「公費」とも呼ばれる（本章では，資金源には「税」を，税を資金源とした支出を「公費」と表記する）。支出対象を見ると，応急局面では，備荒儲蓄法（1880年）やその後継法である罹災救助基金法（1899年）に基づく食糧や避難所といった被災者への現物給付が中心であり，加えて復興局面では損壊したインフラの整備や都市改造などが実施された。

そこで，被災者への直接支援という観点から見れば，税以外の資金が重要となる。すなわち，強制ではなく，自発的に寄付・供出された資金である。誰がお金を出したかに着目すれば以下のように，民間からの「義援金」（「義捐金」とも呼ばれる）と皇室からの「下賜金」とに分けることができる。

第2の義援金は，明治初期から主に新聞を通じて全国的に集められる慣習が定着してきていた。新聞紙面に企業名・氏名が公表されることもあって競って寄付がなされたのである。このほかにも各種団体を通じた義援金が集められた。関東大震災に際しても，全国の府県が中心となって義援金品集めに奔走した。もっとも，この中には地域や組織の上層部からの圧力のもとになされ，純粋に自発的であったかは疑わしいケースもある（北原，2011）。

戦前に特徴的なものとして，第3の下賜金の役割も忘れることはできない。相応に潤沢な皇室財政を背景に，災害時のみならず，社会福祉や公衆衛生といった分野において，金品の下賜が継続的に行われてきた。後に見るように，関東大震災時には当時として1000万円を超える下賜金が支出されたのを例外として除いても，明治以降，平均して罹災救助基金の措置額の10％強程度の資金が加えて下賜されてきたのである（遠藤，2010）。

これらの資金は，国や国と関係の深い団体が窓口となって一旦は集められ，府県・市町村へと配分された。ただ，どのように使用するかについて，内務省のコントロールがある程度認められるものの，統一したルールがあったわけではなく，地域の事情に応じて分権的に決定されていた。すなわち，多くの場合，死亡などの人的被害だけでなく，家屋の損壊といった物的被害にも応じた配分がなされていたが，その支給区分や支給額に多様性がうかがえるのである（関，2008）。

(2) 関東大震災後の住宅再建支援

1923年9月に発生した関東大震災でも、家を失った被災者が多数発生し、その住居の確保が復旧・復興において重要な課題となった（田中，2006）。政府が都内各地に建設した「公設バラック」のみならず、個人単位でも掘建小屋を多数建設し雨露をしのいだことが知られている。もっとも被災者の大多数は借家暮らしであったことから、時間の経過とともに「公設バラック」が閉鎖されるにしたがい、被災者たちは新たな住居を探し生活の再建を模索する必要に迫られた。

だが、当時は資材不足もあって、圧倒的に住宅供給が少なくそのため家賃が著しく高騰していた。たとえば、東京の本所区では、1924年3月の段階で、敷金や権利金をあわせた家を借りるための初期費用として平均375円、家賃として月平均26円が必要であったところ、自ら建設する場合は政府から資材が配給されたこともあって300円程度でバラックを建てることも可能であった。そのため、少なくない被災者は（場合によっては地主や家主に無断で）自ら「バラック」を建てて生活再建へと向かったのである（小野，2014）。

そしてこうした中での被災者支援は、それまでと同様に、民間からの義援金と皇室からの下賜金によって担われた。最初に金額について確認をすれば、国内からの義援金だけでも3400万円が集まり、それに皇室からの下賜金1000万円超を加えると、当時としては類を見ない莫大なものであった。これら二つの資金は、政府が中心となってその使途が決定されたが、現金支給という点から言えば、後者の下賜金がより重要であった。というのも、それまでの災害と異なり義援金は主として、配給される食糧被服をはじめ施設建設などの現物・サービス供給に活用されるにとどまり、下賜金が被災者への現金支給の原資として用いられたからである（北原，2011）。

ただ下賜金の支給額は、死者と行方不明者1名当たり16円、住宅全焼12円、住宅全壊（全潰）8円、負傷者4円、半焼・半壊（半潰）4円に過ぎなかった。使途に制約はないとはいえ、義援金の配分がなかったことも考えれば、家賃やバラックの建設費用に比べて微々たるものと言わざるを得ないだろう。そして、バラック建設の資力すらままならない多くの低所得者たちは、公設バラックに

第5章　被災者への現金支給をめぐる制度と政治

居残り，社会問題化することになった。同潤会住宅や東京市営住宅などの新しい住宅に収容された者も一部にはいたが，東京での生活の見通しがたたない大多数の被災者は自分の故郷に戻ることを選んだ。地方から出てきた者が多く，帰郷するべき故郷と頼ることのできる地縁・血縁関係があったためである。政府もそうした低所得者には鉄道運賃を無料化するなどして積極的に市外に出す施策を採り，地方も積極的に救護・受け入れを進めることで住宅問題の収拾を図ることが可能だったのである。

（3）戦後の義援金体制

戦後になると，皇室からの下賜金が振る舞われるということが徐々になくなり，主に民間からの義援金と公費によって災害対応がなされていく。ただ戦前と同様に，義援金が被災者への現金支給に，公費は現物支給にという区分けは継続されたことは強調されてよい。

後者について見ると，災害救助法（1946年），災害対策基本法（1961年）と災害法制が徐々に整備されて，現物支給を担う自治体に対する国の財政支援が充実していくこととなった。これに引き替え，現金支給に関しては，自治体レベルでは些少ではあるが見舞金や弔慰金のような形で実施例がないわけではなかったものの，国は財政上の制約などを理由に消極的な姿勢を貫き（八木，2007），現金支給は長らく義援金主体で細々と行われてきたに過ぎなかった。確かに，災害救助法で住宅の応急修理や生業資金の給貸与が規定されていたものの，きわめて限定的な運用にとどまり，ほとんど死文化された状況にあったとも言える（宮入，1999）。

1970年代に入ると，被災者個人への現金支給への要望が強まり，議員立法にて災害弔慰金制度が創設され，遺族や後遺障害を負った個人に対して弔慰金が支払われるようになった。これは人的被害を条件とした公費による恒久的な現金支給制度と位置づけられる。当初50万円であった上限額は災害発生を契機に段階的に引き上げられ，雲仙普賢岳噴火後の1991年に現行の500万円まで支給されるようになった。

しかし弔慰金制度の最大の弱みは，支給条件が人的被害のみで住宅被害が含

まれなかったことである。そのため，住宅被害のみの場合，概して支給額はごくわずかなものに留まった。たとえば，日本海中部地震（1983年）で被災した秋田県能代市における全壊世帯への支給は，秋田県からの見舞金30万円と義援金16万2600円であった（能代市総務部庶務課防災担当編，1984，470頁）。

こうした中で，都市部においても戦前と異なり，持ち家比率が増加するとともに，住宅設備や電化製品などの家財道具も格段に充実し高額となっていった。現在では建て替えに実に2500万円程度かかるとも試算されている（『朝日新聞』2014年6月23日）。これが意味することは，最大の資産とも言える住宅が一旦被災すれば，たとえ人的被害がなかったとしても，それが被災者の生活に与える影響は甚大だということである。それゆえ，住宅の補修・新築といった住宅再建及び滅失した家財道具などの購入や住宅移転費用といった生活再建に資する現金給付が，被災者支援の焦点をなしていくことになる。

3　住宅再建の公的領域化：1990年代の社会変動

（1）義援金体制の到達点と「基金」：雲仙普賢岳噴火の場合

1991年に発生した雲仙普賢岳の噴火は，現金給付問題を顕在化させ，大きな転換を促す事例となった。というのも，それまでの災害と異なり，噴火の影響によって市街地に警戒区域が設定されて立ち入りが厳しく制限され，しかもそれが長期に及んだため，多くの人の生業が途絶えたことに加えて，住宅の移転も余儀なくされたからである。見通しが立たない住民や地元自治体からは，住宅再建や当座の生活に必要な現金給付の強い要望が噴出することとなった。

こうした警戒区域の設定に伴う損失補償の求めに押される形で，従来，義援金のみで対応してきたような物的・経済的被害に対する現金支援に公費を充当する門戸を，事実上開くこととなった。ここで生み出されたのが，食事供与事業と災害復興基金という仕組みである。

食事供与事業は，長期避難のため「従来の生業による収入が途絶えた」世帯に対して，食事の現物給付か1人1日当たり1000円の現金給付を選べるという国の施策である。大多数が現金給付を選んだことから「実質は損失補償の一形

態としての側面を有している」との評価もあるほか，これを補完する形で次に見る基金事業として実施された「生活支援事業」等をもあわせると，その額は警戒区域等の設定に伴う全避難者の53％に対し約1年間で1世帯当たり平均45万円弱になると推計されていることからも（宮入，1994，58頁），警戒区域の設定を背景とした特例的な措置ではあれ，人的被害ではなく経済的被害を条件とした公費による現金給付であったことは間違いない。

その後の災害対応に絶大な影響を与えたのが，後者の基金である。公費による被災者支援に制約があることから，基金を造成することでより自由な支援を可能にしようとする手法であり，その後の大規模災害対応ではほぼ標準的に実施されるものである。雲仙普賢岳の場合，県レベルと市町村レベルで個別に基金が創設されたが，その中心となったのが長崎県の基金である。この基金は，事業にかかる経費を実質的に税で賄う（そのうち95％は交付税措置により国費が充当される）「行政基金」（以下では，より一般的に「公費型基金」と呼ぶ）と県に配分された義援金による「義援金基金」から構成され，産業復興も含めて多様な支援がなされた。

住宅再建を使途とした現金給付についても，その費用の一部（最大300万円）を助成する住宅再建時助成事業が設けられ，警戒区域の設定に伴う損失補償という側面もあり，その2分の1（最大150万円）が税を原資とした公費型基金から行われたことは注目に値する。このような基金からの支出と義援金配分を組み合わせることで，全壊に対する住宅再建に最高1150万円を給付することを可能にした。同様の方法で相当額を給付する仕組みは，1993年の北海道南西沖地震での奥尻にも引き継がれた（最高1410万円）。

このように雲仙と奥尻での支援は，義援金・義援金基金・公費型基金により合計1000万円を超える住宅再建への現金支給が行われた。それまでと異なり，自治体が実質的に運営する基金による多額の「公的支援」がなされたという事実は大きく，災害支援の水準を弥が上にも高めたと言えるだろう。他方で，注意しなければならないのは，基金といっても，住宅再建支援に用いられた基金の原資はほとんどが義援金によるものだったということである（宮入，1999，159頁）。雲仙の場合，公費負担は150万円に過ぎず，奥尻の場合はそもそも基

金が全額義援金によって賄われている。すなわち，基金を媒介することで，私的支援である義援金が「公的支援」に化けたと言っても過言ではあるまい。

（2）義援金体制の限界と支援要求の激化：阪神・淡路大震災の場合

雲仙や奥尻での高いレベルでの現金給付は，集まった義援金に比して被災世帯が相対的に少なかったからこそ可能であった。この意味で，1995年の阪神・淡路大震災は，こうした義援金頼みの体制の限界が露呈した例であった。

阪神・淡路大震災の際に寄せられた義援金は総額1793億円にも及び，雲仙や奥尻と比べても格段に多かった。しかしながら，被災者の数もまた桁違いに多かったことから，最終的な義援金配分額が全壊の場合でも最高55万円に留まった。しかも，国が「自然災害により個人が被害を受けた場合には自助努力による回復が原則」で「全面的な個人補償という形は困難」（村山富市［内閣総理大臣］発言『第132回国会衆議院会議録』1995年2月24日）と従来からの主張を曲げなかった。

また阪神・淡路大震災時にも復興基金が設立されたものの，義援金に余剰がなかったことから，公費型基金のみで構成された。すなわち，結局は税で事業費を捻出する手法であったため，警戒区域設定という特別の事由がない以上，従来の論理を踏襲すればそこから現金支給を行うことは困難であったのである。

こうした中で，兵庫県は，「生活再建」のための現金支給策として基金による現金支給を認めるよう国に働きかけ，最終的には，高齢者等の低所得者のみに対象をごく限定した生活再建支援制度という基金事業に結実した。他方，「住宅再建」への現金支給策については，全国の住宅を持つ全世帯が加入して相互に援助することで最高1700万円の支給を可能とする「住宅共済制度」の創設を提案していったが，遡及適用が困難といった大蔵省の強力な反対や全国知事会の合意を得られず頓挫した（和久，2004；毎日新聞大阪本社震災取材班，1999）。

このように，多くの被災者にとって，基金による利子補給があるとはいえ，住宅再建に必要な資金との隔たりは大きいままであった。しかも，当時のメディア報道で繰り返されていたように，雲仙・奥尻では原資が義援金とはいえ基金による公的支援がなされたのに引き替え，神戸では何ら手当てがなされない

現状への不満があった。こうして，義援金を補完する新たな現金給付の要求は弥が上にも強まっていくことになる。

（3）被災者生活再建支援制度の創設：連立政権の政治過程

　被災者に対する現金支給を目指す動きは，大きく二つの経路で制度の立案へと進んでいった。第1の経路は，被災地の市民団体から超党派の国会議員を通じた経路である。市民団体は「国の責任」として非人的被害に対する現金支給制度の創設を唱いあげることで運動を拡げた。途中からは，超党派の国会議員を巻き込み「市民＝議員立法実現推進本部」を立ち上げ，当時連立政権を組んでいた社民党議員が窓口となって法案化に進んでいった（市民＝議員立法実現推進本部・山村，1999）。最終的には1997年5月，全壊の場合に上限500万円を支給する内容の「災害被災者等支援法案」が災害弔慰金法の改正という形で，議員立法により参議院に提案されるに至った。

　これに対する政府や与党自民党の態度は，財政負担の大きさからきわめて冷淡であり，当初は廃案とする方向で審議入りすらしなかった。しかしながら，連立相手の社民党が廃案に強硬に反対したことから，連立維持を第一に優先する自民党も継続審議とすることで折れ，かろうじてアジェンダとして残ることができたのである。

　こうした動きと平行して第2に，兵庫県から全国知事会，さらに自民党へという経路もあった。住宅共済制度が困難と見た兵庫県は，折から知事会の中で議論されていた，国と都道府県が費用を出して基金を作りそれをもとに「生活再建」の現金支給を可能とする恒久制度の構築へと戦略を変え，知事会の調整と政府与党への働きかけに邁進した。橋本首相が知事会の意向を尊重する姿勢を見せたこともあって，知事たちも基金の拠出に大筋合意し，1997年7月の知事会総会において「災害相互支援基金」の要望を特別決議した。この案では，総額3000億円の基金を国と都道府県が8：2の割合で積み立てて，被災世帯に最大100万円を支給するというものであった（毎日新聞大阪本社震災取材班，1999）。

　自民党はこの知事会案をベースに法案の具体化に乗り出すことになる。アジ

ェンダ化に成功した第1の経路と，制度のアイディアを提供した第2の経路がここで合流したと見ることができよう。そして自民党は，橋本内閣の財政再建方針を旗印に公費負担に反対する大蔵省をにらみつつ，国の関与と負担を基金拠出という直接的なものから，支給金の半額補助へと減らす案に変えて「被災者生活再建支援基金制度」を打ち出した。当初は市民法案に賛成していた社民党議員たちも制度創設に向けて自民党案に協力し，自民党も大蔵省との調整を続けて何とか与党案をまとめあげたのである。

　そして最終的に1998年の通常国会において，これら市民法案・与党案に加え新進党や民主党が作った野党案という3つの案が持ち込まれた。これらの案に隔たりも大きかったが，これが「最後のチャンス」であるとして，市民法案・野党法案の関係議員も成立を第一に内容面では譲歩して，与党案の元に一本化され法案成立にこぎつけた。

　こうして1998年に制定された被災者生活再建支援法は，自治体が拠出した基金を作って災害被害に対応し，その支給額の2分の1を国が負担する仕組みであった。それは確かに義援金体制からの脱却を目指したという点で重要な転機となったと言えるかもしれない。ただし，対象範囲は，全壊（相当）のみという被害要件に加え，年収や年齢の要件も厳しく，きわめて狭いものであった。しかも，支給金額も最高100万円に留まった上に，家財道具の購入や移転費用などに使途が限られていたために，さらなる拡充が求められていくことになる。

4　義援金から税金へ：2000年代の公費拡充

（1）被災者支援における地方分権：自治体独自施策と知事会

　2000年代に入ると，被災者生活再建支援法の不十分な状況の改善を目指す動きが活発化する。第1は，自治体レベルで独自に住宅再建施策を補完的に行うところが出てきたことであり，第2は，国・地方で多元的に進んだ被災者再建支援法の見直しをめぐる検討である。最終的には2004年の法改正へと結実するが，いずれもその鍵は，1990年代に進んだ地方分権改革を背景に地方の影響力が増大したことに求められる。

第5章　被災者への現金支給をめぐる制度と政治

まず前者の独自施策に関して，いくつかの県では被災生活再建支援法制定前後に，その制定から施行までの期間に同等の支給を行うべく制度を整備したところがあった。また，有珠山噴火への北海道の対応や三原山噴火への東京都の対応のように，支援法が対象としない世帯への生活支援を試みる自治体も登場した（山崎，2011）。

だが法の拡張を目指した嚆矢であり，後に影響を与えたという意味で重要だったのは，2000年10月に発生した鳥取県西部地震に対する鳥取県の施策である。当時の片山善博・鳥取県知事は被災した中山間地域では住宅再建がなければコミュニティが崩壊してしまうとの危機感を募らせ，国の反対を押し切り，県独自の施策として，市町村と協力して最大300万円の助成を行う画期的な「住宅復興補助金制度」を導入した（片山，2006）。この制度の特質は，一つには，支援法の定める年齢・所得制限を撤廃したことであり，二つには，支援法では支給されない住宅本体の再建・補修を内容としたことであった。そして当初は暫定的であったものの，翌2001年には恒久的な「鳥取県被災者住宅再建支援基金」として制度化された。

これにつづいた例として，宮城県北部連続地震（2003年7月）に見舞われた際に，鳥取と同様に所得年齢制限を設けずに，住宅再建に最大100万円を支給する独自施策を展開した宮城県を挙げることができる。こうして，自治体首長のリーダーシップを通じて，それまで公費による住宅再建に抑制的であった国の壁を乗り越えようとしていった。

こうした動きと並んで，支援法の見直しに関する検討が，政府・国会・地方の各レベルで多元的に進められた。そこでの争点は，共済制度の導入を軸とした住宅再建問題であった。政府レベルでは，所管の国土庁が「被災者の住宅再建支援の在り方に関する検討会」を設置して制度改正を目指した。しかし2000年12月にまとめられた報告書では，被災者の住宅再建に「公共性」があることを打ち出したものの，反対論も強かったことから共済制度導入までは踏み込めずに終わった。国会でも超党派の「自然災害から国民を守る国会議員の会（災害議連）」が数度にわたり独自の住宅再建支援案を主張したが，関係省庁の理解を得らないこともあって法案提出には至らず，最終的に被災者生活再建支援

法の改正案として提案するに留まった（2003年7月）。そして地方レベルでも，全国知事会が当初共済制度の導入で検討を進めていたものの，2003年8月に現行の基金による制度を拡充する形での住宅再建支援制度の設置を国に要望していくこととなった（出口，2014）。

この知事会提案を受けて，中央省庁再編で国土庁の防災担当部局を引き継いだ内閣府も共済制度導入ではなく，現行制度の拡充を前提とする被災者生活再建支援法の改正作業に着手した。そして，2004年に被災者生活再建支援法が改正され，従来全壊（相当）のみであったところ大規模半壊も支援対象に含めるとともに，支給額もそれまでの生活関係経費最高100万円に加えて，新たに居住関係経費として最高200万円が追加され，住宅の解体費用や住宅ローンの利子などに使用することが可能になった。だが，知事会などが求めた住宅本体への充当は財務省の根強い反対によって見送られ，居住関係費用についても詳細な領収書の提出といった清算手続きを必要とするなど，煩雑な作業を要求する仕組みであった。

（2）支援の多重化・複雑化：中越地震の場合

2004年改正を起爆剤に，各県で発生した地震や台風などの災害をきっかけとしつつも，支援法の適用基準を緩和して小規模災害や浸水・半壊世帯に対象を拡大したり，年齢・所得の基準を緩和したりといった，自治体独自政策を設ける動きが拡がっていった（山崎，2011）。

加えて，この時期に見られる重要な転換として，公費型基金による住宅再建への現金支給策の普及を指摘することができる。これまでの雲仙普賢岳噴火や阪神・淡路大震災の例で見てきたように，公費型基金を通じて直接被災者に給付することはきわめて限定されてきており，雲仙における警戒区域設定による補償という理由や，阪神・淡路のような低所得者に対する福祉的な位置づけによってかろうじてなされるに過ぎなかった。

これに対して，2004年に新潟県で発生した中越地震において設置された公費型基金である「中越大地震復興基金」では，新たに雪国住まいづくり支援（上限145.2万円），県産瓦使用屋根復旧支援（上限85万円），越後杉で家づくり復

第5章 被災者への現金支給をめぐる制度と政治

興支援(上限100万円)など産業振興の名目で,一定の制約を設けつつも事実上住宅本体の再建に使うことのできる現金支給策が講じられた。こうした手法はその後の能登半島地震や中越沖地震,東日本大震災でも見られる。

このように支給額の充実によって,額面だけで見ればそれまでと比べて格段に高いレベルの現金給付が整備された。中越地震の場合,義援金・公費型基金・支援金(国)・独自施策(県)という4種の現金給付の経路が存在した。旧山古志村の全壊世帯を例に取ると,義援金(424万円)+国の支援制度(300万円)+独自施策(100万円)に,先に紹介した基金で措置されるいくつかのメニューを合わせると,総額で1000万円前後の現金給付が可能となったのである。

しかしながら他方で,そもそもこうした複雑な仕組みに住民の理解が追いつかないのも事実であった。そのため,支給事務は,担当する被災市町村にとって多大な負担となっていたのである(山本,2014)。実際の支給状況を見ても,被災者生活再建支援制度では年収・年齢要件が引き続き存置されたほか,細かい事後精算手続きが必要であったため,中越地震の場合,生活関係経費の支給率がほぼ満額の91.8%だったのに対して,居住関係経費は35.6%に留まり,平均支給額は150万円程度であった(被災者生活再建支援制度に関する検討会中間報告参考資料)。被災者にとって限度額まで使うことができないだけでなく,被災自治体にとってもただでさえ震災後の人手不足の中で煩瑣な事務を行わなければならない点に,大きな不満が噴出したのである。

これらの強い批判は,2004年改正時の附帯決議を受けた制度見直しのために内閣府が設置した「被災者生活再建支援制度に関する検討会」でも表明されていた。検討会では,現行制度に問題があることを踏まえて議論が行われ,2007年7月の中間報告では,使途の拡大,生活関係経費と居住関係経費の区分の撤廃,年齢年収要件の緩和,見舞金化などの多様な論点についてメリット・デメリットの整理を列挙するところまで至ったのである。

(3)ねじれ国会の下での支援拡大

この検討作業は,2007年夏の参議院選挙をきっかけに政治の場で一足飛びに進むことになる。というのも,この選挙で民主党が勝利し,いわゆるねじれ国

会となる中で，住宅本体への支援を公約としてきた同党の意向を無視することができなくなったからである。

それまでも民主党は，野党共同提出を含めて4度も住宅本体に適用範囲を拡げる改正案を提出してきたという経緯があり，そのたびに税金での私有財産形成になるとの理由で政府・与党の反対を受けて廃案となってきた。そして，同様の方針が2007年マニフェストでも掲げられていたため，近い将来に具体的な法案として再度提出されることが見込まれていたのである。

対する自民党も，当初は，先に見た内閣府の検討会の最終報告を得て，翌2008年通常国会で制度改正を行う予定を立てていたところ（『朝日新聞』2007年11月7日），選挙結果を受けて民主党への対抗から急遽，しぶる財務省を尻目に同じく住宅本体にも支出できるような法改正へ乗り出すこととなった。

このように第一次安倍内閣から福田康夫内閣に代わった政府・与党は，民主党の政策を取り入れる形で生活重視へと転換し，国会審議の主導権を握ることを目指した。これを受けて民主党も，被災者生活再建支援法を含む独自法案を精力的に参議院へと提出し，与野党が激突する構図を作っていったのである。

その結果，2007年秋の臨時国会には，衆議院には与党提出の改正案が，参議院には野党提出の改正案がそれぞれ議員立法で提出された。与野党とも年収要件を緩和することは共通していたが，与党案では上限300万円のまま渡し切りの定額支給に変更することで住宅本体への支援を可能としようとするのに対して，野党案では住宅本体の補修再建費を対象に含めた上で上限500万円とし，さらに国庫補助負担を増加させようとするものであった。

他方で，当時の政治情勢を振り返れば，国会審議を進めるべく，福田自民党と小沢民主党との間で，大連立も含めた与野党の協調が模索されていた時期でもあった。そのため，被災者生活再建支援法も俎上に載せられ，修正協議を重ねられた。最終的には，与党案をベースとしつつも，当初にはなかった年収要件の撤廃という形で民主党の主張を入れて与野党合意が成立し，ねじれ国会下ではじめて成立した法案として被災者生活再建支援法の改正が行われた。

この改正によって，従前の生活関係経費／居住関係経費の区分ではなく，住宅の被災程度によって支給される部分（最高100万円）と住宅を再建・補修等の

際に支給される部分（最高200万円）となり，清算事務の不要な渡し切りの定額支給となった。その結果として住宅本体への充当が事実上可能になったのである。しかも所得・年齢要件が撤廃されたこともあり，こうした変化を「支援金」から「見舞金」に性格が変わり，公共性が失われたのではないかとの否定的な評価もある（生田，2009）。

　確かにこの仕組みは，必ずしも困窮していない富裕層へも給付対象となる問題をはらんでいる。とはいえ，清算事務がなくなったことによる自治体の負担軽減のみならず（山本，2014），平均支給額も遡及適用された中越沖地震（2007年）で1世帯当たり220万円へと上昇し（内閣府，2013），被災者個人の需要に資するものとなったことは間違いないだろう。その一方で，対象が大規模半壊以上であって半壊世帯では支援対象とならなかった点は変わらなかったため，罹災状況の認定如何によって被災者の格差につながるとの指摘も多く，その差を自治体の独自施策で補完するところもある（山中，2010）。

5　東日本大震災と薄氷の上の現金支給：2010年代の実像

（1）被災者生活再建支援制度の実質的破綻

　これまで見てきたように，2000年代後半には，従来の義援金配分に加えて，国の被災者生活支援制度の充実が進み，さらには自治体の独自支援と公費型基金の施策が乗る形で重層的な支援体制が確立した。しかしながら他方で，このような手厚い現金給付の仕組みは否応なく財政を圧迫させることにもなる。

　実際，その中核となってきた国の被災者生活再建支援制度において，給付の2分の1を負担する都道府県の基金の持続可能性が疑問視されていた。というのも，当初の計画では各都道府県から合計600億円を拠出してその運用益で賄うとされていたものの，台風など度重なる災害対応によってそれでは足りず，徐々に基金を取り崩して対応せざるを得ない状況にあったからである。それゆえ，こうした事態に地方レベル（全国知事会）・国レベル（内閣府）でも制度の再検討に取りかかっていた。

　ちょうどその最中に起きたのが，2011年3月の東日本大震災であった。その

被害から見て、既存の基金で対応可能な範囲を大幅に超過し、ほかの災害対応に必要な基金も枯渇することが確実であった。しかも被災自治体の能力が限定されていることや津波被害による被害認定が困難なこともあり、支給にかかる認定手続きを簡素化したため、支給要件である全壊や大規模半壊の認定を受けやすくなり、被災者生活再建支援制度の支給額は2016年4月現在で3000億円を超え、最終的には4400億円程度になることが見込まれている（内閣府、2013）。

これに対応するため、「元の仕組みは放棄され、国が全面的に支援する」ことを余儀なくされた（田近・宮崎、2013）。具体的には、2011年5月の第一次補正予算で520億円を計上して既存基金とあわせてさしあたり必要な1000億円を確保した後に、対応策を知事会と協議するなどして、今回に限り国が8割負担する仕組みとし、第二次補正予算で3000億円を準備した。また都道府県の拠出する基金の積み増し分については全額を、東日本大震災によって枯渇した538億円分については95％を交付税措置して国が負担することとしたのである。

既存の被災者生活再建支援制度で賄えるのは国と都道府県の負担をあわせて最大でも1200億円程度に過ぎず、大規模震災への対応ができないことはかねてから指摘されてきたところであり、事実、東日本ではそれが露呈した結果となった。今後、想定されている首都直下地震や南海トラフ地震ではさらに大きな額が必要となるため、財源をどう確保するかの見通しは不透明なままである。

（2）復興基金と自治体間格差

2000年代に入ってから住宅再建の一翼を担うようになった公費型基金も、東日本大震災において活用されている。だが、これまでの場合と2点において異なるところに留意する必要がある。第1に従来は実質的に地方交付税で充当するとしても形式的には運用益を使うという建前をとっていたが、今回は低金利であることに鑑みて、地方交付税を直接措置する取り崩し型基金とし、総額3000億円が被災自治体に交付された。第2に基金の運用主体も、これまでのように財団法人を作るだけなく自治体直営方式も選ぶことができたため、被災県のほとんどが直営方式を採った。このように、財源や運営主体から見ても、実態として税そのものと言ってもよい。

この復興基金を使って，多くの自治体では独自の住宅再建支援策を設けた。その背景として，国費で支給される防災集団移転事業と市町村内で均衡を図る意図があるとの指摘もある（竹内，2015）。たとえば，被害の大きかった自治体の一つである岩手県陸前高田市を例に各種上限額を挙げると，基金を使った県レベルの施策で300万円（宅地復旧を含む），同じく基金を使った市レベルで100万円，さらに地元産材を活用した場合の補助金として県市あわせて90万円など，最大で540万円にのぼる補助を受けることが可能となっている（このほかに利子補給もある）。これに対して，隣接する宮城県気仙沼市の場合，最高で786万円の利子補給（ローン利用）か150万円の直接補助を選択するにとどまる。

義援金について見ても被災自治体によって配分額が異なる。たとえば先に見た2市を例に挙げれば同じ全壊世帯であっても陸前高田が181.9万円に対して気仙沼は110〜114万円である。阪神・淡路大震災の例よりは多いものの，被災者が多いだけに1件当たりの配分額は少なめになっている。

こうした住宅再建に対する支援金・基金・義援金の金額を比較すると，全般的に岩手県の額が大きく，宮城県は小さい。岩手では人口流出を防ぐために自治体間競争が起きているとの指摘がある一方で，こうした自治体間格差は被災者から疑問の声も上がっているのも確かである（『朝日新聞』2013年9月7日）。もちろんこれを地方自治の姿として評価することもできよう。しかし先に見たように今回の基金が国の全面的な支援によりなされていることも踏まえれば自治体のモラルハザードという側面も否定できない（関西学院大学災害復興制度研究所被災者生活再建支援法効果検証研究会編，2014）。

6 偶然と必然，そして展望

以上見てきたように，住宅本体の再建に充当可能な現金を支給する施策は着実に拡大し，自治体間で違いはあるにせよ，2000年代以降に発生した大きな地震では総額で1000万円近い給付が行われている。そしてその原資も，義援金中心から税を直接的・間接的に用いるようになってきていると言えよう。要するに，あれほど抵抗の強かった，住宅本体の再建に税を投入することがいわば公

然と行われるようになったのである。ではその要因はなにか，そしてそこにどのような意義と問題が伏在しているのかを最後に触れておきたい。

まず前提として第1に，行政の公的責任範囲に関わる人々の需要面での変化がある。高度成長を経て持ち家率の上昇と家財道具の充実とにより，自力での住宅再建が一層困難になる中で公的支援の要請は高まった。加えて，コミュニティの維持という「別の」政策目的も公的責任範囲を拡張する論拠となったのである。

とはいえ第2に，需要が生まれてもそれが可能とならなければ公的責任範囲にはなり得ない。この点，雲仙や奥尻の事例で多額の義援金が集まったというバブル期の僥倖が直接の契機となったことは重要である。いわば1990年代における「偶然」の産物であった。そして一旦公的支援の実施例ができたために，後の震災対応においても「対応すべき事柄」とされていったと言えよう。事実，阪神・淡路大震災後に被災者生活再建支援法が必要とされたのも結局は必要額を義援金で賄うことができなかったことが大きい。その後の展開も，議論を尽くした結果というよりは，義援金の不足分に対して，国の支援金や公費型基金でアドホックに補完し，それが既成事実化して蓄積されていく形で進行したと理解できる。

もっとも，それは決して自動的に進むものでないことにも留意する必要がある。その意味で，1990年代における「必然」の結果でもあったように思われる。ここでは2点指摘できよう。

第1に，地方分権化である。1990年代後半は地方分権が進んだ時期でもあり，それまでと比べて知事会など地方6団体の影響力が高まった。支援法制定時や2004年改正ではいずれも全国知事会からの提案を受けるという形となっており，中央省庁や与党にとっても無視し得ないものであった。もちろん，鳥取の例でも明らかなように，国の意向に真っ向挑むことのできる首長のリーダーシップが大きくなったことも一因である。

また公費型基金の対象範囲を見れば，かつては旧自治省によるかなり強固な事前統制があったとされ，住宅再建への投入にはきわめて抑制的であった。しかし，これも地方分権の流れの中で中越地震以後，統制が緩和され，住宅再建

をめぐる支給額や方式など自治体の裁量が拡大したのである（青田，2011）。

第2が，政権党（自民党）の弱体化である。1998年の法制定の際には，連立相手である社民党が市民運動の後押しもあってアジェンダ設定の面で重要な役割を果たした。2007年の法改正では，ねじれ国会のもとで野党・民主党の普遍主義的な政策志向が年収・年齢要件の撤廃へとつながったのである。

裏を返せば，55年体制下において広く見られたような所管省庁と族議員が中心となって政策を立案する形では仕切れなかったということでもある。現金支給の拡充を目指す被災者団体や被災自治体などの勢力はその間隙を突いて「私有財産に公費を投入しない」という中央省庁の壁を打ち崩したとも言えよう。

震災の復興を語る際に，リーダーシップの重要性が吹聴されることも多い。しかし，こと被災者への現金支給の場合，その拡充は「弱い」リーダーシップであったがゆえ，にも見える。すなわち，「弱い」からこそ新しい政策価値を許容する余地が生まれたのである。

ただしそれはあくまで「事後的」かつ「分権的」になされるために，財政的な持続可能性の問題や，自治体間格差の問題などが等閑視されがちとなりやすい。加えて，現在のように事後的な拡充が当然となると，その反面で平時に行われる制度設計の議論が過度に抑制的になるという問題もある。

となれば，やはり重要なことは，制度の全体像や整合性を「事前に」確立することで効率的な制度設計を模索することにつきる。そして，その検討に当たっては，本書各章で議論されているようなこれまでの震災対応の知見を十全に活かすことで，よりよい制度構築が可能となろう。

引用・参考文献

青田良介「被災者住宅・生活再建に対する公的支援に関する考察——被災者の私有財産と公的支援の関係の変遷」『地域安全学会論文集』第14号，2011年。

生田長人「被災者・被災地に対する再建支援制度についての考察」『法律時報』第81巻第9号，2009年。

遠藤興一『天皇制慈恵主義の成立』学文社，2010年。

小野浩『住空間の経済史——戦前期東京の都市形成と借家・借間市場』日本経済評論社，2014年。

片山善博『住むことは生きること――鳥取県西部地震と住宅再建支援』東信堂，2006年．
関西学院大学災害復興制度研究所被災者生活再建支援法効果検証研究会編『検証被災者生活再建支援法』自然災害被災者支援促進連絡会，2014年．
北原糸子『関東大震災の社会史』朝日選書，2011年．
市民＝議員立法実現推進本部・山村雅治『自録「市民立法」――阪神・淡路大震災市民が動いた！』藤原書店，1999年．
関英男「明治時代の義援金支給における行政対応の変遷」『都市問題』第99巻第3号，2008年．
竹内直人「震災復興における被災者住宅再建支援制度の展開」小原隆治・稲継裕昭編『震災後の自治体ガバナンス（大震災に学ぶ社会科学2）』東洋経済新報社，2015年．
田近栄治・宮崎毅「震災における被災者生活再建支援のあり方――制度の変遷と課題」『季刊社会保障研究』第49巻第3号，2013年．
田中傑『帝都復興と生活空間――関東大震災後の市街地形成の論理』東京大学出版会，2006年．
出口俊一「生活・住宅再建をめぐる立法運動」関西学院大学災害復興制度研究所被災者生活再建支援法効果検証研究会編，2014年．
内閣府「被災者生活再建支援法に基づく支給見込み額」（第2回被災者に対する国の支援の在り方に関する検討会提出資料）2013年11月20日．
能代市総務部庶務課防災担当編『昭和58年（1983年）5月26日日本海中部地震能代市の災害記録――この教訓を後世に』能代市，1984年．
毎日新聞大阪本社震災取材班『法律を「つくった」記者たち――「被災者生活再建支援法」成立まで』六甲出版，1999年．
宮入興一「長期化大規模災害下の災害対策の動向と行財政」『雲仙火山災害の社会経済的研究』雲仙火山災害長崎大学社会経済研究グループ，1994年．
宮入興一「自然災害における被災者災害保障と財源問題――雲仙火山災害と阪神淡路大震災との比較視点から」『経営と経済』第79巻第2号，1999年．
八木寿明「被災者の生活再建支援をめぐる論議と立法の経緯」『レファレンス』第57巻第11号，2007年．
山崎栄一「自治体による独自施策の現状――災害復興制度研究所アンケートを踏まえて」『災害復興研究』第3号，2011年．
山中茂樹『いま考えたい災害からの暮らし再生』岩波ブックレット，2010年．
山本晋吾「新潟の2つの地震・制度改正過渡期の実例」関西学院大学災害復興制度研究所被災者生活再建支援法効果検証研究会編，2014年．
和久克明『風穴をあけろ――「被災者生活再建支援法」成立の軌跡』兵庫ジャーナル社，2004年．

第6章

被災港湾の復旧・復興をめぐる政府間関係
——関東と阪神・淡路の両大震災を中心に——

林　昌宏

1　はじめに：被災港湾の復旧・復興を分析する意義

　大災害の発生時に，主要な課題の一つとなるのが，被災した諸種のインフラストラクチャー（以下「インフラ」と略す）を，どのようにして早期に復旧（原状回復）させ，復興（将来に備えた発展的取り組み）へと導いていくかである。とりわけ行政は，生活に不可欠なインフラ（たとえば，電気，上下水道，ガス）とともに，社会・経済活動に密接に関係した道路，鉄道，港湾，空港などを，迅速に復旧，復興へと導いていくという重要な役割を担っている。

　さて，本書が対象としている三つの大震災で，インフラに関して興味深いと考えられる点が存在する。それは，1923年に発生した関東大震災では，当時国内最大の貿易港であった横浜港において，1995年に発生した阪神・淡路大震災では，当時国内最大のコンテナ港であった神戸港において，それぞれ甚大な被害が生じたが，早期の復旧を成し遂げていることである。筆者は，これらの港湾の発災から復旧までのプロセス並びに復興をめぐる関係諸アクターの動向について，土木工学的なアプローチではなく，政治学，行政学的に分析し，その特徴を見出してみたいと考えている。

　そこで本研究は，関東，阪神・淡路の両大震災で被害を受けた港湾（横浜港，神戸港）が，どのようなプロセスで復旧・復興を果たし，それがいかなる特徴を備えていたのかについて明らかにする。具体的には，戦前と戦後で大きな差異が見られる港湾整備事業をめぐる制度を前提に，中央—地方並びに地方—地方の政府間関係にフォーカスしながら分析を進めていく。なお，関東と阪神・淡路の両大震災によって被災した横浜港，神戸港の復旧・復興に関する記録や

論文は，多数存在する。しかし，それらを比較し，共通点や相違点を明らかにした研究については，筆者が管見する限り存在していない。そうした意味で本研究は，被災港湾の復旧・復興に関する研究において，新たな試みとして位置づけられる。さらに，この分析から得られた知見は，次なる大災害に襲われ，被害を受けたインフラの復旧・復興を，いかにして進めていくべきかを検討するための一助になっていくであろう。

2　分析視角とその方法：港湾整備をめぐる制度と行政体制の変容を踏まえて

（1）戦前の港湾整備事業の特徴

　明治期より1950年に港湾法が制定されるまで，約80年にわたって，港湾の管理・運営を規律する統一的な法典はなく，勅令・訓令，予算措置などによって所要の行政が行われてきた（中西，1980，55頁）。こうした状況に加えて戦前は「港湾国有」の理念が基本原則（寺谷，1993，105頁）で，中央集権を基本としていた。ちなみに市町村は，港湾施設の造成費を負担するなどの役割を担っていた。

　港湾をめぐるシステムは，中央集権的であったものの，それを管理・整備する行政体制は相当に複雑で，換言すると中央政府内部で多元化していた（以下については，日本港湾協会編［1960］を参照）。たとえば明治末期から大正期にかけては，1907年の港湾調査会の答申も受けて，大蔵省が税関業務や第1種重要港湾の外貿施設の建設，内務省がそれ以外の直轄工事の施行並びに府県工事に対する監督，鉄道省が鉄道桟橋，農商務省が漁港，逓信省が海運事業の許認可や海事審判などを，それぞれ所管していた。

　このような状態を改善するために，1913（大正2）年3月の第30回帝国議会で衆議院港湾政務統一ニ關スル建議案委員会より「港湾政務統一ニ關スル建議」が提出された。こちらでは「帝國港湾ノ設備ハ規模狭小ニシテ且天工ノ形勝ヲ恃ムノ而巳ニシテ未タ人事ノ最善ヲ盡ササルノミナラス現ニ帝國首要ノ國港（ママ）ナル横濱，神戸両港ノ如キスラ其ノ所管ハ内務大藏遞信及其ノ所在地方廳ニ分

属シテ全責任ノ歸一スル主管廳ナク偶港湾調査會アリト雖執行機關ニ非ス單ニ調査機關ニ止マリ責任ノ歸一スル所ナク從テ港湾ノ政務擧ラス國運ノ發展ヲ阻害スルコト鮮少ナラス」(国立公文書館アジア歴史資料センター所蔵資料，Ref. A14080164000) と，当時の複雑な港湾行政の実態と，それへの不満が記されている。1918年10月には，原敬内閣のもとで「港湾経営ヲ内務省ニ於テ統一施行スルノ件」が閣議決定され，港湾をめぐる内務省の役割が一定程度増大した。他方で，内務省と大蔵省の役割分担に問題を残していたため，港湾をめぐる行政体制は，より一層複雑な様相を呈するようになった。

こうした事態を憂慮した内務省は，港湾に係る事業を特定の省に担当させることと，その基礎となる港湾法の制定を目指した。同法の制定が1919年から1938年の間に，記録に残っているだけで10度にわたって試みられたが，これは大蔵，逓信，農林といった関係各省から賛同を得られず，ことごとく失敗に終わっている。その後，アジア・太平洋戦争が激化したことにより，1943年11月に運輸通信省が設立され，港湾行政は，ひとまずこちらに一元化された＊。

＊　1945年5月に運輸通信省は，運輸部門と通信部門に分離された。これによって「運輸省」が新設され，同省は陸海輸送部門を所管した。

　近代の港湾(海港)は，稲吉晃の研究によると，官庁間・地域間の競合が展開される政治的な空間であったとされる(稲吉，2014，317頁)。稲吉が指摘するとおり，港湾をめぐる大蔵省や内務省をはじめとする官庁間や地域間の競合の実態は，横浜，東京，神戸の各港の年史などに多く記されている。地域間の競合については港湾と，その後背地の利益の実現を目指す関係諸アクターのもとで展開されていた。しかしながら，これらに未だに不透明な部分が残されていることは疑いの余地がなく，戦前と戦後でどのような違いがあるのかという課題を明らかにしていく必要もあると考えられる。ともあれ本研究では，こうした港湾をめぐる相当に複雑なシステムのもとで，1923年9月に関東大震災が発生し，被災した横浜港の復旧は，それに強い影響を受けていたと捉えることにする。

（2）戦後の港湾整備事業の特徴

1945年8月15日にアジア・太平洋戦争に敗れたわが国は，GHQの統治下におかれた。GHQによる占領改革は，中央集権的な性格を帯びていた港湾整備事業に及び，1950年5月に港湾法が制定された。同法の制定に当たっては，港湾を所管する運輸省が激しく抵抗した。しかし，最終的には港湾管理権を地方政府に移譲することや，複数の港湾管理者（地方政府）で港務局（ポートオーソリティ）を設立することが認められている。この法律を根拠に，主に都道府県や政令指定都市（制定当時は五大市）レベルの地方政府が港湾を管理・整備することになったのである。

戦後の港湾整備事業の特徴は，まず戦前と異なり，基本的に地方分権的な性格を備えているところにある（田尾・奥薗［2009］を参照）。ただし，その結果として，港湾管理権を備えた地方政府が，港湾整備事業によって得られる利益の確保を目指したことから，地域内（たとえば，林［2015］を参照）や地域間で港湾の大規模化競争が引き起こされることになった＊。東京湾や大阪湾において港湾の一体的な管理・整備が困難になっていたのは，その一例である（林，2010a）。

> ＊　地方政府間の関係が競争的になることについてフォーカスした先行研究では，地方政府の開発志向や「横並び」志向などが，その要因として説明されている（Peterson, 1981；村松，1988；伊藤，2002）。

つづいて，運輸省（現：国土交通省）が港湾管理者である地方政府の動きを統制しようとして，両者の間でたびたび確執が生じていた点が挙げられる。1950年にGHQの指令によって港湾法が制定されたが，運輸省は1950年代から1960年代にかけて同法の改正を試み，地方政府側はこれに反発を続けた。1960年代半ばからは，運輸省と地方政府は巨額な費用が必要となるコンテナ埠頭の建設で歩み寄りを見せるものの，外貿埠頭公団の設立・廃止（林［2010b］を参照）や，名古屋コンテナ埠頭株式会社の設立をめぐって，両者はたびたび対立していたのである。

つまり，港湾整備事業をめぐる行政体制が多元化し，解消され得ない状況の

第6章　被災港湾の復旧・復興をめぐる政府間関係

ところで，1995年1月に阪神・淡路大震災が発生した。そして当時，国内最大のコンテナ港であった神戸港が被災し，そこからの復旧・復興が進められたと位置づけられる。

（3）本研究の分析課題

以上について小括すると，わが国の港湾整備事業は，戦前が中央集権的で，戦後が地方分権的な性格を備えていた。さらに，戦前・戦後を通じて行政が多元化しており，競争的な地方―地方政府間関係が存在していたという共通点を見出すことができる。

これらを踏まえて本研究は，関東と阪神・淡路の両大震災の発災を機に，港湾整備事業をめぐる中央―地方，地方―地方政府間関係は，どのように変容したのかを分析する。そして，これらが被災した港湾の復旧・復興に，いかなる影響を及ぼしていたのかを明らかにする。特に，競争的な地方―地方政府間関係は，港湾の復旧・復興や，関係するアクターに何をもたらしたのか。これを約70年という時空を超えて比較・分析し，明らかにすることで，政府間関係論に新たな知見が付け加えられる可能性もある。なお，分析を進めるにあたり，復旧・復興の事実関係については，各港湾の年史や復興記録に依拠したことを付言しておく。

3　関東大震災により被災した横浜港の復旧・復興

本節で分析の対象とする横浜港は，日米修好通商条約の締結により1859（安政6）年に開港した。その後，同港は1889（明治22）年から1920（大正9）年にかけて大規模化が進められ，岸壁2000mや物揚場2400m，上屋，倉庫をはじめとする荷役のための施設が整備された。内務省は，1921年4月から横浜港第3期拡張工事を実施し，高島，瑞穂埠頭の築造などを含む250万トンの貨物取扱施設の整備を進めた*。1922（大正11）年の横浜港の外貿貨物量は約468万トン，貿易額は15億5000万円に，それぞれ達し，特に後者は全国貿易総額の55%を占めていた（社団法人横浜港振興協会編，1989a，136頁）。

* この拡張工事は，総工費が1345万円で，そのうち横浜市が522万円を負担することとしていた（社団法人横浜港振興協会編，1989b，51頁）。また，10ヶ年継続事業であった。

横浜港が国内最大の貿易港としての地位を維持していたところで，1923年9月1日に関東大震災が発生した。神奈川県や横浜市も激震に襲われ，横浜港の港湾施設や当時造成中であった埠頭の大部分が破壊された。こうした状況について，大蔵省大臣官房臨時建築課横浜出張所は「桟橋モ亦繋船部両外側ノ混凝土床ノ部分丈ヲ僅カニ残シテ他ハ全部陥落シ同時ニ猛火ニ襲ワレ悲惨ノ状態ヲ呈セリ…（中略）…岸壁上ノ可動電氣起重機十八臺ハ全部倒壊シ定置起重機ニ於テモ五十噸起重機ヲ始メ全部大破シテ使用ニ堪ヘズ…（中略）…其ノ他港内三千隻ノ艀船モ其ノ大半ヲ焼失シ殊ニ税關構内附邊ノ艀溜ハ是等焔艀ヲ以テ埋マリ舟航荷役全ク不可能ノ状態ナリキ」（社団法人横浜港振興協会編，1989a，137-138頁）という報告を残している。

関東大震災発生の報を受けて横浜港には，被災地への救援物資を積載した多数の船舶が到着した。しかし，同港の施設は，大部分が破壊されていたため，それの陸揚げは難渋を極めたという＊。そのため中央政府は，内務省土木局横浜出張所と横浜税関の機能低下を受けて，陸海軍に横浜港の仮修理を要請した。陸軍は，岸壁，臨港鉄道，橋梁などの仮修理を，海軍は，港内測量，掃海作業，桟橋の修理，浮桟橋の仮設を，それぞれ担当している。これらの作業は，1923年11月15日まで続けられた。

* 近接する東京港では，海岸通2丁目の物揚場と空地が，治安維持のための海軍上陸，罹災者の地方向け輸送場所，救援物資及び復興資材の陸揚げなどの場所として利用された（東京都港湾局ほか編，1994b，56頁）。

中央政府は，1923年9月19日に帝都復興審議会（総裁：山本権兵衛），同年9月27日に帝都復興院（総裁：後藤新平）の官制を公布した。こうした動きに合わせて，横浜では「横濱市ノ復興ニ關シ必要ナル施設ヲ調査研究シ之カ實行ヲ期スル」（社団法人横浜港振興協会編，1989c，22頁）ため，同年9月30日に神奈川県，横浜市，財界の各代表で構成された横浜市復興会（会長：原富太郎）が結成され

第6章　被災港湾の復旧・復興をめぐる政府間関係

ている。そして，同年10月21日に横浜港の復旧工事について全額国庫支出金をもって実施することが決定された。水域施設の復旧工事は，内務省横浜土木出張所が担当した。こちらの工事では，防波堤，岸壁，桟橋などの水域施設の復旧が優先された。上屋や倉庫をはじめとする陸上施設は，大蔵省大臣官房臨時建築課横浜出張所（1925年5月に廃止，業務は同省営繕管財局横浜出張所に継承）が担当したが，財源不足から工事完了までに7年を要している。横浜港復旧事業に要した費用は，約1588万円（水域施設分約926万円，陸上施設分約622万円，仮修理・応急工事分を除く）であった（社団法人横浜港振興協会編，1989a，150頁）。この額は，発災前の約30年間で横浜港の築港に要した費用（約1800万円）に匹敵する（横浜市［1973, 41頁］を参照）。復旧工事，特に水域施設の早期復旧により，1924年に横浜港の外貿貨物量は，451万トンにまで回復し，1925年からは内務省横浜土木出張所によって第3期拡張工事が再開された。

横浜港は，復旧工事が進められている間に，その優位性が大きく揺らぐことになった。その要因として，当時国内第2の貿易港であった神戸港の台頭が挙げられる。横浜港では関東大震災の発生まで，当時の主要な輸出産品である生糸が独占的に取り扱われ，輸出総額の7～8割を占めていた（社団法人横浜港振興協会編，1989a，143頁）。しかし，震災の発生により，横浜港から生糸の輸出が困難になり，国内の貿易に大きな支障を来したのである。そのため発災直後から神戸市や神戸商業会議所をはじめとする地元経済界は，神戸港で生糸の取り扱いができるように働きかけを強めた＊。そして，神戸港において生糸の取り扱いが開始されたことにより「生糸二港制」が実現し，横浜港における生糸の独占取り扱いは崩壊したほか，横浜から神戸に多くの問屋，輸出商社，メーカーの営業所が移転した。また，同年10月に神戸市に生糸共同荷受所が設立され，1924年1月には神戸市立生糸検査場がスタートしている（新修神戸市史編集委員会編，2000，419頁）。こうしたことにより，神戸港の外国貿易額は，震災後に横浜港のそれを上回ることになった（図6-1参照）＊＊。

　＊　関東大震災の発災以前から神戸市や地元の経済界は，生糸の取り扱いに向けて準備を進めていたものの，不況の進行で一時頓挫している。
　＊＊　関東大震災を踏まえた横浜，神戸両港と海外の港湾との比較は，紙幅の関係も

図 6-1 横浜・神戸両港の外国貿易額の推移

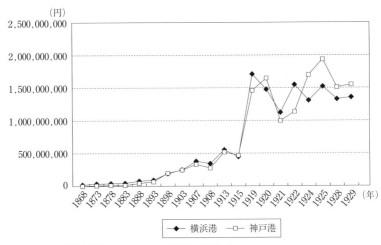

(出典) 横浜市港湾部編(1930, 3-4頁)をもとに筆者作成。

あり別稿を期す。

　神戸港の台頭に加えて，関東大震災の発生を機に東京市が内務省に対して東京港の大規模化の働きかけを活発化させている。実は，関東大震災の発生以前から，横浜港や横浜市にとって，東京港の大規模化（東京築港）と，それを求める東京市の存在が脅威となりつつあった。たとえば，前述の1921年から開始された横浜港第三期拡張工事は，大規模化の進む東京港への対抗策として，横浜側が中央政府や関係機関に働きかけ実現に至ったものである。そうしたところに発生した震災により横浜港が壊滅すると，東京市は，こちらを根拠として内務省に東京港の修築や東京・横浜両港を連絡する京浜運河の開削を強く要求し始めた*。これに対して横浜市は，後背地の縮小を危惧し，内務省に横浜港の拡張や京浜運河の開削を主張した。つまり，東京市と横浜市の対立が，内務省を巻き込む形で生じたのである。内務省は，1924年5月に部分的な東京港修築と京浜運河開削を国費で実施する計画案をまとめている**。この問題については，最終的に横浜側が横浜港の拡張と京浜運河の開削の実施を前提にして，両港の併立を図ることが得策と考えるようになり，ひとまず東京築港反対の運

第6章 被災港湾の復旧・復興をめぐる政府間関係

動は沈静化している（社団法人横浜港振興協会編，1989b，60頁）。
　＊　京浜運河の開削は，1897年から議論されていた。
　＊＊　京浜運河の計画決定は1927年である。同運河計画は，東京都港湾局ほか編
　　（1994a，89-91頁）を参照。

　関東大震災の発生を機に顕在化した東京市と横浜市の対立は，その後も火種として残された。東京港の大規模化や取扱貨物量の増加を受けて，東京市は1938年に中央政府に対して修築中の芝浦月島港区を外貿区とするように働きかけた。この動きに強く反発したのが，横浜市や横浜商工会議所であり，反対決議や反対署名といった活動を展開した。1940年12月には，横浜市内で東京開港反対横浜市民大会が開催され「東京開港ハ横濱百萬市民ヲ餓死セシメルノ暴擧ナリ，然ルニ政府ハ之ヲ無視シ東京開港ヲ斷行セムトス，我等百萬市民ハ生活權擁護ノ爲蹶然死力ヲ盡シ斷乎之ガ撃滅ヲ期ス」（社団法人横浜港振興協会編，1989c，870頁）という決議文が採択されている。この問題については，東京市からの強い働きかけが奏功し，1941年5月2日に，①横浜，東京の両港を統合し，これを単一の開港場（京浜港）とすること，②外国貿易は横浜方面（横浜区）に重点をおき，東京方面（東京区）はこれを補助港として，主として対満支貿易にこれを当てること——などが閣議決定されたことにより決着し（横浜市，1973，43頁），同年5月20日に東京港の開港が実現した。

　こうしたほかの地方政府の動きに対して，横浜市は傍観していたわけではない。対抗策として新たな利益の獲得を検討し始めることになる。1924年7月10日に横浜市復興会常任委員会は「生産なき都市は其繁栄を脅かさるること多し。何れの都市に在りても競うて工業の招致発展に市是を置く所以も亦之に外ならず。本市も工業誘致の見地より…（中略）…此の機に於て工業立市の大本を定め都市繁栄の基礎を作り彼の東京築港の如き意に介するに足らさる底の重味と根底を具有せしめんことを要す」とする「横浜市工業振興策」を具申した（社団法人横浜港振興協会編，1989a，165頁）。そして，横浜市も港湾貿易都市と工業都市の機能を両有した都市再興計画の方針を掲げた「三大政策」を発表した。

　横浜市の発表した「三大政策」は，①本牧十二天から鶴見川河口に至る水域

における大防波堤の築造，②市単独による工業用地の造成，③鶴見町の横浜市併合，以上の三つで構成されていた。まず，①については，横浜市が478万円を負担し，内務省が実施した。②は，1936（昭和11）年に横浜市と民間会社が子安・生麦地先に62万坪の「市営埋立地」を造成している＊。この埋立地には日本電気，日産自動車，東邦石油，日本産業などが進出し，京浜工業地帯の一翼を担うことになった。最後に③は，1927年3月に実現している。関東大震災の発生は，横浜市による地域開発を促進する作用をもたらしていたのである。

　　＊　横浜港の臨海工業地帯造成は，浅野総一郎の鶴見埋立会社（のちの東京湾埋立会
　　　社）が内務省に京浜間の海面埋立を出願し，1913年に内務省がこれを認めたことに
　　　端を発する。この工事は，1928年まで続けられ，150万坪の埋立地が造成された。

　以上を小括すると，関東大震災によって壊滅した横浜港は，一時的に貨物の取扱の中断を余儀なくされたものの，巨額の国費投入により早期の復旧を果たしている。ただし，関東大震災の発生を機に，地方政府間の利益獲得競争を，それまで以上に促すという事態に発展していった。具体的には，横浜港に独占されていた生糸を取り扱うことにより経済的な利益を得ようとした神戸港（神戸市や地元経済界）の動向や，東京港の大規模化により後背地の拡大をねらった東京市の動きが挙げられる。これらは，非常時における神戸市や東京市のような地方政府の競争的な性質の現出として位置づけられる。被災した横浜市も港湾施設の新規整備や工業地帯の開発により利益の維持確保を目指していた。特に横浜市と東京市の競合は，内務省を巻き込んだ形での地方―地方政府間の競合の展開であり，一定程度の内務省によるリソース配分と統制も認められるのである。

4　阪神・淡路大震災により被災した神戸港の復旧・復興

　本節で分析対象とする神戸港は，1868（慶応3）年に開港し，明治期以降は国内屈指の貿易港として発展した。戦後は，1950年に港湾法が制定され，その翌年から神戸市が神戸港を管理・整備することになった。神戸市は，元内務官

第❻章　被災港湾の復旧・復興をめぐる政府間関係

表6-1　世界の港湾別コンテナ取扱個数ランキング（1975～1994年）

(単位：1万TEU)

1975年			1985年			1994年		
順位	港名	取扱コンテナ数	順位	港名	取扱コンテナ数	順位	港名	取扱コンテナ数
1	ニューヨーク	162	1	ロッテルダム	265	1	香港	1,105
2	ロッテルダム	108	2	ニューヨーク／ニュージャージー	240	2	シンガポール	1,040
3	神戸	90	3	香港	229	3	高雄	490
4	香港	80	4	高雄	190	4	ロッテルダム	454
5	オークランド	52	5	神戸	185	5	釜山	321
6	シアトル	48	6	シンガポール	170	6	神戸	292
7	サンフアン	45	7	ロングビーチ	144	7	ハンブルク	273
8	ボルチモア	42	8	アントワープ	135	8	ロングビーチ	257
9	ブレーメン／ブレーマーハーフェン	41	9	横浜	133	9	ロサンゼルス	252
10	ロングビーチ	39	10	ハンブルク	116	10	横浜	232
13	東京	36	14	東京	100	15	東京	181
15	横浜	33	34	大阪	42.3	24	名古屋	122
37	名古屋	13.4	35	名古屋	42.2	41	大阪	65
38	大阪	13.3						

(出典)　*Containerisation International Yearbook* 各年版をもとに筆者作成。

僚で満州での開発の経験を持つ原口忠次郎市長（市長在任期間：1949～1969年）のアイディアに基づいて，神戸港において摩耶埠頭，ポートアイランド，六甲アイランドの造成，コンテナ埠頭やフェリー埠頭の整備を積極的に進めていった（原口［1971］，ポートアイランド建設史編集委員会編［1981］，日本経済新聞神戸支社編［1981］を参照）。なお，事業に必要な財源は，地元負担に加えて，運輸省による国庫補助や，神戸市による外債（マルク債）発行によって調達されている。コンテナ埠頭の建設・管理は，1967年に運輸省と地方政府が共同出資によって設立した阪神外貿埠頭公団や，1982年の同公団の廃止によって新設された神戸港埠頭公社（現在の阪神国際港湾株式会社）が担当した（詳細は，林［2010b］）。

　こうした取り組みにより神戸港のコンテナ取扱個数は，1994年に世界第6位（292万TEU），国内では第1位を誇るに至った。他方で，香港，シンガポール，釜山といった東アジア各国の港湾が急速な大規模化を遂げ，それらのコンテナ取扱貨物が神戸港を上回るほどに急増していた（表6-1参照）。わが国においても，1990年代以降に「失われた20年」と言われるような経済減速が進み，神

戸港の後背地となる阪神工業地帯では，生産拠点の移転をはじめとする産業構造の転換が進んでいた（増谷編［1987］，河野・加藤編著［1988］を参照）。このように，当時の神戸港を取り巻く環境は，厳しさを増していたのである。

そこに発生したのが，1995年1月17日の阪神・淡路大震災（兵庫県南部地震）である。最大震度7という激しい揺れに襲われた神戸港は，耐震・免震対策が十分に施されていなかったこともあり，約116 kmの水際線の大部分が被害を受け，一部が壊滅した。港湾施設は，防波堤をはじめ大型岸壁239バース及び23kmにのぼる物揚場の大部分が被災し，背後の上屋，野積場，荷役機械，民間倉庫も多くが使用不能になった。さらに，神戸港が誇るコンテナクレーン55基及びジブクレーン6基は，すべて使用不能になったほか，コンテナ貨物の輸送に不可欠かつ物流の大動脈である臨港交通施設（橋脚，港湾幹線道路など）や阪神高速道路も被災したのである（神戸市港湾整備局編，1997，38-39頁）。

行政は，発災直後から神戸港の早期復旧・復興に乗り出した。ただし，それは港湾整備をめぐる制度から，運輸省や神戸市に加えて，村山富市首相の諮問機関である阪神・淡路復興委員会（委員長：下河辺淳，通称「下河辺委員会」）まで関与する多元的かつ複雑な取り組みであった。

1995年1月25日に，復興に係る連絡調整の円滑化や復興対策を早期に進めるため，神戸港復興対策連絡会議（関係官庁，業界，労働組合の計9団体で構成）が設立された。さらに，同年2月17日には運輸省港湾審議会で震災前から神戸市が準備してきた港湾計画の改訂手続きを，予定より1ヶ月前倒しして，2005年を目標年次とする新たな『神戸港港湾計画』が認可された。主な内容は，既設埠頭の再開発，六甲アイランド南の開発（瓦礫の処分場所の確保）であった。

神戸市は，1995年2月12日に神戸港復興計画委員会（会長：緒方学）を設置し，発災前から準備していた『神戸港港湾計画』をもとにした神戸港の復興計画の策定を開始した*。その3日後の2月15日には，中央政府が阪神・淡路復興委員会を設置している。同委員会は，同年3月10日に「提言5」として，主に神戸港について延長1000mの仮設桟橋埠頭の緊急整備，上海・長江交易促進プロジェクトの推進を提言した（詳細は，政策研究大学院大学C.O.E.オーラル・政策研究プロジェクト［2002］に譲る）。なお，この提言のうち仮設桟橋埠頭

は，六甲アイランドに整備された。

　＊　この2日前の2月10日に運輸省港湾局は，神戸港復興の基本的な方針となる「兵庫県南部地震により被災した神戸港の復興の基本的考え方」を策定している。こちらは，①港湾機能の早期回復，②港湾施設の耐震性の強化，③市街地復興との連携，④国際拠点港湾としての復興，以上の4方針で構成されていた。詳細は，運輸省第三港湾建設局震災復興建設部編（1997），運輸省第三港湾建設局神戸港湾工事事務所編（1998）に譲る。

　1995年4月28日に神戸港復興計画委員会は「こうした（※筆者注：国際物流拠点としての機能が停止している）状況を1日も早く脱却し，市民生活を安定させ，神戸市経済を復興するため，早期に神戸港の生産・物流機能の回復を図るとともに，単なる復旧ではなく，震災を乗り越えた新たな国際貿易港への飛躍を目指」すことや「単なる物流拠点ではなく，人・物・情報が集まる総合的な交流拠点を目指し神戸市全体の復興並びに活性化に資するべく，総合的な神戸港の機能を回復し，発展させることを目的」（神戸港復興計画委員会，1995，3頁）とする『神戸港復興計画』をとりまとめた。これは，概ね2年以内に港湾機能の回復を目指す「短期復興計画」と，前述した『神戸港港湾計画』（目標：概ね2005年）をもとに，震災を乗り越えた21世紀の新たな港づくりを目指す「中長期復興計画」で構成されている。同計画書では，21世紀の神戸港のあるべき姿として，①震災を乗り越えた「21世紀のアジアのマザーポート」作り，②神戸の産業復興に資する港作り，③「神戸の魅力」再生に資する港作り，④震災の教訓を生かした，災害に強い「防災港湾」作り，⑤震災後の現状に立脚した，新たな港作り，以上の5点が掲げられた（詳細は，神戸港復興計画委員会［1995, 7-10頁］に譲る）。

　神戸港の復旧工事は，運輸省第三港湾建設局，神戸市，神戸港埠頭公社の三者が担当した。まず，被災程度が比較的小さな岸壁などを応急復旧し，暫定的に供用したほか，本格復旧については，各施設の機能が停止しないよう，地区ごと，機能ごとに暫定利用しながら復旧する，いわゆる「打って替え施工」を実施した。神戸港の復旧工事には，約5700億円が必要となり，激甚災害時の国庫補助率適用，本来補助対象外の施設に対する国の財政的支援，神戸港埠頭公

表6-2　世界の港湾別コンテナ取扱個数ランキング（1996～2014年）

（単位：1万TEU）

順位	1996年 港名	取扱コンテナ数	順位	2005年 港名	取扱コンテナ数	順位	2010年 港名	取扱コンテナ数	順位	2014年（速報値） 港名	取扱コンテナ数
1	香港	1,346	1	シンガポール	2,319	1	上海	2,907	1	上海	3,529
2	シンガポール	1,294	2	香港	2,243	2	シンガポール	2,843	2	シンガポール	3,387
3	高雄	506	3	上海	1,808	3	香港	2,370	3	深圳	2,404
4	ロッテルダム	494	4	深圳	1,620	4	深圳	2,251	4	香港	2,228
5	釜山	473	5	釜山	1,184	5	釜山	1,419	5	寧波—舟山	1,943
6	横浜	391	6	高雄	947	6	寧波	1,314	6	釜山	1,868
7	ハンブルク	305	7	ロッテルダム	930	7	広州	1,255	7	青島	1,662
8	ロングビーチ	301	8	ハンブルク	809	8	青島	1,201	8	広州	1,641
9	ロサンゼルス	268	9	ドバイ	762	9	ドバイ	1,160	9	ドバイ	1,525
10	アントワープ	265	10	ロサンゼルス	748	10	ロッテルダム	1,115	10	天津	1,405
12	東京	231	22	東京	359	25	東京	428	28	東京	500
15	神戸	223	27	横浜	287	36	横浜	328	48	横浜	289
23	名古屋	147	34	名古屋	249	45	神戸	256	51	名古屋	271
34	大阪	99	39	神戸	226	46	名古屋	255	56	神戸	255
			51	大阪	180	86	大阪	126	60	大阪	249

（注）　2014年の30位以下については，2013年の順位と取扱量である。
（出典）　*Containerisation International Yearbook* 各年版，国土交通省HP（http://www.mlit.go.jp/common/000228237.pdf　2016年1月11日閲覧）をもとに筆者作成。

　社の管理・運営するバースに対する特別の財政支援といった措置が採られた。また，摩耶埠頭のような老朽化した港湾施設については，再開発計画に沿った形で岸壁復旧が進められている（神戸市港湾整備局編［1997, 23-25頁］を参照）。

　復旧工事は，24時間体制で実施され，発災から2ヶ月後の3月20日には，摩耶埠頭においてコンテナクレーンによる荷役が再開された。同年4月30日には，ポートアイランド並びに六甲アイランドのコンテナバースが暫定復旧し，神戸港のコンテナ荷役が本格化することになる。神戸港の内貿物流の中心を担うフェリーの寄港も1995年8月1日に再開された。ただし，神戸港の復旧工事は，あくまで早期の原状回復を主たる目的としており，震災を機とする施設の著しい大規模化や，抜本的な刷新が実現するには至らなかった*。ともかくも神戸港の復旧工事は，発災から2年後の1997年3月に完了する。

　＊　背景には「後藤田ドクトリン」と呼ばれる中央政府の意向もあったと考えられる。こちらについての詳細は，五百旗頭（2015, 457頁）を参照されたい。

　阪神・淡路大震災は，国際的な港湾間競争で優位性を維持できなくなりつつ

あった神戸港に追い打ちをかけるような大災害であった。**表6-2**のとおり，発災後に神戸港は，国際コンテナ取扱ランキングの上位から転落し，代わってシンガポール港，上海港，釜山港といった東アジア各国の港湾がランキングの上位を独占している。震災を機に，神戸港から拠点を国外（釜山や上海）に移した海運業者も多い。国内では，東京港や名古屋港がコンテナ取扱個数を伸ばしたほか，横浜港も神戸港のそれを上回るようになっている。いずれにしても日本の主要港湾は1990年代後半から2000年代にかけて，国内で序列のドラスティックな変化に直面し，世界のハブ港としての地位を完全に喪失するに至ったのである。

さらに，大災害のリスクヘッジなどを名目に，兵庫県をはじめ全国各地の港湾管理者である地方政府がコンテナ港化を推進し，運輸省もこれを後押しした。その結果，1996年から2007年にかけて28の港湾で外貿コンテナ船が寄港するようになった。これにより，全国で66の港湾がコンテナ港化したのである（山田［2008, 10頁］を参照）。ただし，多数の港湾ではコンテナ船の寄港数やコンテナ貨物の取扱量が増加せず，施設の遊休化と赤字化が問題になった。こうして日本の港湾の東アジア各国の主要港湾のフィーダー（積賃）ポート化が進んだほか，国内においてコンテナ貨物の争奪戦も激化した。つまり，国際的な港湾間競争の激化の中で阪神・淡路大震災が発生し，そこで地方分権的な制度をもとに地方政府が横並びを志向したことによって，わが国の港湾が共倒れに至るという帰結が導かれたのである。

大震災によって神戸港の国際競争力の低下に拍車がかかり，それへの対策も講じられている。神戸港の利用促進のため，港湾使用料の減免はもとより，入出港の申請手続きを迅速化するため1996年にファクシミリでの申請，1999年に電子申請を可能にした。また，震災復旧時に荷役の24時間化や日曜荷役を導入し，2001年からは364日24時間荷役を継続するようになった。これらに加えて，神戸港の国際競争力回復に向けた取り組みとして，神戸起業ゾーン条例に基づく立地企業への税優遇措置などの実施（1997年），「国際みなと経済特区」の認定（2003年），国土交通省によるスーパー中枢港湾の指定（2004年），港則法の改正による阪神港の一開港化（2007年），国土交通省による国際コンテナ戦略港湾

の指定（2010年），神戸港埠頭株式会社と大阪港埠頭株式会社の経営統合並びに阪神国際港湾株式会社の設立（2014年）がある（兵庫県編［2009, 124-125頁］を参照）。

しかしながら，こうした取り組みが結実しているとは言い難い。たとえば，表6-2のとおり，わが国の主要港は，2000年代にコンテナの取扱個数を一定程度増加させてはいるものの，順位に下げ止まりの兆候が見られない。それから2014年（速報値）のランキングでは，欧州最大の港湾であるオランダのロッテルダム港が第11位（1230万TEU）に後退したことで，上位10港を東・中東アジア各国の港湾が独占する状況となっている。

以上を小括すると，阪神・淡路大震災の発生によって，関東大震災以来，わが国そして世界のトップランナーを走ってきた神戸港は，早期の復旧を果たしたものの，その地位を劇的に低下させた。港湾管理者である神戸市は，多元的な行政体制のもとで神戸港の復旧を進めることや，国境を越える利益（国内外でのコンテナ貨物をめぐる争奪戦の激化），国内と国際的な競争への対応を余儀なくさせられた。つまり，関東大震災とは異なり阪神・淡路大震災では，グローバルからローカルという広範な規模で，港湾が取り扱う（コンテナ）貨物をめぐる競合状態が現出したのである。とりわけ，神戸港の被災によって，国内の主要港湾がコンテナ取扱量を増加させたほか，地方港もコンテナ港化を実現させているが，これは地方―地方政府間の競争的な関係，横並びの傾向が顕著に現れている。また，港湾の所管官庁である運輸省が必ずしも，これらを統制できていたわけではなく，結果的に全国に不採算経営のコンテナ港が数多く誕生することにつながった。

2000年代以降の動きについても見ておくと，神戸港をはじめわが国の国際競争力回復のための施策や被災港湾の復旧・復興は，国土交通省が主導している状況にある。2001年に建設省，運輸省，国土庁，北海道開発庁が統合されて誕生した国土交通省は，2011年3月11日の東日本大震災の発生に際してTEC-FORCE（国土交通省緊急災害対策派遣隊・2008年設立）の派遣や，航路の啓開作業の優先順位づけといった迅速な港湾の復旧対応を見せている（詳細は，大畠編［2012］に譲る）。2013年6月には，東日本大震災の反省を踏まえて，港湾法

が一部改正＊され，同法において「港湾広域協議会」（後述の港湾広域防災協議会）の設立が規定された（石橋［2014］を参照）。これにより2014年3月に，関東，大阪湾，伊勢湾において港湾広域防災協議会が設立された。こちらの協議会では，大規模災害の発生時に各地域で中央政府や複数の港湾管理者（地方政府）の間で港湾機能の維持・継続に必要な協議，航路啓開作業を行う手順の確認，港湾相互間の連携・補完の考え方についての検討，そして港湾BCP（Business Continuity Plan：事業継続計画）の策定などが進められている。これらからも明らかなとおり，過去の大震災において得られた教訓を「次なる大災害」への備えとすることが，今後の重要な政策課題であることは言を俟たない。

＊ この改正で東日本大震災の際に，東京湾が退避船舶で混雑し二次災害の危険性を招いた反省を踏まえて「緊急確保航路」の指定，船舶の退避用の泊地の確保が定められた。また，民有港湾施設の適切な維持管理の促進，港湾施設の点検方法の明確化が盛り込まれている（詳細は，石橋［2014］に譲る）。

5　おわりに：被災港湾の復旧・復興の特徴と課題

　本研究では，関東大震災と阪神・淡路大震災と，それらによって被災した港湾の復旧・復興の事例を比較してきた。これらの大震災の間には，約70年の時空の隔たりが存在し，港湾をめぐる制度や関与する行政体制にも大きな差異が生じている。それでも分析を通じて，いくつかの特徴を見出すことができた。
　まず，港湾をめぐる制度が中央集権的あるいは地方分権的であっても，被災した港湾の復旧・復興に当たって中央政府は，中心的かつ多面的な役割を担わざるを得ない実態が見られる。たとえば，二つの大震災によって被災した港湾は，どちらも中央政府からの特別な（財政）支援を受けて復旧を果たしている。また，阪神・淡路大震災においては，神戸港の管理者である神戸市も復旧に関与しているが，それは運輸省との強いつながりのもとで進められている。これ以外にも関東大震災において陸海軍が横浜港の仮復旧を担当したことや，阪神・淡路大震災の発生後に運輸省（のちの国土交通省）が地方政府との関係を強め，地方港のコンテナ港化や神戸港をはじめとする港湾の国際競争力の強化に

乗り出していった動きが見受けられる。このように考えると大災害の発生時に，司令塔としての中央政府の存在と役割を軽視することはできない。換言すると，近年「地方分権」の推進が各方面で議論されているが，地方政府の権限や役割を増大させることが，大災害の発生をはじめとする非常時において，いかなるメリットやデメリットをもたらすのかについて検討課題に加えておく必要がある。

　つづいて，大震災の発生によって，地方政府の競争的な性質が刺激されることになり，それらの利益の獲得を目指す動きが顕著に現出するという特徴が明らかとなった。そして，こうした状況を踏まえるならば，地方政府が他のそれらと横並びや競合しようとする性質や，利益の維持・拡大を志向する動きは，制度に決定的な差異があったとしても，時代を超えて共通している特徴であると位置づけられる。また，これらの競合と，その帰結は，中央政府，権限，利益に左右されやすいという性格も備えている。

　これについて具体的には，関東大震災で横浜港が被災した際は，神戸市や東京市といった港湾に密接に関連する地方政府の競争的な性質が刺激され，神戸港での生糸の取り扱い開始や東京築港といった動きが現れた。ただし，一定程度，内務省の統制下に置かれ，限定的な競合となっている。終戦後は，運輸省が港湾を所管していたが，GHQの占領改革により港湾管理権を剥奪された。そのため同省は，半世紀にわたって港湾管理者となった地方政府を統制できず，国際水準の港湾整備を主導できずにいた。他方で，地方政府も1980年代以降は，国内外の経済・港湾情勢に対応できていないところがあった。阪神・淡路大震災は，そうした中で発生した巨大災害であった。運輸省の統制が弱い状況で，神戸港の被災を目の当たりにした全国の地方政府は，自らが管理する港湾のコンテナ取扱貨物の増大やコンテナ港化を目指して動き出したのである。これにより，わが国では地方港が相次いでコンテナ港化したものの，他方でグローバル規模の超巨大港湾間の競争も，より一層激化していた。これらが相俟って，わが国の港湾の国際競争力は，急速に低下することになり，今日に至るまで低迷状態から抜け出せずにいる。

　最後に，本研究が明らかにした地方政府の性質を，中央政府は，どのように

して統御していくのか。また，さらなる地方分権化が見込まれる今日において，大災害が発生した際に中央政府や地方政府が担うべき役割を，どこまで明確化することができるのか。これらについては，東日本大震災の経験や教訓も踏まえ，今後の重要な政策課題になることは疑いの余地がなく，さらには筆者にとっての残された研究課題である。

引用・参考文献

五百旗頭真「近代日本の三大震災――復旧と創造的復興の相克を中心に」ひょうご震災記念21世紀研究機構編『阪神・淡路大震災20年　翔べフェニックスⅡ』ひょうご震災記念21世紀研究機構，2015年。

石橋洋信「災害時に島国日本の生命線「港」の機能の維持・早期復旧をいかに進めるか」『運輸と経済』第74巻第3号，2014年。

伊藤修一郎『自治体政策過程の動態――政策イノベーションと波及』慶應義塾大学出版会，2002年。

稲吉晃『海港の政治史――明治から戦後へ』名古屋大学出版会，2014年。

運輸省第三港湾建設局神戸港湾工事事務所編『神戸港震災復興誌――1995年阪神・淡路大震災――港湾施設の復旧の記録』運輸省第三港湾建設局神戸港湾工事事務所，1998年。

運輸省第三港湾建設局震災復興建設部編『「よみがえる神戸港」阪神・淡路大震災からの復興の足跡』運輸省第三港湾建設局震災復興建設部，1997年。

大畠彰宏編『東日本大震災　緊急対応88の知恵――国交省初動の記録』勉誠出版，2012年。

河野通博・加藤邦興編著『阪神工業地帯――過去・現在・未来』法律文化社，1988年。

神戸港復興計画委員会『神戸港復興計画委員会報告書』1995年。

神戸市港湾整備局編『神戸港復興記録――阪神・淡路大震災を乗り越えて』神戸市港湾整備局，1997年。

社団法人横浜港振興協会編『横浜港史――総論編』横浜市港湾局企画課，1989年a。

社団法人横浜港振興協会編『横浜港史――各論編』横浜市港湾局企画課，1989年b。

社団法人横浜港振興協会編『横浜港史――資料編』横浜市港湾局企画課，1989年c。

新修神戸市史編集委員会編『新修神戸市史――産業経済編Ⅱ』神戸市，2000年。

政策研究大学院大学C.O.E.オーラル・政策研究プロジェクト『「阪神・淡路震災復興委員会」(1995-1996)委員長下河辺淳「同時進行」オーラルヒストリー』上・下巻，平成13年度文部科学省科学研究費補助金（C.O.E.形成基礎研究費）研究成果

報告書，2002年。

田尾雅夫・奥薗淳二「地方政府間の連携促進要因と中央政府の役割――スーパー中枢港湾政策における地方政府間連携を素材として」『愛知学院大学論叢　経営学研究』第18巻第1・2合併号，2009年。

寺谷武明『近代日本港湾史』時潮社，1993年。

東京都港湾局ほか編『東京港史――第1巻通史（総論）』東京都港湾局，1994年a。

東京都港湾局ほか編『東京港史――第1巻通史（各論）』東京都港湾局，1994年b。

中西基貞「港湾法制の変遷」『港湾』第57巻第9号，1980年。

日本経済新聞神戸支社編『六甲海へ翔ぶ――ポートアイランド誕生記』日経事業出版社，1981年。

日本港湾協会編『各国港湾行政の実態』日本港湾協会，1960年。

林昌宏「港湾整備事業における行政体制の実態と今後のあり方について――大阪湾の港湾整備事業の分析をもとに」『地域開発』第555号，2010年a。

林昌宏「港湾整備における行政の多元化とジレンマ――外貿埠頭公団を事例に」『年報行政研究』第45号，2010年b。

林昌宏「中間自治体間の公共投資をめぐる競合とその帰結――大阪湾ベイエリア開発を事例に」『常葉法学』第2巻第1号，2015年。

原口忠次郎『わが心の自叙伝〈四〉』のじぎく文庫，1971年。

兵庫県編（阪神・淡路大震災フォローアップ委員会監修）『伝える――阪神・淡路大震災の教訓』ぎょうせい，2009年。

ポートアイランド建設史編集委員会編『ポートアイランド――海上都市建設の十五年』神戸市，1981年。

増谷裕久編『阪神間産業構造の研究――尼崎地域産業の歴史と現状』法律文化社，1987年。

村松岐夫『地方自治』東京大学出版会，1988年。

山田淳一「日本の地方港における外貿コンテナ港化の展開と外貿コンテナ貨物の特徴」『地域研究』第48巻第2号，2008年。

横浜市『横浜港二十年の歩み――横浜港港湾管理二十周年記念』横浜市，1973年。

横浜市港湾部編『横浜港概要』横浜市港湾部，1930年。

Peterson, Paul E., *City Limits,* University of Chicago Press, 1981.

第7章

災害廃棄物処理の行政
――阪神・淡路大震災,東日本大震災における教訓とその行方――

森　道哉

1　災害廃棄物処理における都道府県への着目

　20種類ある産業廃棄物の処理は排出事業者によって,またそれを除いた一般廃棄物の処理は基礎自治体によって担われている。これが大要,「廃棄物処理法」に基づく日常的な廃棄物処理の姿である。だが,大震災は短期のうちに膨大な量の災害廃棄物をもたらす。「災害廃棄物」は,東日本大震災後に公布された「災害廃棄物処理特措法」(2011年8月) や「災害廃棄物対策指針」(2014年3月。環境省大臣官房廃棄物・リサイクル対策部, 2014),また廃棄物処理法と災害対策基本法の一部を改正する法律 (2015年8月) にも見られるが*,廃棄物処理法第22条に基づき一般廃棄物と整理されてきた (北村, 1995; 2012; 2013)。

　　* 災害廃棄物は,阪神・淡路大震災を受けての「震災廃棄物対策指針」(厚生省生活衛生局, 1998) における「震災廃棄物」と,2004年の各地での集中豪雨や台風の被害を受けての「水害廃棄物対策指針」(環境省大臣官房廃棄物・リサイクル対策部, 2005) における「水害廃棄物」が統合された概念でもある。

　しかし,それは一般廃棄物と産業廃棄物が渾然一体となるという意味で,質の側面からも基礎自治体の標準的な処理能力を遥かに超え得る。事実,東日本大震災への対応を見ると,被害の大きかった東北地方の沿岸部で独自処理を行えた市町村は多くはなかった。岩手県では12市町村のうち7市町村が,また宮城県では15市町のうち12市町が,それらの要望を受けて国が示した地方自治法第252条の14の運用に基づき,県に事務を委託したのである (環境省大臣官房廃棄物・リサイクル対策部「3県沿岸市町村 (岩手県・宮城県・福島県 (避難区域を除

く))の災害廃棄物等の処理状況」2014年3月31日)。被災市町村は,災害廃棄物処理特措法第4条,第5条による,国による処理の代行や市町村における負担費を実質的になしにすることなどの拡充された支援の枠組みも活用しながら,難局を乗り切った*。

> *　本章で見る災害廃棄物処理の施策は,予防対策,応急対策,復旧・復興対策などを規定する災害対策基本法の下に位置づけられる。大震災は,「(1)人々の生命・身体・財産など,社会的にきわめて重要とされているものが危険にさらされ,(2)切迫した危険であり,放置すると,不均衡化し悪化して,ひいては社会的混乱・社会的崩壊のあるおそれがある事態」としての「危機」の特徴を備えているが(橋本,2000),本章はその文脈での一般行政組織の活動を意識するものとなる(169頁の注記も参照)。

いかに災害廃棄物を処理し,復旧・復興期の日常生活を支えていくかは行政の重要な課題である。上述からは,基礎自治体が現場で大きな役割を担っていることや国が示す対応の影響の大きさが推察できる。一方,本章では,都道府県に関する言及が相対的に少ない中でも,主な被災県が自らの活動を記した報告書が豊富な検討材料を提供している点に着目し,いわば後方支援への従事が予定されてきた県がはじめて現場での実務的な処理を担ったことの意味を,具体的には,阪神・淡路大震災と東日本大震災を経てそれらが災害廃棄物の処理の経験から何を教訓とし,どのように今後に活かそうとしているのかを行政学的な観点から考える。なお,福島第一原子力発電所事故に起因する放射性物質とそれへの対処の法的枠組みとの関係で,福島県に関する記述は本章の含意との関係で重要であるけれども,最小限にとどめる。

ついては,第2節で両大震災における災害廃棄物の処理の概況を把握し,第3節では基礎自治体と国に焦点を合わせた先行研究を検討する。第4節ではそれを踏まえて,行政や民間事業者の間での連携,平常時と非常時における一般行政組織の行動,そしてそれらに影響し得る国の「制度」といった視座から行政の報告書を考察する意義を述べる。そして,第5節ではその視座から被災県の,また第6節では環境省が関わる報告書の知見の整理の仕方や提言の内容を概観する。最後に,第7節では本章をまとめ,若干の含意と派生する検討課題も記す。

2 災害廃棄物処理の概況と世相

　阪神・淡路大震災と東日本大震災における災害廃棄物の処理は，**図7-1**のように，結果的にそれぞれ3年で終了した。前者では発災後暫くの時点で処理が始まっているのに対し，後者では約1年が経ってから本格的に動き始めた。ちなみに，岩手県，宮城県及び福島県の処理の経過は，**図7-2**で確認できる。
　この帰結に影響したと考えられる両大震災の特徴を俯瞰するには，**表7-1**を参照するのが幸便だろう。災害廃棄物の発生量は同程度であるにしても，津波の影響，広範な被災の範囲と自治体間相互支援の困難さ，最終処分場の確保の難しさ，そして放射性物質へのおそれなど，東日本大震災では処理を困難にした「ハードル」があったことがうかがえる（大迫，2014；大迫・遠藤，2013）。このような状況に対し，兵庫県，岩手県，宮城県並びに環境省は，**表7-2**にあるような措置を矢継ぎ早に繰り出していったのである。
　もちろん，対策を講じたからといって必ずしも順調に処理が進むわけではない。平常時の処理能力を超える災害廃棄物を，広大な土地を占有し，かつ保管しながら適正に処理する難しさがある中で，個人の想いが詰まった所有物への配慮も通じて被災者をケアすることが求められる（貝原，2009；中林，2015；丸山，2012）。
　こうした状況下の両大震災における災害廃棄物に関する世相についても，『朝日新聞』の記事件数の推移から見ておこう（**図7-3**）*。一見しての阪神・淡路大震災時の特徴は，発災直後にのみ件数のピークができていることである。ここでは個々のエピソードを確認する余裕はないが，「ゴミ処理もマヒ状態　収集・焼却進まず　阪神大震災」（1995年1月24日付朝刊）との見出しに象徴される混乱があったのだろう。しかし，ほぼ同時に「廃棄物，1000万立方メートル以上　近県受け入れへ」（同26日付朝刊）ともあるが，たとえば，兵庫県が幹事県を務めていた大阪湾広域臨海環境整備計画（大阪湾フェニックス計画）の活用が可能であったため（太田，2015；貝原，2009），行政的な課題として対応できたのである。

第Ⅱ部　政府と官僚の危機管理

図7-1　処理の進捗率（東日本は宮城県・岩手県合計の進捗率）

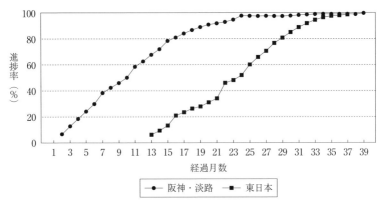

（出典）　災害廃棄物処理に係る阪神・淡路大震災20年検証委員会（2015, 12頁）を一部加工。

図7-2　岩手県，宮城県，福島県の災害廃棄物処理率の推移

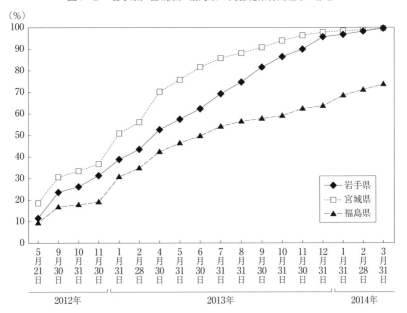

（出典）　河合（2015, 310頁）。

第**7**章　災害廃棄物処理の行政

表7-1　東日本大震災と阪神・淡路大震災における災害廃棄物処理を進める上での特徴と制約条件等

	東日本大震災（2011.3.11）	阪神・淡路大震災（1995.1.17）
地震概要	・マグニチュード9.0，最大震度7 ・東北太平洋沿岸域に大規模な津波	・マグニチュード7.3，最大震度7 ・主な被災地：神戸市，西宮市，淡路島
発生量	・災害廃棄物1706万トン（東北3県） ・津波堆積物1094万トン（東北3県） ・地震動による発生は一部，大半は大津波により発生。一部の廃棄物が海に流出	・災害廃棄物約2000万トン
廃棄物性状	・津波による攪乱により混合廃棄物化 ・木造の損壊家屋由来の木屑が多い ・津波堆積物等の塩分を含む泥土付着 ・海水由来の塩分含有 ・一部の地域で火災 ・一部の原発事故に伴う放射性セシウムの汚染	・コンクリートの建物や構造物等からのコンクリートがらなどの不燃物系が比較的多い ・一部の地域で火災
面積規模	・青森県から千葉県にかけて津波浸水域は広域	・神戸市を中心に活断層に沿った一部地域
処理体制構築における制約	・仙台市以外は小自治体がほとんど ・行政関係者の被災により行政機能自体がダメージ ・近隣自治体がすべて被災している状況 ・三陸地域は沿岸部が孤立化 ・放射能問題の影響で広域処理体制整備に遅れ	・大中規模自治体が多い ・ダメージの少ない周辺自治体の支援が可能 ・大阪湾フェニックス事業の処分場を用いた大量受入
その他の特徴	・放射性物質汚染により問題複合化 ・沈下等により埠頭にダメージ ・湾内に海中がれきが存在	

（出典）　大迫・遠藤（2013, 46頁）に，環境省大臣官房廃棄物・リサイクル対策部「3県沿岸市町村（岩手県・宮城県・福島県（避難区域を除く））の災害廃棄物等の処理状況」2014年3月31日などを参照しながら一部加筆修正。

第Ⅱ部　政府と官僚の危機管理

表7-2　環境省及び岩手県と宮城県の行政的動き（阪神・淡路大震災時との比較を含めて）

	環 境 省	岩 手 県	宮 城 県	阪神・淡路大震災時
発災後 ～半月	東北地方太平洋沖地震における損壊家屋等の撤去等に関する指針（2011.3.25）			厚生省：損壊建物の解体・撤去に係る特例措置（解体・撤去まで含めて補助対象）（1995.1.28）
～1ヶ月	一般廃棄物を産業廃棄物処理施設において処理する際の届出期間に関する例外規定の創設（2011.3.31） 緊急的な海洋投入処分に関する措置（2011.4.7）	第1回岩手県災害廃棄物処理対策協議会（2011.3.29）	災害廃棄物処理の基本方針（2011.3.28）	災害廃棄物処理推進協議会設置（1995.2.3） 兵庫県：災害廃棄物処理計画策定マニュアル（1995.2.3）
～2ヶ月	災害等廃棄物処理事業費の国庫補助について（2011.5.2） 東日本大震災に係る災害等廃棄物処理事業の実施について（2011.5.2.）		第1回宮城県災害廃棄物処理対策協議会（2011.4.13）	阪神・淡路復興委員会「がれき等の処理」に係る提言（1995.2.28）
～3ヶ月	東日本大震災に係る災害廃棄物の処理指針（マスタープラン）（2011.5.16）	第2回岩手県災害廃棄物処理対策協議会／災害廃棄物処理実行計画（2011.6.20）	宮城県災害廃棄物処理対策協議会市町村等部会（2011.5.9） 災害廃棄物処理指針（2011.5.30）	兵庫県：災害廃棄物処理計画／各市災害廃棄物処理計画（1995.4.14）
～半年	東日本大震災津波堆積物処理指針（2011.7.13） 被災市町村が災害廃棄物処理を委託する場合における処理の再委託の特例（2011.7.15） 東日本大震災により生じた災害廃棄物の広域処理の推進に係るガイドライン（2011.8.11） 東日本大震災により生じた災害廃棄物の処理に関する特別措置法（2011.8.18）	第3回岩手県災害廃棄物処理対策協議会／災害廃棄物処理詳細計画（2011.8.30）	宮城県災害廃棄物処理対策協議会第2回市町村等部会／災害廃棄物処理実行計画（第1次案）（2011.8.4） 宮城県災害廃棄物処理対策協議会第3回市町村等部会（2011.9.4）	阪神・淡路復興対策本部「阪神・淡路地域の復旧・復興に向けての考え方と当面こうすべき施策」における「がれき処理の促進策」（1995.4.28）
～1年	東日本大震災により海に流出した災害廃棄物の処理指針について（2011.11.18）			

154

1年以降	東日本大震災により生じた災害廃棄物の処理に関する特別措置法第6条第1項に基づく広域的な協力の要請について（2012.3.16） 同上（第2弾）（2012.3.23） 同上（第3弾）（2012.3.30） 東日本大震災からの復旧復興のための公共工事における災害廃棄物由来の再生資材の活用について（2012.5.25） 災害廃棄物処理の進捗状況と目標達成に向けての方針（2012.10.19） 東日本大震災に係る災害廃棄物の処理行程表（進捗状況・加速化の取組）（2013.1.25） 同上改訂（2013.5.7）	第4回岩手県災害廃棄物処理対策協議会／災害廃棄物処理詳細計画（一次改訂版）（2012.5.21） 復興資材活用マニュアル（2012.7.6） 第4回岩手県災害廃棄物処理対策協議会／災害廃棄物処理詳細計画（二次改訂版）（2013.5.21）	第1回　宮城県災害廃棄物処理対策協議会市町村長会（2012.4.24） 災害廃棄物処理実行計画（第2次案）（2012.7.12） 宮城県災害廃棄物処理対策協議会 第4回市町村等部会（2012.7.25） 宮城県災害廃棄物処理対策協議会 第5回市町村等部会／災害廃棄物処理実行計画（最終版）（2013.4.26）

（出典）　大迫・遠藤（2013，47頁）に，岩手県（2015），宮城県環境生活部震災廃棄物対策課（2015）を参照しながら大幅に加筆。

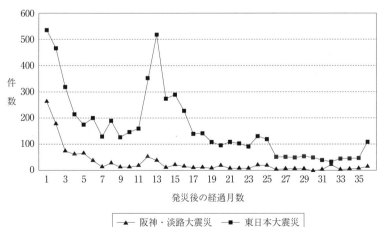

図7-3　阪神・淡路大震災及び東日本大震災における「廃棄物」ないし「がれき」の件数（発災後3年間）

（出典）　朝日新聞データベース聞蔵Ⅱより作成。

＊　一般に了解されている災害廃棄物には，図7-3の新聞紙上の表現のほか，ルポルタージュなどにおいて見られる「震災がれき」，「瓦礫」，「ガレキ」などの表現も含まれていると見てよい。たとえば，災害廃棄物の広域処理への関係者の想いに焦点を合わせた丸山（2012）は，放射性物質によって「瓦礫」が「汚れた存在」と認識されるようになった点を強調して，「ガレキ」というカタカナ表記を用いている。

　他方，津波被害などの「ハードル」の高さにもかかわらず，阪神・淡路大震災とほぼ同期間で処理を終えていることを考慮すれば，東日本大震災の初期の進捗率が低いからといって，関係者の対応が遅かったとは直ちには言えない（大迫，2014）。しかし，災害廃棄物に含まれる放射性物質に対する懸念という事情が関心を集め，被災地以外の自治体をも巻き込んでの政治的な問題となった。膨大な災害廃棄物を第一次，第二次仮置き場へ移すだけでも時間がかかる中，野田佳彦首相と細野豪志環境相が発災から1年後に全国的な広域処理の協力を呼びかけても，その実施は1都1府16県92件にとどまったのである（環境省大臣官房廃棄物・リサイクル対策部「東日本大震災における災害廃棄物処理について（避難区域を除く）」2014年4月25日）。最終的に広域処理された量は当初の想定から大幅に少なくなったものの，件数のピークが複数立ち上がっているように，問題は燻り続けた。ここに，広域処理に対する被災地の内外での認識のズレをうかがうことができる。

　両大震災における災害廃棄物処理の文脈をこのように理解した上で，節を改めて先行研究の関心のおきどころから確認していこう。

3　研究の動向：基礎自治体及び国への着目

　災害廃棄物の処理については，行政や民間事業者，また研究者によって被災地の多様な取り組みや廃棄物処理の技術の共有が図られつつあり，今後に向けての教訓の導出も盛んに行われている（たとえば，環境新聞編集部編［2012; 2013; 2014］；廃棄物資源循環学会監修，島岡・山本編［2009］）。ただ，そうした事例の背景にある要因の説明や体系化を試みるような取り組みは，実はそれほど多くは

ない。本節では，行政学的な関心から，災害廃棄物の処理の最前線に位置づけられる関係者の連携の様子や，それらの行動を枠づける国の「制度」の影響を説明する研究に着目しながら，議論の俎上に載せられることの少ない被災県による知見の整理の仕方や提言の内容を検討するための視座を定めていきたい。

　河合（2015）は，岩手県，宮城県，福島県の沿岸市町村の各県域内での災害廃棄物の処理の概要と経過を記した後（図7-2も参照），前述のように県への委託が可能となりかつ費用負担もない状況にもかかわらず，独自に処理を行った基礎自治体の特徴を，仙台市と東松島市を取り上げて分析している。直接的に処理の実施を担った宮城県のはじめての経験の重要性も強調されてはいるが，事例分析では，両市特有の状況を確認しつつ，防災訓練などを通じて，地元業界団体の中でも建設業協会と濃いコミュニケーションを平常時から取っていたことが共通点だと説明されている。ここから河合（2015）は，「巨大複合災害」においては，密接な行政間関係，民間団体間関係，そしてそれらの関係を含む「多層的連携体制」が必要であるという含意を読み取った。

　確かに，両大震災などを契機として幅広い政策分野での関係者の「連携」を論じる研究は多く，今後の課題として重視されてきている（たとえば，伊藤［2014］；曽我［2014］）。被災の状況や事情が各地で異なる中で，そうした基礎自治体の行動の内実としての政策，事業，施策の選択に眼を向けることは重要である。多島・平山・大迫（2014）は，これまでの個別事例の教訓の蓄積を踏まえつつそれらを俯瞰する視座を獲得し，かつマネジメントの観点から「業務の体系化」を詳細に論じ，災害廃棄物処理計画の作成や関係者の研修に役立てようとする。注目すべきは，現行の法的枠組みの中で災害対応担当職員が「業務分析」を行う限り，それはいわば想定内での議論をベースとすることを意味するが，それでは，東日本大震災を経た今日から見れば，「想定外」を意識した「災害対応業務の全体像や必要とされる組織機能に関する検討がなされ」（154頁）ないために，妥当性を欠くことになるとの指摘である。ゆえに業務分析では，「災害時に必要な業務や機能に関する業務体系の理論と，実際の災害対応経験を照らした考察が必要」（154頁）だという*。

　＊　具体的には，必要とされる機能について，米国の標準的危機対応システム（Incident Command System）を参照しつつ，各種の災害への対応には共通の業務の流れがあると解した後，五つの「基本機能」（指揮調整，事案処理，資源管理，庶務財務，情報作戦）を設定し，災害廃棄物の処理の文脈に落とし込むためにそれぞれの「基本機能」の下に三つから五つの「サブ機能」（「事案処理」における撤去，保管，分別，中間処理，最終処分）をおいている。また，「単位機能」（「保管」における処理前保管，処理後保管など）は，「サブ機能」に整理された個別業務をさらに下位単位でまとめたものである。この「災害廃棄物処理の必要機能仮説」は，関連行政資料と聞き取り調査から得られた情報を概ね分類しきれることをもって包括的なものとされており，ほかの事例及び平常時の状況との関係で検証を進めるとしている。

他方で橋本（2005）は，阪神・淡路大震災における兵庫県内の複数の市の対応を検討し，認知能力の限定性という観点から，災害時にはむしろ平常時からの一般行政組織の行動が機能し得ることを指摘していた。本章と関係の深い事例で言えば「倒壊家屋等解体撤去」の検討などを通じて，一般行政組織が，事前の防災計画の分掌による所掌事務に沿って行動する強い傾向を持ち，かつ追加的業務を立案，実施していくと述べ，そうした臨機的な調整においては，技術的一体性などに基づく部局間の事前の権限関係による調整が機能し，現場の人員を拘束する傾向があるという。さらにこの分析では，組織成員が非常時に受容する正当性の基盤も示唆されている。すなわち，「従来からの任務，自らの技術，上司からの明らかな指示，に関わる場合は，新しい任務とか任務の変更が受容されやすい」（170頁）というわけである。

これらの研究は，「戦略計画（Strategic Planning）」を採用することで被災後でも行政が行動を止めない，すなわち危機管理の「過程」に身をおき続けることを重視する近年の「災害マネジメント」の議論（平山・大迫，2014）とも親和性を持っている。多島・大迫・田崎（2014）は，こうした一般行政組織や関係者の認識，行動に影響を与え得る環境，いわば「構造」に議論の焦点を合わせており，包括的である。

そこでは，東日本大震災発災後，本格的に災害廃棄物の処理が行われるまでの期間において，「理念・方針」，「基本枠組み」，「執行細則」と分類される国

の「制度」，すなわち，法律，基本計画のほか要綱，通達などが，①「戦略の立案と活用による進行管理」，「行政組織の内部資源」，そして「外部主体との連携」からなる「行政マネジメント」と，②それを前提とした，「災害廃棄物の撤去，運搬，分別，中間処理，最終処分，適正保管」からなる「処理プロセス」で構成される「実施プロセス」に与えた影響が考察されている。具体的には，河合（2015）と同じく処理が比較的順調に進んだ仙台市，東松島市のほか，名取市を対象とし，県の動向を統制するために宮城県に絞った体系的な事例分析の結果，国の「制度」の影響を確認している。また，それを明らかにする過程で多島・大迫・田崎（2014）は，非常時には，「平時に制定された『理念・方針』と『基本枠組み』による災害廃棄物処理の枠組みを基本としつつ，必要に応じて特別措置法の制定により『基本枠組み』を変更したり，『執行細則』を活用したりすることで，柔軟かつ即応的な制度対応がとられる」（2頁）とも述べる。本章では，ここに，橋本（2005）を補完するように，平常時と非常時の関係における「制度」の生成が考慮されている点にも注目しておきたい。第6節で見るような，国が「制度」の設定者として振る舞う局面の重要性も浮かび上がるからである。

　第4節では，本節の議論を振り返った後，第5節と第6節で主な被災県及び環境省が関わる報告書を分析することの意義を確認しよう。

4　分析の視座と行政の報告書を検討する意義

　多島・大迫・田崎（2014）は，河合（2015）が整理した日頃からの関係者間の「連携」の重要性，多島・平山・大迫（2014）が論じた非常時の行政の「業務の体系化」の試み，そして，橋本（2005）が捉えた非常時の中での平常時の一般行政組織の行動を，国の「制度」の影響という観点から捉え直すことの有用性を示唆している。本章の関心に一段と引きつければ，第1に，平常時と非常時の連続と断絶の諸相に意を配りながら，第2に，関係者それぞれの役割と「連携」を把握し，第3に，それらの活動を促進も制約もする国の「制度」に目を向ける中で，「行政」への理解を深めていくことの重要性を学べるだろう。

基礎自治体及び国の一般行政組織の研究から引き出された知見は，都道府県の災害廃棄物処理に関する分析にも援用し得る。ならば，本章において重要なのは，中間団体（広域自治体）としての都道府県を議論に組み込むというにとどまらず，都道府県という観点からこれらを考えることで何を取り結べるのかということであろう。これに関し，第5節では，上記の三点を「分析の視座」として据え，県自身が基礎自治体と国との間で何をしたと考えているのかを，主な被災県としての兵庫県，岩手県，宮城県が携わった報告書の構成とその内容や提言に焦点を合わせて読むことで掴む。さらに第6節では，それらを反映するように変更されつつある国の「制度」の中身を，環境省が関わる報告書を読むことで把握する。確かに，本章で検討の俎上に載せるのは報告書であって，実務を具体的に動かしていくための各種の計画などではない。しかし，こうした報告書には，実務の体制を整えるに当たっての将来に向けての「思想」が表れると考える（森，2016）。

　本節の残りでは，行政の報告書を分析の手がかりとすることの背景にある二つの関心を追記し，この作業の意義を補強しておきたい。第1は，第2節で素描した両大震災の中で災害廃棄物の処理に当たっていた行政関係者による所感，意見などの表明と，それを支えていると思われる，関連業務の経験の風化を回避したいという意向をどのように考えるかに関わる。阪神・淡路大震災後には，兵庫県や神戸市の職員によって経験談や教訓などが発表されてきたが（たとえば，栄保［2005; 2011］，城戸［2002］），東日本大震災は被災の範囲が広いだけに引き出されている知見も多様で，被災自治体に限らず，廃棄物処理関係団体，研究者（学会），広域処理の受け入れ自治体（東北地方からの最遠隔地として北九州市）における体験談も数多く伝えられている（たとえば，環境新聞編集部編［2012; 2013; 2014］）。注目すべきは，特に東日本大震災後に，災害廃棄物の処理に特化した記録，研究，対策などが急速に，そしてより一層組織的に取り組まれていることである。この点に絡めて，本章では，兵庫県生活文化部環境局環境整備課（1997）及びその検証版としての災害廃棄物処理に係る阪神・淡路大震災20年検証委員会（2015）を見た後，岩手県（2015）及び宮城県環境生活部震災廃棄物対策課ほか（2014），またその検証版としての宮城県環境生活部

震災廃棄物対策課（2015）を概観することとしたい（森，2016）。

　第2は，1点目と重なる部分があるが，このような記録の作成や教訓の導出の試みが，さらに南海トラフ巨大地震，首都直下地震などの襲来し得る大震災への備えに意識的につなげられようとしていることと関わる。たとえば，岩手県がウェブサイトにおいて表明していたように，将来志向の問題意識は明瞭であった*。「東日本大震災津波により発生した災害廃棄物の処理が終了した今，今後も起こり得る巨大災害等への備えとして，これらの取組で得られた知見，課題への対応状況，提言などを，広くお伝えしていくことが重要であると考え，記録誌として取りまとめ」たとするのである。また，宮城県環境生活部震災廃棄物対策課（2015）の刊行に当たっては，「東日本大震災に関し宮城県が行った災害廃棄物処理業務を検証するとともに，検証を踏まえた今後の大規模災害発生時における災害廃棄物処理の在り方についての提言を行う**」ための「場」として宮城県東日本大震災に係る災害廃棄物処理業務総括検討委員会がおかれた。

　*　http://www.pref.iwate.jp/kankyou/saihai/033328.html（2015年3月2日閲覧）
　**　http://www.pref.miyagi.jp/soshiki/shinsaihaitai/soukatukenntou.html（2015年3月2日閲覧）

　これに関する国における集約的な議論としては，巨大地震発生時における災害廃棄物対策検討委員会（環境省）（2014；2015）を挙げることができる。特徴的なのは，前後の記述と重なるように，「国土強靱化」の理念も背景とした「連携」の重要性や国のリーダーシップの強調などであるが，それまでの情報収集も踏まえて国の「制度」は，廃棄物処理法と災害対策基本法の一部を改正する法律の施行に見るように（山田，2015a），更新されていく。さらに本章執筆時点では，大規模災害発生時における災害廃棄物対策検討会（環境省）において関連事項の議論が続けられている*。阪神・淡路大震災の後には，厚生省生活衛生局（1998b）が一定の整理をしており，そこでは「阪神・淡路大震災における震災廃棄物処理の状況」の分析に加えて，「首都圏で想定される震災に伴う震災廃棄物の処理」についてもまとめられていたが，東日本大震災を経

て，全国的かつ実務的な貢献という視点がより強く意識されるようになっているのである。

 ＊　https://www.env.go.jp/recycle/waste/disaster/earthquake/conf01.html（2015年7月30日閲覧）

　続く二つの節では，「分析の視座」に照らして上記の報告書の要点を記す中で，主な被災県が何を教訓とし，国がどのような対応をしているのかを検討する。

5　兵庫県，岩手県，宮城県の報告書を読む：主な被災県における教訓の継承の試みと国への提言

　兵庫県生活文化部環境局環境整備課（1997）が，阪神・淡路大震災後に「今回の災害廃棄物処理を通して得られた教訓」として挙げたのは，①広域的な連携の強化，②仮設トイレの備蓄等，③仮置き場の必要性，④計画的な解体の必要性，⑤解体現場における分別の重要性，⑥搬送ルートの確保，⑦廃棄物処理施設の余裕度，⑧技術開発である。教訓の引き出し方に関する基準は明示されていないものの，前提となっている関係情報の整理の仕方に注意を払いながら，本章の関心から統一的に整理してみたい。すなわち，①と②では，日頃からの市町間及び府県間での連携を，広域処分場の確保及び仮設トイレの備蓄の観点とつなげておくことに加え，行政と民間事業者との連携も重要な課題と位置づけている。③から⑦では，災害廃棄物の分別や破砕にはスペースが要るが，処理施設の余力を考えると，一般廃棄物と産業廃棄物が「混合状態」となっているそれらを現場で分別することが効率的であり，かつそれらの搬送ルートを熟慮した上で仮置場に運び込む量を確認し，建物などを解体すべきであるとしている。そして⑧においては，そうした経験を「分別技術の開発」につなげる必要性が指摘されているのである。

　それを検証した災害廃棄物処理に係る阪神・淡路大震災20年検証委員会（2015）は，まず，八つの教訓がその後どう生かされたのかを問い，いずれも基本的に対策が強化されてきている点をより詳細に記し，強調もしている。ま

た，⑨災害直後の対応（体制整備），⑩廃棄物発生量の推計等という2点も重要であったとして追記している。興味深いのは，「兵庫県及び県内市町等からの東日本大震災への支援」という章を立てて，自らの支援の経過や実績を細かく記し，阪神・淡路大震災で得た「教訓・経験を生かし，できる限りの支援を行うことができたと考えている」（7頁）としていることである。さらに，両大震災を比較した章では，事業主体と処理期間，リサイクル率，広域処理，廃棄物処理業者の活用，そして津波による流出といった観点から検討を加えており，「分析の視座」や多くの研究がそれぞれに取り組んでいる主要な論点が押さえられていると言える。今後の「備え・提言等」を積極的に行っている点も見逃せない。市町村は従来どおりに事業主体とし，県には助言・指導，広域処理の調整などを求め，国がすべきことは基本的に「制度づくりと財政支援に尽きる」としたほか，損壊家屋等の解体や仮設焼却炉の取扱い，仮置き場の確保などの観点については「制度改善の提案」も行った。

　岩手県（2015）は，東日本大震災を受けて，表題どおりに「処理の記録」を詳述し，かつ節ごとに「残された課題と解決の方向性」を確認し，その後，要約的に「本県からの提言」を述べている。平常時に関する記述は薄めだが，「廃棄物の数量管理」と「本格的なリサイクル推進のための制度整備」を含む「廃棄物管理」を記し，「災害廃棄物処理を迅速かつ適切に行う」ことの重要性が入念に説かれている。主な関心は発災時におかれており，発災後2～3週間程度を目途とした初動対応の手順を市町村，県，国，学界，関係団体宛に整理している。その論点や検証の内容は，兵庫県のそれと重なる部分も多いが，「連携」の深化を役割分担が見えやすい形で示している。さらに，多くの論点には複数関係者の名宛があるけれども，単独で名宛にしているものが国に集中しているのは目を引く。具体的には，被災した家屋や自動車に関する「私的財産の解体や撤去と財産権の調整」，迅速かつ適切な処理のための業務の再委託や特例届出等の緩和，腐敗物の海洋投入許可等の特例といった「特例措置等の早期の対応」，実地調査を素早く反映させる「柔軟かつ適切な財源措置」，現地の建物の被災に応じて工事の主体を整理し直し，補助費の適用範囲を検討する「公共（用）施設の解体」，そして「災害廃棄物の発生量や質に応じた迅速な処

理等に向けた国を挙げての連携と制度整備」が挙げられている。

　宮城県は，記録の公刊（宮城県環境生活部震災廃棄物対策課ほか，2014）を先行させた後，検証（宮城県環境生活部震災廃棄物対策課，2015）は別途委員会を設けて行った点に特徴がある。前者で振り返られた論点はほかの報告書と類似しているが，被災した県内の沿岸部12市町を気仙沼・南三陸処理区（気仙沼ブロック），石巻ブロック，宮城東部ブロック，名取・岩沼・亘理・山元処理区（亘理名取ブロック）に分けてそれぞれの進捗状況を丁寧に記している点，さらに，それらの連携の様子を記録している点が，宮城県ならではの整理となっている。具体的には，現場でのリサイクル率の最大化を追求しながら，最終処分先の選定，災害廃棄物の搬出，また広域処理に関する業務などを進めた様子がわかる。その一方で，ブロック及び処理区ごとにその処理の進度も社会経済的かつ地理的な事情も異なる中での，原状回復までを見据えての県の調整役としての活動も伝わるものとなっている。そして，「災害廃棄物処理業務の課題等（まとめ）」とする章では，「発災後6カ月後の主な取り組み上の反省点」や「災害廃棄物処理場の課題と対応策等」を今後に向けて整理し直している。

　検証版としての後者は，岩手県（2015）と同時期に公刊されている。後に見る巨大地震発生時における災害廃棄物対策検討委員会（環境省）（2014）の四つの時期区分（「発生前」，「初動期：発災後数日間」，「応急対応期（前半）：～3週間程度」，「応急対応期（後半）から復旧・復興期：～3年程度」）に沿って，処理業務を項ごとに評価と課題を示す形で点検した後，「大規模災害発生時における災害廃棄物処理の在り方についての提言」をまとめている。そこでは，同県が事前に取り組んでおくべき事柄を中心に，「大規模災害に対する備え」や「災害廃棄物処理を行うに当たっての優先順位等」が示されており，関係者間の「連携」や時々における災害廃棄物の把握と，平常時からの技術や処理施設の整備の重要性が述べられている。さらに，「法制度の見直し」と「財源や各種事業体制の弾力化・一元化」の節では，「廃棄物処理法の各種手続きの緩和と特例措置」や「補助金制度に代わる交付金制度の創設」などを国に対して述べている。こうした取り組みは，岩手県（2015）の問題意識や提言内容と重なる。

6 環境省が関わる報告書を読む：国の「制度」の改変への環境整備

　前節の考察から見えてくるのは，微視的には地域特性のある豊かな記述であるが，巨視的には「分析の視座」に照らしての残された課題，すなわち，阪神・淡路大震災の経験の東日本大震災への不十分な継承あるいは継承の困難である。災害廃棄物処理における教訓は，すでにかなりの程度導出されていたのである。つまり，巨視的な観点が示唆するのは，阪神・淡路大震災後に拡充されてきた支援のパッケージが，津波被害などの「ハードル」の高さがあるとはいえ，東日本大震災において必ずしも十分に機能したわけではなかったということである。それが特に岩手県と宮城県の報告書の提言において，国の「制度」やその運用に対する改善の要望として表れているのである。両大震災を経て，都道府県に期待される役割が増大し，かつ来る巨大災害における災害廃棄物の処理業務の重大さが想像されるために，主な被災県の提言の内容は具体的かつ率直なものになっているのだと考えられる（森，2016）。

　時同じくして，現況の改善への取り組みが期待される国はどう対応してきたか。巨大地震発生時における災害廃棄物対策検討委員会（環境省）（2014）は，市町村や都道府県への調査を参照して議論を重ねていた。そこでは，2013年12月に公布された国土強靱化基本法や国土強靱化政策大綱の下で災害廃棄物対策が重要な位置づけにあることを確認しながら，①膨大な災害廃棄物の円滑な処理の確保，②東日本大震災の教訓を踏まえた，発災前の周到な事前準備と発災後の迅速な対応，③衛生状態の悪化・環境汚染の最小化による国民の健康の維持，④強靱な廃棄物処理システムの確保と資源循環への貢献，⑤大規模広域災害を念頭に置いたバックアップ機能の確保，という五つの事項を「巨大災害の発生に向けた対策のあるべき方向」として掲げている。具体的には，その事項ごとに「『災害廃棄物対策指針』に示される事項」と「『巨大災害』における課題」を確認した後，特に「巨大災害における特有の事項」について，「検討単位」（「全国単位」，「地域ブロック単位」，「県・市町村単位」）ごとの基本的な取り組

みの方向性の「内容」を例示し、それらを前述の「四つの時期区分」との関係で整理している。今後に向けては、①全国単位での災害廃棄物処理体制構築、②地域ブロック単位での災害廃棄物処理体制構築、③制度的な対応、④人材育成・体制の強化、⑤災害廃棄物処理システムや技術を課題とした。環境省が関わる初期の報告書において、「全国単位」への関心もさることながら、八つの環境省地方環境事務所を中心に都道府県域を超える「地域ブロック単位」を打ち出していた点は注目される。

　これを受けて巨大地震発生時における災害廃棄物対策検討委員会（環境省）(2015) では、環境省が、すなわち「国がリーダーシップを発揮して、被災地域だけではなく被災しなかった地域や平時には廃棄物処理に従事しない事業者も含めて一丸となって対策を行う必要がある大規模災害」(1頁) への備えを強化する旨が述べられている。従来とは逆に、国を筆頭に、都道府県、市町村、事業者、専門家、国民の役割・責務を示しつつ、「オール・ジャパン」で対応することが重要だとするのである (山田, 2015b)。具体的な対策としては、廃棄物処理法と災害対策基本法の一部を改正する法律が施行される前から、事務手続きの簡素化や財政支援の充実化といった東日本大震災を受けての廃棄物処理法の特例的措置、そして国による代行処理の制度化といった「制度的仕組み・枠組み」の充実が模索され、さらに発災前の地域ブロック単位での広域処理の準備と発災後の臨機応変な対応の構築を進めようとしていたのである。

　こうした動きの背景には、たとえば、東日本大震災において「放射能問題の影響で広域処理体制整備に遅れ」(表7-1) が出たことや、今後の巨大災害に国の立場から即応することへの危機感があったことがうかがえる。なおも広域処理に引きつけて言えば、その重要性は主な被災県の提言においても強調されていたけれども、「地域ブロック単位」という発想はそれ自体には書き込まれていなかったのであり、どのように機能し得るのかを見極める必要がある (森, 2016)。ただ、地方の今後の備えへの意向を把握しようとした環境省東北地方環境事務所 (2015)＊によれば、多くの自治体において、処理の実務の体制作りへの関心は高めの一方で、「今後に向けての課題等」という項目への「関心度」は低めという結果が出ている。それは、被災自治体における教訓や情報は自ら

の将来の参考にはなるけれども,すぐさま役に立つとは限らないという認識を示しているように見える。あるいは,それぞれの自治体の立場から巨大災害への対応を具体的に想像することの難しさを表しているようにも見える。

* この報告書は,東北地方を除く都道府県,政令指定都市などに,被災自治体に質問したい事項をアンケートした後(調査対象93,有効回答数79),各地方環境事務所からの参考情報を基に11の自治体に聞き取りを行ったものと,東北地方管内の89の被災自治体に対するアンケートとそれを踏まえて32の市町村及び岩手県,宮城県への聞き取りを行ったものからなる。調査の内容は,⑥災害廃棄物処理の区分に入る項目が全体の半数近くを占めるが,①組織体制指揮命令系統,②情報収集・連絡,③協力・支援体制,④職員への教育訓練,⑤一般廃棄物処理施設等,⑦処理事業費,⑧その他で構成されている。各項目は,調査結果を,災害廃棄物対策指針や第5節で概観した岩手県,宮城県の報告書などと関連づけつつ,「対応すべき時間軸」,回答した自治体の「関心度」を反映させたものとなっている。

このように処理の現場が立ちすくんでしまいかねないのであれば,概観してきたような国の「制度」の改変を通じて関係者の対応を方向づけるという発想はあり得るのだろう。一見すると環境省の試みは国への「集権化」をイメージさせるが,「リーダーシップ」という表現に着目することで,平常時から非常時への切れ目のない対応や「連携」のあり方へのねらいが理解できそうである。今後の「強靭」な備えに向けては,基礎自治体を軸とした災害廃棄物処理の実務の現実を確認しつつ,本章で考察したような各種報告書の「思想」の表現としての教訓の捉え方を考え続けることこそが求められているのではないだろうか(森,2016)。

7 災害廃棄物処理の行政への再訪に向けて

本章では,阪神・淡路大震災と東日本大震災における災害廃棄物処理の文脈を確認した後,その処理責任者としての基礎自治体の対応に関する記録や事例報告にとどまらず,それらの背後にある要因を摑もうとする研究を検討することで,国の「制度」の影響下での一般行政組織の行動や関係者の「連携」の諸

相を,平常時と非常時の関係性において捉える重要性を析出し,これを本章の「分析の視座」とした。主な被災県の報告書をそれに照らして点検することで,教訓の継承の難しさが浮かび上がった一方で,それらの国に対する意識的な議題設定が多くの提言からうかがえた。だが,これに並行して準備された環境省が関わる報告書やその後に改正された法律からは,国のリーダーシップや地方環境事務所を要とした「地域ブロック単位」という考え方が打ち出される形での「制度」の変容が見られる。いわば,そうした「構造」の変容が国自身,そして都道府県,市町村,事業者,専門家,国民に与える影響の「過程」を調査することが将来の課題となる。

以下では,若干の含意を汲み取りながら派生する検討課題を記すことで,本章を閉じたい。第1は,災害廃棄物の処理が進む中で強調され始めた国のリーダーシップと自治体の関係や自治体間の関係,すなわち「政府間関係」に関するものである。時を問わず「連携」が重要であることは共通認識になってきたがゆえに,かえって関係者が分業を見定めることが今後の課題になると思われる。東日本大震災の特徴を把握した河村(2014)によれば,地方分権化が要請されてきた昨今にもかかわらず,本章の用語を用いれば,国の「制度」下で地方の中央への依存傾向が見られるという。巨大地震発生時における災害廃棄物対策検討委員会(環境省)(2015)では,関係者の「責務」の内容を例示しながら挙げることで,国自らの役割について自制している感もあるけれども,廃棄物行政に多大な業績を残した寄本勝美が,地方分権化時代においてこそ国の機能強化に警戒的であったことが思い出される(寄本,1994)。兵庫県知事であった貝原俊民が阪神・淡路大震災に対処した経験から改めて分権を強調していたことは(貝原,2009),寄本の主張を裏書きしているように見える。小さな単位でできないことをより大きな単位で補う「補完性の原理」を裏返す形で,「逆補完性の原理」という見解を示す金井(2011)もまた,現行の市町村主体の災害廃棄物処理の行政と県への委託処理や国による代行処理との関係を考える上で示唆的である*(北村[2013]も参照)。この点は,「地域ブロック単位」での災害廃棄物の処理の重要性が説かれていることを踏まえて,検討を続ける必要があるだろう。

＊　たとえば，永田（2012）は，自衛隊，警察の動きも見ながら消防行政の分析を通じて，非常時においては現行の市町村消防に対する「融合型補完」とは別に，国がより主体的に関われる仕組みを構築すべきであると主張している。橋本（2000）も示唆するように，行政組織の特徴と政策領域の性質の関係を一段と考えなくてはならないだろう。

　第2は，1点目と重なりつつズレる部分であるが，災害廃棄物の処理に関わる「行政と政治の関係」をどのように捉えるかである。たとえば，広域処理の実施は両大震災において当初から考慮されていた（大迫，2014）。しかし，東日本大震災では，災害廃棄物への放射性物質の混入及び放射能の人体への影響に関する議論が，そのあり方をめぐって耳目を集め，引いては政治の役割を大きく問うことになった。だが，本章の検討から浮かび上がってくるのは，大量かつ雑然とした災害廃棄物を前にしても，またそうした混乱の中にあっても着実にその処理を進めるには，政府間関係を含めて行政が当たり前に機能することが重要であるという事実である。そのためには，処理を行う行政が，優れた自前のノウハウ，技術を使える状態にいかに早く戻るかが復旧・復興に向けての鍵となる。これに関連して，環境副大臣兼内閣府副大臣として災害廃棄物の処理に取り組んだ小里泰弘は，両大震災における政治による成果を強調する（小里，2014）。永松（2009）もまた，災害対応における「本質的問題は，むしろ危機管理においてどのように政治を活用するか」であると主張している。とはいえ，R. J. サミュエルズが言うように，東日本大震災後に行政が動いているのは，従前の，すなわちその意味での現状維持の政治（Normal Politics）という文脈の中でのことだ（Samuels, 2013），という指摘の意味も考えていく必要があるだろう。大震災は，行政と政治のそれぞれの役割や機能を改めて問う機会を与えている。

　第3は，大震災後に記された関係者及び関係組織の「記録と記録，検証と検証の関係」をどのように考えていくかである（浅利ほか［2015］も参照＊）。内容の構成や記述の密度に差異はあるにしても，一義的にはそれらが残されつつある現状は望ましいと思われる。ここで考えておきたいのは，そのように独自に

まとめられる記録が，個別に残されていくのか，あるいは，それらが一定の連関を保って蓄積されていくのかである。後者の関心からは，たとえば，受援と支援の関係にあった自治体のそれらの内容や，国における市町村，都道府県のそれらの受容の様子を突き合わせることで明らかになる部分があるかもしれない。また場合によっては，記録の作成が，大震災にまつわる業務の「風化」を免れさせ，いかにその改善につながり得るのかについての示唆も得られるかもしれない。ある業務について「風化」を免れたという時，それは襲来し得る大震災への準備が一つ進んだことを意味するのであろう。

* 国立環境研究所は，（公財）廃棄物・3R研究財団の協力を得ながら「災害情報プラットホーム」を運営し，行政及び民間事業者の活動を問わず，災害廃棄物処理に関する記録を体系的に整理しようとしている（https://dwasteinfo.nies.go.jp/ 2016年1月15日閲覧）。

［付記］　岩手県，宮城県，石巻市，大船渡市，北九州市，気仙沼市，仙台市，東松島市，盛岡市の関係部局の皆様には筆者の問い合わせに丁寧にお答えいただき，河合晃一先生（金沢大学）には調査などにおいて多くの便宜を図っていただいた。この場を借りて謝意を表したい。

引用・参考文献

浅利美鈴・多島良・吉岡敏明・千葉実・千葉幸太郎・遠藤守也「東日本大震災における災害廃棄物処理のアーカイブ化および律速要因の検討」『廃棄物資源循環学会誌』第25巻第5号，2015年。

伊藤正次「多重防御と多機関連携の可能性」サントリー文化財団「震災後の日本に関する研究会」編（御厨貴・飯尾潤責任編集）『「災後」の文明』阪急コミュニケーションズ，2014年。

岩手県『東日本大震災津波により発生した災害廃棄物の岩手県における処理の記録』2015年。

栄保次郎「阪神淡路大震災10周年（震災廃棄物奮戦記）その1～4」『生活と環境』第50巻第1-4号，2005年。

栄保次郎「阪神・淡路大震災のがれき処理の視点から」『環境技術会誌』第144号，2011年。

大迫政浩「東日本大震災における災害廃棄物処理の検証と将来に向けた課題」『いんだすと』第29巻第5号，2014年。

大迫政浩・遠藤和人「災害廃棄物処理の実態と課題」『地球環境』第18巻第1号，2013年。
太田博之「阪神・淡路大震災から20年大規模災害に備えた廃棄物処理の経験と教訓」『廃棄物資源循環学会誌』第25巻第5号，2015年。
小里泰弘『災害と闘う』創英社・三省堂書店，2014年。
貝原俊民『兵庫県知事の阪神・淡路大震災――15年の記録』丸善，2009年。
金井利之「震災・原発事故と地方自治」『生活経済政策』第177号，2011年。
河合晃一「瓦礫処理をめぐる自治体の行動選択」小原隆治・稲継裕昭編『震災後の自治体ガバナンス』東洋経済新報社，2015年。
河村和徳『東日本大震災と地方自治――復旧・復興における人々の意識と行政の課題』ぎょうせい，2014年。
環境省大臣官房廃棄物・リサイクル対策部「水害廃棄物対策指針」2005年。
環境省大臣官房廃棄物・リサイクル対策部「災害廃棄物対策指針」2014年。
環境省東北地方環境事務所『巨大災害により発生する災害廃棄物の処理に自治体はどう備えるか――東日本大震災の事例から学ぶもの』2015年。
環境新聞編集部編『東日本大震災　災害廃棄物処理にどう臨むか』環境新聞社，2012年。
環境新聞編集部編『東日本大震災　災害廃棄物処理にどう臨むかⅡ』環境新聞社，2013年。
環境新聞編集部編『東日本大震災　災害廃棄物処理にどう臨むかⅢ』環境新聞社，2014年。
北村喜宣「災害復旧と廃棄物処理――阪神・淡路大震災の事後対応を中心にして」『ジュリスト』第1070号，1995年。
北村喜宣「災害廃棄物処理法制の課題――二つの特措法から考える」『都市問題』第103巻第5号，2012年。
北村喜宣「東日本大震災と廃棄物対策」環境法政策学会編『原発事故の環境法への影響――その現状と課題』商事法務，2013年。
城戸正輝「阪神・淡路大震災における災害廃棄物処理とその教訓」『生活と環境』第47巻第3号，2002年。
巨大地震発生時における災害廃棄物対策検討委員会（環境省）『巨大災害発生時における災害廃棄物対策のグランドデザインについて　中間とりまとめ』2014年。
巨大地震発生時における災害廃棄物対策検討委員会（環境省）『巨大災害発生時における災害廃棄物処理に係る対策スキームについて――制度的な側面からの論点整理を踏まえた基本的な考え』2015年。
厚生省生活衛生局「震災廃棄物対策指針」1998年a。
厚生省生活衛生局『大都市圏の震災時における廃棄物の広域処理体制に係わる調査報

第Ⅱ部　政府と官僚の危機管理

　　告書』1998年b.
災害廃棄物処理に係る阪神・淡路大震災20年検証委員会『災害廃棄物処理に係る阪神・淡路大震災20年の検証』2015年.
曽我謙悟「災害時の自治体間連携についての先行研究の検討」(公財)ひょうご震災記念21世紀研究機構研究調査本部『災害時の広域連携支援の役割の考察　研究調査中間報告書』2014年.
多島良・大迫政浩・田崎智宏「東日本大震災における災害廃棄物処理に対する制度の影響」『廃棄物資源循環学会論文誌』第25巻, 2014年.
多島良・平山修久・大迫政浩「災害廃棄物処理に求められる自治体機能に関する研究——東日本大震災における業務の体系化を通じて」『自然災害科学』第33号(特別号), 2014年.
永田尚三「東日本大震災と消防」関西大学社会安全学部編『検証　東日本大震災』ミネルヴァ書房, 2012年.
中林一樹「広域巨大災害時の自治体支援受援体制と廃棄物対策のあり方」『廃棄物資源循環学会誌』第26巻第5号, 2015年.
永松伸吾「巨大災害への対応とガバナンスの課題——日米の比較を手掛かりに」若田部昌澄編・PHP総合研究所「国家のリスク・マネージメント研究会」『日本の危機管理力』PHP総合研究所, 2009年.
廃棄物資源循環学会監修, 島岡隆行・山本耕平編『災害廃棄物』中央法規出版, 2009年.
橋本信之「行政組織と危機管理」(財)行政管理研究センター監修, 中邨章編『行政の危機管理システム』中央法規出版, 2000年.
橋本信之『サイモン理論と日本の行政——行政組織と意思決定』関西学院大学出版会, 2005年.
兵庫県生活文化部環境局環境整備課『阪神・淡路大震災における災害廃棄物処理について』1997年.
平山修久・大迫政浩「東日本大震災の経験からみた災害廃棄物処理計画とそのマネジメントのあり方」『都市清掃』第67巻第318号, 2014年.
丸山祐介『ガレキ——『ガレキ』とは本当に汚れたものなのか？』ワニブックス, 2012年.
宮城県環境生活部震災廃棄物対策課/作成協力, 一般社団法人東北地域づくり協議会・公益社団法人宮城県建設センター『廃棄物処理業務の記録〈宮城県〉』2014年.
宮城県環境生活部震災廃棄物対策課『東日本大震災に係る災害廃棄物処理業務総括検討報告書』2015年.
森道哉「災害廃棄物処理における都道府県の役割」(公財)ひょうご震災記念21世紀研究機構研究調査本部『大震災復興過程の比較研究プロジェクト——関東, 阪神・

淡路，東日本の三大震災を中心に——研究調査最終報告書』2016年。

山田智子「災害廃棄物対策の強化・推進に向けて——廃棄物の処理及び清掃に関する法律及び災害対策基本法の一部を改正する法律（平成27年法律第58号）」『時の法令』第1989号，2015年a。

山田智子「廃棄物処理のための法制度における災害対策の意義」『廃棄物資源循環学会誌』第26巻第5号，2015年b。

寄本勝美『現場からみた分権論——ごみ処理・リサイクル問題を事例とした政府間関係の構築』地方自治総合研究所，1994年。

Samuels, Richard J., *3. 11: Disaster and Change in Japan*, Cornell University Press, 2013.

第Ⅲ部

震災をめぐる社会認識

第8章
女性たちの支援活動と復興への回復力

辻　由希

1　女性の政治的・社会的地位と震災復興

（1）脆弱性，回復力とジェンダー

　自然災害は，老若男女の区別なく地域住民を襲う。しかしそれがどのような被害に結び付くかについては，性別や年齢，健康状態，居住地域や家屋の種類，経済状態や家族や友人，隣人との関係等の様々な要因によって違いが生じる。中でもジェンダーは，ほかの要因と合わさることによって被害の程度を左右する。阪神・淡路大震災の犠牲者は男性2713名に対して女性が3680名（不明9名）で，70代以上の死亡者数に占める女性の割合は60％を超えた。また2004年に起きたインドネシア，スマトラ沖地震・津波では犠牲者の多くが女性であった。しかし東日本大震災では，死亡者に占める女性の比率は53％と高くない。むしろ年齢別・性別の人口構成割合と比較すると，60歳以上の高齢者では男性のほうが女性よりもより多く亡くなっている（立木，2013）。立木茂雄は，（配偶者を看取ってから施設に入ることが多い）女性より，男性のほうが在宅介護を受ける傾向があり，津波は男性高齢者をより多く襲ったことがこの要因かもしれないと推論している。また，仮設住宅での孤独死は男性のほうが多いと言われている。

　ジェンダーに注目して災害・復興を分析する「災害とジェンダー」という研究分野が，1990年代に登場し，発展してきた（池田，2010）。社会にもともと存在する構造的な問題点や格差が災害をきっかけに顕在化するので，災害はとりわけ子どもや女性，高齢者，障がい者やその家族，言語的障壁を持つ住民など，社会的に弱い立場にある人々に大きな被害を与える。これは「脆弱性（vulnerability)」という概念で表される。「脆弱性の社会モデル」と言われる考え方は，災害に対する脆弱性は個人に由来するのではなく，社会に原因があると捉える。つまり災害によって，社会的に構造化された脆弱性が顕在化し，特定の被災者の被害を増大させると考えるのである。そしてその社会的な脆弱性の構成要素の一つとして，ジェンダーがある（池田，2010，2-3頁）。

同時に脆弱性は，被災状態からの回復をもたらす力，すなわち社会の「回復力」ともつながっている。なぜなら脆弱性を補うために当事者が蓄積してきた様々なリソース（たとえばどこに行けば支援が得られるかについての情報や人脈，経験）は，災害によって突然脆弱な立場に立たされた多くの被災者にとっても役立つはずだからである（辻，2014）。そうであるならば，災害からの社会の回復力を高めるためには，脆弱性とその克服の経験を持つ人々の視点や意見が復興・防災政策に盛り込まれることが不可欠である。

そこで本章では，女性たちが被災者支援にどのように関わってきたのか，またそれは日本社会の中での女性たちの位置づけをどう変化させたのかを，三つの大震災の経過を追いながら検討する。まず本節では，それぞれの時代背景として政治・社会における女性の位置づけがどう変化してきたかを概観し，さらにそういった日本の政治・社会における女性の位置づけを端的にあらわす存在としての女性センターを見る分析視角について述べておく。

（2）政治・社会における女性の位置

前項で述べたように，社会の回復力を向上させるためには女性の視点が復興・防災政策に活かされる必要がある。そして女性の視点が復興・防災政策に活かされるかどうかは，社会における女性の位置づけから影響を受ける。女性が回復力のキー・アクターとして政府や社会から認知されていればいるほど，復興・防災政策にもその視点が盛り込まれるだろう。同時に大災害という経験は，社会における女性の位置づけを変える契機ともなり得る。女性が災害対応や被災者支援に活躍することで，女性の持つ力や役割についての社会の認識が変化したり，その経験をもとに女性たちが積極的に社会運動や政治活動に乗り出すこともあるからである。

第8章 女性たちの支援活動と復興への回復力

　三つの大震災は，奇しくも日本の社会的な構造が大きく変容する時期に生じた。まず関東大震災を近代日本女性史の流れに位置づけると，女性運動が全国的に展開されていく時期とちょうど重なる（石月，2001；2007）。20世紀初頭から軍人救護・遺家族への慈善活動に従事した仏教系及びキリスト教系の女性団体，そして愛国婦人会に続き，政治運動団体が設立されるのは1910年代に入ってからである。平塚らいてう，市川房枝，奥むめおらの設立した新婦人協会をはじめ，女性たちは幅広いイデオロギーを持つ多様な女性団体を旗揚げした。関東大震災の前年に帝国議会では治安警察法第5条が改正され，女性が政治集会に参加し政談を聴くことが許可されるなど，女性に公民権の一部が認められつつあった。すなわちこの時期の女性たちは，急速に近代国家として成長していく日本社会の一角で存在感をあらわし始めていたし，また政治への参加を求めて運動を開始していたのである。

　次に阪神・淡路大震災は，高度成長期から1980年代にかけて成熟した日本型の政治経済体制（生産・福祉レジーム）の機能不全が顕在化し，それへの対応を迫られた時期に発生した。性別役割分業モデルに依拠した家族主義的な特徴を持ついわゆる日本型レジームは，少子高齢化の急速な進展と経済構造の変化に伴い，1990年代には行き詰まりがあらわになった。1990年代に入るとそのような政治経済体制の根本的な改革が叫ばれたのであるが，この中で，女性に求められた役割はいまだ両義的であった。1980年代から女性の労働市場参加は進んでいたが，増えた雇用の多くは非正規であり，正社員の女性も多くが出産を機に退職する傾向は続いていた。他方，市民社会における女性の存在感は増しており，ボランティアや市民運動によって，レジームの機能不全の一端を，現場レベルで補完するような動きが見られた。また1990年代初頭から女性の国会・地方議員も少しずつ増え始め，1995年に北京で開催された世界女性会議は，政府が男女共同参画政策を進めるのを後押しした。このように1995年は，日常生活の中で日本型レジームの構造的な欠陥を実感した女性たちが，それを解決しようと市民社会での活動を活発化するとともに，政治領域においても女性の代表を増やす必要性を実感し始めた時期であったと言えよう。

　その後，1990年代半ばからは様々な領域で日本型レジームの構造転換を目指

す政策が進められてきた。特に新自由主義改革と，男女共同参画という二つの改革が並行してきた。現代日本社会において女性の位置は，家庭やボランティアといった領域から，より「男性的」であるとされてきた，労働市場，そして政治の領域へと広げられようとしている。しかしそれらの領域は，新自由主義的なロジックによって再編成されている過程にある。女性の労働市場への参加が進んだが，その多くは非正規社員である。また公的サービスの市場化も進められたために，かつては比較的良質な雇用を女性に提供していた職場でも待遇は悪化した。またこの時期，保育や介護といったケアの担い手が家庭外へ，すなわち市場及び地域コミュニティへと広げられたが，それと同時に公的ケアの供給責任が中央政府から地方自治体へと移譲されてきた。つまり公的サービスの削減と，国家と市民社会における女性の役割の拡大とが同時並行で生じている時期に生じたのが2011年の東日本大震災であった。

（3）「女性センター」の役割

歴史学・比較政治学の視点から，日本における国家と市民社会は緊密な関係を持ってきたと言われているが（Garon, 1997; 2003），その中で女性の団体や運動が果たす役割も両義的であり得る。そこで，その両義性を見る格好の例として，本章では「女性センター」に注目する*。

* 本章でいう女性センターには，婦人会館や男女共同参画センターなど様々な呼び名がある。設置主体も私人や民間団体，政府や自治体と多様であり得る。本章では，「女性を主な利用者と想定して設置された建築物であり，女性に対する教育・啓蒙や福祉の供給，あるいは女性たちに社会・政治活動の拠点を提供することを目的とする公共性の高い複合施設」のことを女性センターと総称する。

日本の女性センターは現在，国や地方公共団体によって設置，運営されているものが多い。海外では主にNGO等が女性センターを運営しているのとは対照的である（全国婦人会館協議会，1999; Murase, 2006）。この点から日本の女性センターは，国家と市民社会との接点に位置すると言える。すなわち，政府や自治体の女性政策を市民へ展開していく拠点であると同時に，地域の女性グル

ープの活動拠点を提供するという二つの機能を持っている（全国婦人会館協議会，1999）。しかし，時にこの二つは衝突する。センターの開く講座と女性利用者のニーズがずれていたり（Murase, 2006），「政治的」活動をセンターでは行わせない，という事態が起きる。

　大災害からの回復力を考えるに当たり，女性センターが持つ強みには次のものがある。まずは情報である。女性センターは教育情報（講師や教材，学習プログラムの内容），女性グループ情報，ライブラリ情報，そして社会問題情報（相談事業を通じて住民が抱える問題やその解決策についての情報が集まる）を保有している（尼川，2000）。また女性センターには保育室や調理室，ホールや図書室，ジムや会議室などの設備が備えられていることが多い。これらの設備も被災者支援のために役立つ。

　要するに女性センターには，国家による市民社会の包摂という面と，女性たちによる対抗的公共圏（Fraser, 1992）を創り出す場としての可能性とが並存していると言えよう。女性センターは，国家に都合のよいジェンダー・モデルを市民に啓蒙するために使われることもあれば，女性たちが抱える課題を共有し，アイデンティティを再構築し，オルタナティブなジェンダー・モデルを模索するために必要な，安心できる空間を提供することもある。大災害との関連では，被災者支援や復興に女性センターがいかに役に立つか，という視点からだけでなく，災害を機に顕在化した従来のジェンダー・モデルの問題点を発見し，代替的モデルを提案する拠点となり得るか，という視点も重要となる。もちろんどちらも災害への回復力の育成・増幅・発信につながり得るものではあるが，問われるべきは「どのような回復力なのか」である。

　次節以降では，三つの大震災について，女性たちの支援活動，女性センターの果たした役割，そして女性の政治的・社会的位置の変化について検討し，回復力のある社会をつくるための方策について考える。

2　関東大震災後の救護活動を担った女性団体

（1）支援活動

　1923年9月1日に首都圏を襲った関東大震災の後，女性団体は様々な形で被災者の救護活動を行い，このことが国家と女性団体の関係を変える契機となった。ここでは，特に首都圏の女性団体の救護活動を紹介する（辻，2015）。

　大きな被害を受けた東京において女性たちによる救護活動の先駆けとなったのは，キリスト教系の女性団体であった。特に日本基督教婦人矯風会（以下，矯風会と略記）は東京の女性団体間の連携協力を促し，やがて「東京連合婦人会」の結成に中核的な役割を果たした（楊，2005）。震災直後の救護活動は，衣類や布団，義捐金の収集と配布，乳児・妊産婦や高齢者・病人の保護や監護が主であった。当初は各団体がばらばらに活動しており，団体間の連携は取られていなかったようであるが，9月末になると変化が見られた。矯風会の久布白落実に東京市児童保護局が要請し，乳児に練乳を配給するための調査を女性団体が引き受けることになった。9月28日，久布白と守屋東の呼びかけに応じて集まった各女性団体の指導者たちは，16の女性団体，約130人の会員を擁する「東京連合婦人救済会」を組織した。各団体の協力で，10月に入ると連日百数十人の女性が市役所の周囲に建てられたバラック街へ乳児調査に出かけ，練乳を配布した（奥・久布白，1946，43-45頁）。その後東京連合婦人会という名に変わったが，その下で女性たちはカード調査票による被災者調査，失業婦人救済事業の実施，全関西婦人連合会から寄贈された布団の配給等も行った。これらの活動は内務省，農商務省，東京市の各部門と連携して行われた。

　東京連合婦人会には加わらず独自に救護活動を行った女性たちはほかにも多くいた。たとえば荏原郡婦人会や煙山八重子らの活躍が新聞や史料に残されている。

　このように，関東大震災後の救護活動においては機動性を持った民間女性団体の活躍が目立ち，またさらなる活躍を求める声も挙がった。そしてこのことが，政府と女性団体の協力関係の拡大へとつながっていく。

第8章　女性たちの支援活動と復興への回復力

（2）女性センター

　関東大震災の救護活動をきっかけに，民間女性たちによる「婦人会館」の建設が相次いだ。この時期に建てられた婦人会館は主に，困窮女性や母子の保護救済，あるいは一般女性への教育を行う目的のものであった。たとえば浅草寺の婦人会館は，内務省から婦人相談宿泊所の運営委託の内諾を得て建設されたが，浅草寺婦人会がその経営に当たった。内務省から交付された金8100円と木材で，浅草公園内の浅草寺救護所跡に建設された50坪の婦人会館には，講堂，主任室，事務室のほか，相談室，食堂，宿泊室が備えられた。ここでは裁縫などの技芸の講習会，婦人身上相談を行い，家出少女や求職女性，家庭不和に悩む女性，妊婦や子ども連れ女性らの相談にのった（浅草寺社会部，1924，11-12頁；1928，69-75頁）。

　また別の例としては，震災直後に煙山八重子らの奔走によって巣鴨に建てられた20畳ほどのバラック「愛の家」もある。その2年後に煙山は，羽仁もと子や長岡栄などの協力を得て母子保護だけでなく託児，授産，職業紹介などを行う施設を建設した。これは現在の母子生活支援施設（母子寮）へと継承されていく。

　また女子教育機関へと発展した例として，荏原婦人会館がある。救護活動に活躍した荏原婦人会の功績に対し，東京府や宮内庁から感謝の品（ミシン，木材）や金500円が贈られた。このお金をもとに品川権現山公園内（現品川学園校庭）に建設された婦人会館は，授産場，家庭相談所，技芸や染色，料理などの伝習所を備えたものであった（『東京朝日新聞』1925年5月5日）。漆雅子によってこの会館に開設された荏原女子技芸伝習所と荏原女学校，そして場所を移して建てられた品川高等女学校は，現在の品川女子学院の前身となる。

　最後に，横浜の婦人会館は現代の男女共同参画センターの起源となるものであった。横浜では震災以前から軍人救護活動等で活躍してきた女性たちがおり，自身も被災者でありながらも被災者への衣類・練乳の配布，給食の実施，バザー等を行った。彼女らによって立ち上げられた横浜連合婦人会は，震災1年の記念に何か永久に残るものをつくろうということで婦人会館の建設に動き始めた。民間から寄附をつのって建てられた婦人会館は，鉄筋コンクリート2階建ての建物で，内部には800人を収容できる大ホールのほか，台所や食堂，事務

室，茶室や日本間，応接室などが設けられ，ピアノやオルガンなども備え付けられた（『よこはまを生きる女たち』刊行委員会，1990，54頁）。

　以上のように，被災者の救護活動に従事した女性たちは，行政府と連携しながら福祉や教育サービスの一翼を担うようになり，その拠点として女性センターを建設していった。しかしまた，これとは異なるタイプの女性センターについての要望が，女性団体の指導者たちから挙がっていた。すでに震災前から女性リーダーたちは，諸団体の事務所を一箇所に集合し，地方から大阪・東京にやってきた女性たちが宿泊できるような設備を備えた大規模な婦人会館の設立を要望していた。各地で活動する女性団体が一同に会し，情報交換や議論を行うインフラが求められたのである。女性センターに対し，女性団体の全国組織化を促す機能が期待されたのであった。しかしこの構想はすぐには実現せず，大規模な女性センターの設立は，戦時下で文部省の後押しで建てられた日本女子会館をのぞいては，敗戦後まで待つことになる。

（3）女性の政治的・社会的位置づけの変化

　関東大震災は，二つの点で女性団体に変化をもたらした。第1に，それまで別々に行動していた女性団体の間に恒常的な組織的ネットワークが形成されたこと，第2に，民間女性団体と政府（中央及び地方の行政部局）の間に協力関係が構築されたことである。

　第1の点は，矯風会を中心とした女性団体指導者たちによって東京連合婦人会が結成されたことが大きい。同会は10月6日の総会で永久的な組織として活動を展開していくことを決議した。連合会にはキリスト教系女性団体，女学校同窓会，看護婦や派出婦などの職業団体，さらに山川菊栄，平塚らいてう，山田わかなどの女性運動家が次々に加入し，後にこれらのメンバーによって，公娼制度廃止運動や婦選運動などが展開されていくことになる（奥・久布白，1946，45-47頁；楊，2005，97頁）。

　第2の点は，震災救護事業を女性団体が請け負うという経験を通じて，行政機能の一部を民間の女性団体が肩代わりするという新たな役割分担が試みられたことである。この新しい役割分担はかなりスムーズに行われた。

これは行政府にとって有益であっただけでなく，女性たちから政府への異議申し立てや請願活動を活発化させることにもつながった。たとえば東京連合婦人会は救護活動を請け負う一方で，帝都復興計画についても議論し，意見をまとめた＊。

　　＊　当時，帝都復興院総裁に就任した後藤新平が都市計画についての助言を受けるためにビアード博士を招聘したのであるが，東京連合婦人会は復興計画についての建議をまとめるべく総会にビアード博士夫人を招いて議論を行った。そしてその議案の中には「婦人会館を設立して各小団体の事務所を集合すること」という項目も含まれていた（『東京朝日新聞』1923年10月6日）。この頃にはすでに，女性たちの間に婦人会館に対する要望が存在していたことがわかる。

　震災後に女性たちが特に活発に運動したイシューの一つが公娼制度廃止であった。矯風会の久布白，守屋は，震災で吉原・洲崎遊郭が焼失し多数の娼妓が逃げ遅れて死亡したことを受け，早くも9月13日に首相，内務相，市長，警視総監を訪問して遊郭再建を行わないよう請願した（楊，2005，98頁）。公娼制度廃止は，この後矯風会のほか各地の女性団体を巻き込んで全国的な運動となっていく。そして署名集めや請願，建議提出といった対議会活動を通じて，公娼廃止を実現するためには帝国議会や府会・県会で賛同してくれる議員を増やす必要があることが痛感され，矯風会は婦人参政権運動にも積極的に関与していく（楊，2005，102頁）。
　以上のように関東大震災は女性たちに大きな変化をもたらした。それまでは団体ごとに狭く限定されていた活動目的・範囲が，震災をきっかけに社会事業全般へと拡大した。そして東京連合婦人会に多様な立場・思想を持った女性たちが集ったことによって，たとえば公娼問題についても単に風紀・道徳の面から批判するのではなく，娼妓を生み出す経済構造や制度改革のために必要な政治権力（婦人参政権）への認識を深め，各イシューを連関させる視点が育った。
　さらに，このような女性たちの活躍は社会や政府の認識をも変化させた。政府は大震災をきっかけに，1910年代からすでに拡大しつつあった社会事業の担い手として女性団体を見出した。
　こうして，関東大震災における女性たちの救護活動は，結果として政府と女

性団体を接近させることになる。もちろん，その後日本が戦時体制に移行する中でやがて政治運動は抑制され，女性団体も翼賛体制に取り込まれていく。政府は女性リーダー（市川房枝，吉岡彌生）を翼賛体制の役職に就けることで女性たちを動員しようとした。このように政府と女性たちの接近は，後の総動員体制へとつながるような国家による市民社会の包摂と統制の深化という側面があった。しかし同時にそれは，一時的にせよ，女性リーダーたちに社会変革をもたらす政治権力の一端をつかむ可能性を垣間見せたのであった。

3　阪神・淡路大震災と活発化する女性の市民活動

（1）支援活動

先に述べたように，阪神・淡路大震災は日本型レジームの構造的弱点が顕在化しつつあり，他方で女性を含む市民活動への期待が高まりつつあった時期に発生した。そこでまずは震災後の女性たちの支援活動を概観する。

震災10年後にアンケート，ヒアリング調査によって震災時の女性たちの活動を検証した古山桂子の報告によると（古山，2006），概要は次のとおりである。まず婦人会など地域女性団体の支援活動の開始は，非常に早かった。中心被災地の外の地域女性団体は77％が震災1週間以内に活動を始めた。被災地が比較的限定されていたため，周辺の婦人会がすぐに支援活動に入ることができたようだ。たとえば，兵庫県内の地域女性団体で最大規模の兵庫県連合婦人会では，県の復興本部が立ち上がる前から関係部署と連絡を取って動き始め，震災から2，3日中には各単位婦人会がおにぎり作りの作業についた（古山，2006，188頁）。3月末までの支援活動の内容は，食糧支援，炊き出し，避難所支援，物資の提供，被災者招待，入浴介助，洗濯ボランティア等であった。その後の復旧・復興期には，仮設住宅・復興住宅への引越しの手伝い，新生活に必要な物資提供，声かけ運動，ふれあいづくり，掃除，話し相手，食事会などを行い，仮設住宅がなくなるまで継続し，さらに復興住宅では支援活動は1年から5年半に及んだ。婦人会と自治体との間には普段から連絡ルートがあるため，迅速に連絡を取り合い，民生委員や自治会，社会福祉協議会が婦人会の会員と一緒

に被災者を訪問するという連携が行われた（古山，2006，189頁）。ただ，アンケートの中には民生委員と婦人会との協調が難しかったいう回答もあった（古山，2006，193頁）。

　次に，環境や福祉といった特定のテーマに関心を持つ女性たちによって組織化された団体・グループ（テーマ別，志縁系などと呼ばれる）の活動も目立った。このようなグループには，震災前から活動を行っていたのが震災をきっかけに被災者支援に乗り出したケースと，震災を機に新たに被災者支援を目的として組織化されたケースとに分けられる。いずれの場合も，震災後，自分たちに何ができるかわからないまま，とりあえず周囲に呼びかけて協力者を集め，被災者のニーズを聴き取りながら手探りで活動を行っていったようだ。新聞やラジオを使った情報発信を行ったり，全国の多様な人々を結び付けたり，様々な工夫が見られた。支援活動は，炊き出しや在宅高齢者への弁当配達，物資の提供，洗濯ボランティア，保育ルーム，ふれあい喫茶，スポーツ大会や映画会イベント等多岐にわたるが，地域女性団体と同様，時間の経過とともに活動内容が変化していった。

　このほかにも，婦人消防隊，婦人警察官による炊き出しやパトロール活動，看護師や保健師，民生委員やケースワーカー等による仮設住宅や地域の見守り活動も行われた。

（2）女性センター

　阪神・淡路大震災では，兵庫県立女性センター（現男女共同参画センター）の果たした役割を無視することはできない。同センターは，県災害対策本部の情報担当に位置づけられ，震災情報の収集・伝達に重要な役割を果たした（中村・森・清原，2004，80-81頁）。以下ではその内容を簡単に検討しよう。

　1992年に設立された県立女性センターの初代所長を務めていた清原桂子は，地震発生後早々にセンターに出勤し，スタッフと対策を練った。兵庫県庁の様々な機関も被災しており業務を再開するのが遅れる中で，女性センターは早くも1月23日には電話相談業務を再開，2月末まで24時間体制で相談を受け付けた。

後から振り返ってみると，この相談業務は，実は相談を通じて被災者が必要とする情報は何かということを相談員とセンターに伝えるニーズ収集窓口を兼ねていたのであった。この点について尼川洋子は，「相談窓口はいずれも被災者自身が"相談"という方法で，自らの情報ニーズを伝えることができる"場"の役割を果たしたのではないだろうか」と指摘する（尼川，2005, 20頁）。

こうして被災者の情報ニーズに気づいた女性センターは，「阪神大震災緊急情報ファイル」の作成と配布を始めた。センターの人脈を通じて県庁各部門や避難所，ラジオや新聞，そして各ボランティアが発信する各種支援や申請手続き，相談窓口等の情報が集められ，センターの情報担当者が，情報を集約・分類・加工した。こうして作成されたファイルは，1月24日から半年間にわたり，各避難所や市町の現地本部，パトロール隊などを通して被災者に届けられ続けた（尼川，2005）。

さらに女性センターは，被災女性たち自身による自主的活動を支援した。それが元気アップ自立活動助成事業とフェニックス・ステーション事業である。元気アップ自立活動助成事業は，被災者自らが企画・運営する活動を支援するために助成金を支給するもので，初年度（1995年度）には70グループが助成を受けた。またフェニックス・ステーション事業は被災地の小・中学校区を1単位として，人と人とをつなぐことを目的に，避難所や仮設住宅における支援の拠点作りをサポートした事業である。フェニックス推進員に応募した住民にファックス，パソコン，掲示板，カタログスタンドなどが無償貸与され，活動費が助成された。震災前から活動していた女性グループや，震災をきっかけにグループを作った女性たちがこの事業に応募し，ミニコミ紙の作成といった情報提供活動や，イベント，セミナー等の催しを行った。これらの女性センターの支援事業は，自らも被災者でありながら何かしたいという思いを持つ女性たちが活動を始めるきっかけを提供した。

さらに女性センターは，男女共同参画の視点を復興政策に反映するための提言を行った。2月には女性センターに「男女共生のまちづくり推進会議」を設置，地域別フォーラムや県民フォーラムを開催し，手紙や電話・FAX等も利用して市民から意見を募集した。こうして集約された市民の意見は，5月に

「復興の兵庫へ——男女共生のまちづくり提言」として発表され，7月に策定する兵庫県阪神・淡路震災復興計画に反映された。

(3) 日本型レジームの問題点の顕在化と女性

　阪神・淡路大震災は，日本型レジームの問題点とその解決策が模索される過渡期に発生したため，異なる方向性を持った萌芽的な動きが見られた。

　第1に阪神・淡路大震災では，日本型レジームの問題点が，災害弱者という形で顕在化した。老朽化した住宅に代表される貧困や都市政策の欠陥，高齢者・障がい者・外国人等の社会的孤立，ハード面だけでなくこころのケア等ソフト面での支援の必要性が認識された。また，避難所での女性特有のニーズの存在や，被災地での性暴力やドメスティック・バイオレンスの発生も指摘された。

　第2に，このような個別ニーズに対応するため，女性を含む市民のボランティア活動が活性化した。阪神・淡路大震災は，被災者の個別ニーズに対応しにくい行政組織の弱点が再認識される一方で，市民ボランティアへの期待が上昇するきっかけを提供した。これはNPO法の整備を促した。また婦人会など地域の女性団体の支援活動が新たな活動を生み出す例もあった。避難所での助け合いや，共同子育ての経験，また婦人会活動を通じて地域社会の課題を見出した女性たちが，新しい子育て支援ネットワークや，NPO法人の設立に動いていった例があった（中村・森・清原，2004）。後に「ボランティア元年」と言われるようになるが，阪神・淡路大震災はボランティアや社会貢献活動への参加意識が高まったきかっけとなった。敷衍すれば，阪神・淡路大震災はそれ以前から広がりつつあった政府への幻滅，市民への期待を一層加速したと言える。ボランティアや市民活動のイメージが好転する一方で，民営化や公務員削減など新自由主義的な考えの正当化に一役買ったという面もある。

　そして第3に，阪神・淡路大震災は男女共同参画社会の推進，中でも女性の政治的・社会的活動を後押しする出来事であった。被災者支援をきっかけに多くの女性リーダーが育っていった。もとから行政と近い関係を持っていた婦人会だけでなく，ボランティア，市民グループ，NPO等を立ち上げる女性たち

の存在感が増した。また辻元清美（衆議院議員）や中川智子（元衆議院議員，現宝塚市長）等，被災地での活動をきっかけに政界へと転身していく者もあらわれた。

また震災とは直接の関係はないが，1990年代半ばから政府は，男女共同参画政策の推進体制の構築や法整備を進めていく。当初は防災・復興政策にジェンダーの視点を導入する動きはあまりなかったが，2000年代に入ると，海外の大地震や新潟県中越地震等の経験もあり，防災基本計画（2005年，2008年），第二次男女共同参画基本計画（2005年），第三次男女共同参画基本計画（2010年）において，災害対応・防災に際し男女共同参画の視点が導入されていった。

4　東日本大震災の被災者支援に活かされた女性の経験

（1）支援活動

1990年代後半以降，政府は男女共同参画の法制度の整備を進めてきた。東日本大震災では，これらの法制度や過去の大震災の経験がある程度活かされた。

東日本大震災における女性たちの活動の特徴は，「点」と「面」の支援が組み合わさったところにある。広域災害であったために，被災地では被災者自らが避難生活を送りながら支援活動を行うことが多かった。交通と情報が途絶して被害の全体像がなかなか把握できず，また燃料や道路事情が悪かったために，必要な場所に必要な支援を届ける体制を取ることは難しかった。各主体が，震災以前に持っていた被災地の内と外をつなぐネットワークをたどり，知り合い同士でスポット支援を行っていくという応急対応を取ったというのが，民間による支援活動であったと言ってよいだろう。

被災地の女性グループは，支援物資配布，避難所の状況改善，お茶のみ・交流サロン，マッサージ・セラピー，被災者相談，手工芸品等の作成，暴力被害の相談等を行った（東日本大震災女性支援ネットワーク調査チーム，2012）。女性団体は，政府・自治会が配布するものとは異なる女性特有のニーズに対応するような物資を手配することに重点を置き，配布方法についても，プライバシーに配慮するようにした。また，我慢強く弱音をはかない傾向がある被災地の女性

第8章　女性たちの支援活動と復興への回復力

たちの本音を引き出すために，お茶のみ・交流サロンやマッサージ・セラピーを行うことによって信頼関係を築いていくという工夫もなされた。

　また市民ボランティアやNPOが少ない沿岸地域でも，地域の婦人会や漁協の婦人部等が中心となり，グループで手工芸品の作成・販売を行う等の取り組みを行った。

　そしてこれら「点」の活動を支える形で「面」の支援が行われた。たとえば2011年5月には，全国の女性団体・NPOが連携する東日本大震災女性支援ネットワークが立ち上げられた。国際NGOオックスファム・ジャパンの支援を受けて結成されたこのネットワークは，「女性の視点に基づいた支援が行われ，被災した女性たちが救援や復興に主体的に関わることができるような過程を支えるとともに，救援・復興に関わる団体・個人がジェンダーの視点を取り入れて救援活動および復興計画の策定・実施するための推進役となる」という使命を掲げ，「被災地の女性を支援する団体のゆるやかなネットワーク」を結成した。ネットワークの活動として，第1に支援団体間の活動のコーディネーション，第2に主要なステークホルダー（政府，メディア，支援組織など）にジェンダー主流化を働きかけることが目指された。また役割分担として，ネットワークは基本的に被災者の直接支援は行わないことが申し合わされた。なぜなら，各加盟団体がすでにそれぞれの強み・人脈を活かして直接支援を行っているので，ネットワークは加盟団体の活動と重複しない部分をカバーすることが重要と考えられたからである（東日本大震災女性支援ネットワークホームページ）。ネットワークは被災地での調査，行政職員やNPOスタッフ等への研修，被災地情報の全国メディアへの発信，政府に対する政策提言活動を担った。

　東日本大震災では，阪神・淡路大震災の経験者が様々なルートで支援に参加した。また，これまでの災害経験から構築されてきた全国的な支援体制が活かされた。医療・看護職の派遣もその一つである。日本看護協会は，JMATと呼ばれる体制を構築しており，被災三県の看護協会と協力して災害支援ナースを避難所へ派遣した。宮城県では，全国から派遣されてきた看護師が各施設・避難所に交代で数日間派遣された。災害支援ナースに出発前オリエンテーションを行い，避難所の状況に応じて派遣するナースを割り振り，マイクロバスを

チャーターして避難所へ送迎する等のコーディネート作業を担ったのは，宮城県看護協会である。看護師は施設・避難所で聴き取りや看護を行いながら，被災者の状態やニーズについての情報収集を行い，それを宮城県看護協会へ持ち帰った。集められた情報は，次に派遣されるナースや物資の手配に活かされた（宮城県看護協会，2013）*。

*　宮城県看護協会における聴き取り調査，2013年11月22日。

　さらに東日本大震災では，公的セクターで働く女性も活躍した。自治体職員のほか，女性自衛官や女性警察官も多数被災地に派遣され，物資支給，情報収集・相談，秩序維持等の活動に携わった。また避難所に入らず自宅で被災生活を送っている人たちの状況を把握するため，地元保健師による個別訪問が行われたほか，「まちの保健室」を設置して健康相談も実施された。

　以上のように，女性の社会参加が多様化した現代にあって，ボランティアや女性団体，看護師・保健師，自衛官・警察官等がそれぞれの専門領域において支援活動を行った。また避難所や施設，自治体ごとの「点」の支援と，全国的な「面」の支援とを組み合わせる方法もかなり工夫されてきたというのが東日本大震災の特徴である。しかし，異なる活動目的や組織体系を持つ団体間の横の連携は，支援者同士の個人的なネットワークに依存しているという現状もある。たとえば女性団体へのアンケートでは，被災地で並行して活動している別系統の組織（心のケアチーム，医療チームなど）との連携が不足しており，その背景には平常時からの連携不足があるという意見が出された（東日本大震災女性支援ネットワーク調査チーム，2012，90頁）。

　ジェンダーや男女共同参画に配慮した応急対応や避難所運営が実現したかどうかについては，避難所リーダー等の現場責任者がどれほどジェンダー・イシューを理解しているかに左右されがちであった。避難所は自主管理なので，避難所リーダー（その多くは自治会長など男性の地域リーダー）の考え方，あるいは避難所で声を挙げられる女性がいるかどうかによって対応が分かれた。また災害対策本部や自治体の男女共同参画に対する理解が低いことも，女性団体の支援活動にとっては障壁となった。女性団体が被災地に入ろうとして自治体・災

害対策本部に許可を求めた際に、放置されたケースもあった（東日本大震災女性支援ネットワーク調査チーム、2012, 42-43頁）。

（2）女性センターと内閣府

東日本大震災でも、女性センターは大きな役割を果たした。ただし被災地の女性センターの中には、避難所として使われたためにセンター本来の強みを活かした支援機能を果たせなかったところもあり、対応状況は様々であった。近くの避難所のリーダーの了承を経て避難所にスタッフが入り、女性や子どもに対する暴力の相談窓口の情報を女子トイレに置いたり、女性用下着や生理用品等の物資の配布場所をセンター内に設置するところもあった。

たとえば岩手県男女共同参画センターは、4月14日までの1ヶ月間は避難所として使われ、その後は相談業務の再開や仕事を失った女性向けの女性起業セミナーの開催などを行った。また、もりおか女性センターでは学生ボランティアへ性被害についての注意喚起、物資（化粧品や乳児用ミルク、サイズの異なる下着、生理用ショーツなど個別ニーズに対応）の受け入れ、仕分けと配布、FMラジオでの発信、相談ホットライン・現地相談会を実施した。また仙台市の二つの女性センター、エル・パーク仙台とエル・ソーラ仙台では、物資配布、情報提供、相談業務のほかに、市民活動に利用できるスペースの開放や、市民による「せんたくネット」活動（汚れた洗濯物を被災者から預かり、支援者が自宅で洗濯して、被災者に返却する活動）の支援など、市民による自発的な支援活動をさらにセンターが支援するということが行われた。

さらに女性センターは、全国の女性団体・NPOと被災地の女性団体・NPO、地域自治組織や避難所の間のコーディネート業務を担うことになった。もともと被災地には外部からのNPOを受け入れる受け皿があまりなく、被災地に入れなかった支援団体が多かった。自治体、社会福祉協議会やボランティアセンターの職員らはすでに業務が飽和状態で外部支援団体のコーディネートまで手が回らず、それを補うため被災地の女性団体に、コーディネート業務の負担がかかった（東日本大震災女性支援ネットワーク調査チーム、2012）。女性センターのスタッフも、ほかの地域の女性団体から支援に入りたいと要請を受けた場合に、

地元の女性団体とマッチングしたり自治会や避難所リーダーに連絡を取るといった役割を担ったのである。

この経験から浮かび上がってきた課題は，支援者の心身の負担が重いことや，研究者や外部支援者と，自身が被災者でもある女性センターのスタッフの間でギャップを感じること，女性センターの業務として支援活動が位置づけられていないために活動への着手が現場判断に委ねられたこと，であった（日本女性学習財団，2012）。

また東日本大震災では，内閣府男女共同参画局が迅速に動いたことも特筆されるべきである。男女共同参画局災害チームは，職員を被災地へ派遣し，収集した情報をもとに各省庁へ働きかけた。また地震の数日後から参画局より自治体へ数次の依頼文書を送付し，避難所等での女性や子育てのニーズを踏まえた対応を求めた。しかし自治体職員も目の前の仕事に忙殺されている状況であり，この文書の認知度は低く，認知していたのは4分の1程度であったようだ。

分権化の時代において，男女共同参画に関する具体的計画・施策の形成・実施は各自治体に委ねられている。そのため，男女共同参画担当職員の意識や女性センター，地元団体とのネットワークの有無，担当課の行政府内の位置づけによって対応に差が生じている。

（3）社会における役割分担の再編と女性

阪神・淡路大震災以降の日本では，男女共同参画を推進するための法・制度の整備が飛躍的に進んだ。防災計画や第二次・第三次男女共同参画基本計画において，防災に男女共同参画の視点を導入することが明記された。これにより，女性だけでなく高齢者，乳幼児・子ども，障がい者，外国人等，多様な「脆弱性」が社会に存在することについての一定の認識が，少なくとも政府のレベルでは構成されてきたといってよいだろう。

ただそれらの脆弱性をカバーするための手法として，官と民の緊密な連携がますます強調されつつある。戦前から培われてきた自治体と地域団体との協力体制に加え，新自由主義的改革による公務員削減や公的サービスのアウトソーシングが進められたことにより，実質的に民間セクターが担うべき責任が拡大

しているためである。そして公務員の削減や自治体合併の影響は、災害支援・復興における自治体間格差となって現れた（仁平，2012；2013）。

とはいえ，今回特に大きな被害を受けた沿岸地域の自治体では，行政機関及びそれと古くから協力してきた地域団体や第一次産業を中心とする業界団体の存在感がやはり大きい*。各地域で組織された復興まちづくり会議等においても，これらの団体が中心となりがちである。これらの団体では，必ずしも男女共同参画の視点は浸透しているとは言いがたい。

* 以下の3段落の分析は，筆者による2013年から2015年にかけて複数回の被災地における観察や住民，支援関係者の方々からとの意見交換から得た知見である。事実関係や分析に誤りがあれば，筆者の責任である。

そのため外部団体が支援に入ろうとする時に，新しいタイプの市民団体・女性団体への認知度があまり高くなかったこと，また外部団体と地元のコーディネートを担える人が不足していたことが支援受け入れの妨げとなった。また，ジェンダーの視点を取り入れた災害対応・支援の実行に当たり，地域リーダーの認識がハードルとなることがあったことも先述のとおりである。

しかし興味深いことに，上記の点の裏返しでもあるのだが，被災者であり支援者でもあるという二重性を持ちながら活動する女性たちは，それを通じて地域の伝統的な慣習や文化から解放された気持ちを感じることもある。これまで公職や地域団体・業界団体の長が男性に占められてきた地域でも，震災によって女性たちが自分たちの考えで自由に動ける（動かざるをえない）余地ができたためである。

さらにこれらの女性たちは，全国から駆けつけた支援者たちと交流・協力することで，新しい知識や人脈を蓄積し，エンパワーメントされたりしている。たとえば東北地方沿岸部には大学等の高等教育機関がない地域が多いが，そのうちの一つを筆者が訪問した時，そこで生まれ育ち結婚・仕事をしてきた女性が，震災を機に大学の研究者やボランティアと交流することにより，それまでとは異なる視点を得たという言葉を聞いた。これまで「当たり前」と思ってきたものとは異なる考えや視点を知ることは，既存の社会構造や慣行，ジェンダ

一関係を批判的に検討する視点を獲得するきっかけになる。もちろん逆に，研究者や外からの支援者，あるいは政府による独善的，一方的な認識枠組みに対して批判し，当事者による知の構築を行うという役割も重要である。このような批判的な視点・分析が，復興の「回復力」へと結び付けられることが重要であり，多様な経験や視点を持った女性や住民が，防災・復興政策の立案過程に参加することが不可欠である。

　この点について，東日本大震災後に政策過程へのジェンダーの視点の導入の制度化に一層の拍車がかけられたことは指摘しておいてよい。災害ボランティア担当として首相補佐官となった辻元清美は，「女性を色々な場所に入れてください」と内閣府や関係部門へ要請し，復興対策本部事務局に男女共同参画担当の参事官が配置され，復興担当の内閣府政務官には郡和子衆議院議員が就任した。また中央防災会議やその下に設置された調査会・会議には，かつて兵庫県女性センター初代所長を務めた清原桂子や，イコールネット仙台代表の宗片恵美子らが委員として入り，報告書に男女共同参画の視点を盛り込むことに成功している。たとえば，2011年12月27日に修正された防災基本計画には，避難所の運営に当たり「女性専用の物干し場，更衣室，授乳室の設置や生理用品，女性用下着の女性による配布，避難場所における安全性の確保など，女性や子育て家庭のニーズに配慮した避難場所の運営に努める」という具体的な項目が挿入されたし，清原，宗片が委員として加わった防災対策推進検討会議の最終報告（2012年7月31日）には，「避難所の運営に当たっては，女性が責任者に加わり，高齢者，障がい者，妊産婦，乳幼児や子どものいる家族等への配慮，男女共同参画の視点を重視すべき」という文言が入った。また地方レベルでは，都道府県の地域防災会議における女性委員等の増員も進められている。そのさらに下の自治体では進展は遅いが，復興・防災政策過程への女性の参加は，政府のアジェンダとして推進されていることは確かである。

5　「公共」領域における女性の役割拡大は回復力に貢献するか

　三つの大震災において女性たちの政治的・社会的位置づけがどう変わってき

第8章　女性たちの支援活動と復興への回復力

たのかを大まかにまとめると，次のようになる。

　関東大震災は，近代国家の形成・発展に当たり構築されてきた国家と市民社会の緊密な相互関係の中で，女性たちの貢献する領域が拡大する契機となった。女性たちは救護活動，そして社会事業の担い手として政府の任務を分担し，その経験を通じて社会的課題を政府と共有するだけでなく，課題を解決するための政治活動にも乗り出した。その活動の途上で建設された婦人会館は，困窮した女性の救済保護と自立支援の場でもあり，国家が要請するジェンダー・モデルや家族像を市民社会へと啓蒙しようとする場でもあったが，それにとどまらず，国家への異議申し立てを行うための連帯の拠点となり得る可能性を秘めたものでもあった。

　次に阪神・淡路大震災は，1980年代までに成熟した日本型レジームの改革が模索されつつあった時期に発生した。ジェンダー，階層，身体など様々な理由に基づく「脆弱性」を持つ人々の多様なニーズに対応しきれない行政の限界が認知され，その代わりに個別ニーズに機動的に対応できる市民ボランティアの有効性が賞賛された。女性たちは，このように拡大した市民社会への期待の中でますます活躍するようになる。同時期に政治，労働，社会貢献といった各領域への女性の進出が奨励されてきた。

　その延長線上に東日本大震災は位置づけられる。2000年代以降の日本では，新自由主義のロジックによって行政が直接供給する公的サービスが切り詰められていく一方で，それを補う形で市民社会が果たす役割に期待が寄せられている。政府自身が，特に社会保障サービスの供給責任を「共助」や「公共」と呼ぶ領域が分担することを求めている。「公共」領域に属する主体には，民間企業，ボランティア・NPO，そして地域コミュニティが含まれる。

　このような潮流と並行して進められてきた男女共同参画政策は，いわば，切り詰められる「公」と拡大される「公共」という二つの領域への女性の参入を促そうというものである。しかし「公」が切り詰められるということは女性をさらに脆弱な存在にしかねない。女性の不安定雇用や賃金格差は社会的問題であるが，被災地ではさらに酷くなる。他方で，「公共」領域における女性の進出をジェンダー平等の実現につなげるためには，幾重にも仕組みを整えるこ

とが必要である。民間セクターにおいては，ジェンダー平等を法律や行政指導によって遵守させるといった方法が採りにくい。企業や市民団体，地域団体それぞれの現場レベルでイシューへの理解，対応が分かれるだろう。また東日本大震災後に見られた「絆」や「コミュニティ」の過度の称揚は，時に既存の権力構造への異論や批判を抑圧しかねないことにも注意すべきである。

　現在政府が進めている男女共同参画の推進体制は，基本的には決定の分権化，実施における現場レベルへの委任を機軸にしている体制であるため，個々の現場でのポリティクスが重要となるだろう。そのような現場レベルのポリティクスを動かすためには，法制度はもとより，それを活用する個人，個人を支援する団体，そしてネットワークの役割が重要である。また女性センターは，それらを結び付ける情報と人と場を提供するだろう。

　東日本大震災の支援活動や復興過程で活動した多様な女性たちの意見を聴き取る仕組み，それを防災・復興政策に結び付けていく仕組みを，民間セクターや下位政府・地域レベルで構築していくために，「上」（政府）と「下」（女性住民），そして「横」（全国ネットワーク）から働きかけていくことが重要である。

引用・参考文献

尼川洋子「女性センターのリソースと男女共同参画社会づくりパートナーシップ」『女性関連施設に関する総合調査　男女共同参画時代の女性センター』全国婦人会館協議会，2000年，127-131頁。

尼川洋子「震災後，人はどんな生活情報を必要とするのか」『Know How　災害復興に役立つ情報活動』人と情報を結ぶWEプロデュース，2005年。

池田恵子「ジェンダーの視点を取り込んだ災害脆弱性の分析——バングラデシュの事例から」『静岡大学教育学部研究報告（人文・社会・自然科学篇）』第60号，2010年，1-16頁。

石月静恵『戦間期の女性運動（新装版）』東方出版，2001年（初版1996年）。

石月静恵『近代日本女性史講義』世界思想社，2007年。

奥むめお・久布白落実『婦選と政治』創建社，1946年。

全国婦人会館協議会『女性関連施設に関する総合調査〈学習・研修〉事業に関する調査報告書』全国婦人会館協議会，1999年。

浅草寺社会部『浅草寺社会事業概要　大正十三年十月現在』1924年。

第8章 女性たちの支援活動と復興への回復力

浅草寺社会部『浅草寺社会事業年報 昭和三年版』1928年。
立木茂雄「高齢者, 障害者と東日本大震災――災害時要援護者避難の実態と課題」『季刊消防科学と情報』第111号 (2013冬号), 2013年 (http://www.isad.or.jp/cgi-bin/hp/index.cgi?ac1=IB17&ac2=111winter&ac3=6776&Page=hpd_view 2015年7月15日閲覧)。
辻由希「男女共同参画の時代とローカルなジェンダー政治」『ポスト・フクシマの政治学』法律文化社, 2014年。
辻由希「関東大震災後の「女性の空間」――婦人会館建設運動を通して見る日本国家と市民社会」落合恵美子・橘木俊詔編著『変革の鍵としてのジェンダー――歴史・政策・運動』ミネルヴァ書房, 2015年。
内閣府男女共同参画局・特定非営利活動法人全国女性会館協議会・公益財団法人横浜市男女共同参画推進協会『災害時における男女共同参画センターの役割調査 報告書』2012年。
中村順子・森綾子・清原桂子『火の鳥の女性たち――市民がつむぐ新しい公への挑戦』(阪神・淡路大震災10年記念出版・ひょうご双書6) 兵庫ジャーナル社, 2004年。
日本女性学習財団『東日本大震災復興支援事業報告書 被災地支援者のエンパワーメントに関する調査研究』公益財団法人日本女性学習財団, 2012年。
仁平典宏「二つの震災と市民セクターの再編――3.11被災者支援に刻まれた『統治の転換』の形をめぐって」『福祉社会学研究』第9号, 2012年, 98-117頁。
仁平典宏「ネオリベラル化とリスクの再分配――ポスト3.11の生-政治のために」『学術の動向』第18巻第10号, 2013年, 59-63頁。
萩原久美子・皆川満寿美・大沢真理編『復興を取り戻す：発信する東北の女たち』岩波書店, 2013年。
東日本大震災女性支援ネットワークホームページ (http://risetogetherjp.org/ 2016年6月23日閲覧)。
東日本大震災女性支援ネットワーク調査チーム『報告書第Ⅰ部 東日本大震災における支援活動の経験に関する調査 報告書』東日本大震災女性支援ネットワーク, 2012年。
古山桂子「検証テーマ『女性と男性の視点からみた協働』」兵庫県・復興10年総括検証・提言データベース, 第3編分野別検証【2】 社会・文化分野5, 2006年 (http://web.pref.hyogo.lg.jp/wd33/wd33_000000126.html 2015年7月15日閲覧)。
宮城県看護協会『東日本大震災 宮城県看護協会の記録――復興への歩み』社団法人宮城県看護協会, 2013年。
楊善英「関東大震災と廃娼運動――日本キリスト教婦人矯風会の活動を中心に」『国

立女性教育会館研究紀要』第9巻,2005年,95-105頁。

『よこはまを生きる女たち』刊行委員会『よこはまを生きる女たち』横浜市婦人会館,1990年。

Fraser, Nancy, "Rethinking the Public Sphere: A Contribution to the Critique of Actually Existing Democracy," in Craig Calhoun (ed.), *Habermas and the Public Sphere*, The MIT Press, 1992.

Garon, Sheldon, *Molding Japanese Minds: The State in Everyday Life*, Princeton University Press, 1997.

Garon, Sheldon, "From Meiji to Heisei: The State and Civil Society in Japan," in Frank J. Schwartz and Susan J. Pharr (eds.), *The State of Civil Society in Japan*, Cambridge University Press, 2003.

Murase, Mirium, *Cooperation over Conflict: The Women's Movement and the State in Postwar Japan*, Routledge, 2006.

第❾章

震災記憶の風化
――阪神・淡路大震災と東日本大震災に関する新聞記事の比較分析――

善教将大

1 問題の所在：震災への関心はどのように失われていくのか

　大規模な災害が発生した直後，たとえ直接的には被害を被っていなくても，多くの人はその災害に対して関心を寄せる。特に地震災害に対しては，日本が「地震大国」であるためか，その傾向が強い。さらに近年の情報環境の変化は，その傾向に拍車をかけている。かつてはテレビや新聞などから受動的にしか情報は取得できなかったが，今日ではソーシャル・ネットワーキング・サービス（SNS）を通じて，能動的に情報を取捨選択することが可能となっている。東日本大震災において Twitter が重要なコミュニケーションツールとなったことは記憶に新しい。関心のある情報の入手は，これまで以上に容易になっている。

　しかし，自然災害への関心はあくまで一時的なものである。震災への関心が永続的に続く保障はどこにもない。たとえ世界的に類例を見ないほどの自然災害であった阪神・淡路大震災や東日本大震災についても例外ではなく，年月が経過するに伴い，震災への関心は失われ記憶も風化する。だからこそ被災自治体などでは記憶の風化を抑止するための様々な対策が講じられている。

　本章の議論の焦点は，この風化していく人々の災害への意識にある。もっとも，震災への関心に着目するといっても，「関心の低下を防ぐためにはどのような対策が必要か」という提言をすることが本章の主たる目的ではない。そうではなく，しばしば印象論的にしか議論されてこなかった震災への関心について，客観的な資料を用いた分析から「震災への関心は，いつ頃，どのようなプロセスで低下していくのか」という実態の解明に取り組む。その上で，どのような取り組みが求められるのかについて考察する。

震災への関心がいつ，どのようなタイミングで低下していくのか，加えてそれはどのような変遷をたどりながら低下していくのかを明らかにする研究は少ない。自然災害や災害対応，防災に対する関心の低下は日常的に問題視され，それを食い止めるための対策について議論されている。しかし具体的にどのようなプロセスで震災への関心が低下するのかは曖昧である。新しい出来事などにかき消される形で震災への関心は失われていくのか，それとも思い出したくないということなのか。さらにいつ頃，震災への関心は失われていくのか。これらの疑問に対して明確な解答を提示する研究は管見の限り見当たらず，ここに本章の意義があると考えられる。

本章が関心を寄せるのは，阪神・淡路大震災と東日本大震災という二つの震災への関心である。これら二つの大震災は，もう一つの日本における大規模災害である関東大震災と比較すると，近い時期に発生した災害だと言えるが，被害の質や規模，発災時の政治・社会状況，復旧・復興の過程や進展度合いなどあらゆる点において異なる特徴を有する。そのためしばしば両者の相違が強調されるが，本章では相違ではなく，両者に共通の要素に着目する。すなわち異なる二つの震災の文脈や特徴などに留意しつつも，共通する特徴を比較分析から明らかにし，大規模災害に対する人々の意識のあり方を描き出すことが，本章の課題となる。

本章の構成は以下のとおりである。まず第2節では風化に着目する意義を改めて述べた上で，新聞記事を用いた分析の利点や妥当性を説明する。第3節では新聞記事の収集法と分析方法を述べる。第4節では新聞記事件数の推移の比較分析を，第5節では新聞記事内容の比較分析を行い，震災への関心が低下するタイミングや過程を明らかにする。最後に第6節で本章の知見をまとめると同時に分析結果の含意を述べる。

2 「前提」としての風化現象

(1) 記憶の風化を明らかにする意義

風化とはそもそもどのような現象を指すのか。風化は多様な使われ方をして

いるが，震災記憶の風化という場合は「ある出来事の生々しい記憶や印象が年月を経るに従い次第に薄れていくこと」(『大辞林（第3版）』三省堂）を意味することが多いだろう。新しい出来事が生じると古い事柄への関心が薄れることは日常的によく見られる。このような現象が風化と呼ばれる。ボランティア従事者の減少など，人々の行動傾向の変化から記憶の風化が指摘されることもあり，ゆえに必ずしも見解が定まっているわけではないが，本章では「何らかの形で高まった対象への関心が，年月の経過などから徐々に低下する現象」として風化を捉える。

一般に震災への関心の低下は抑止すべき問題とみなされている。すなわち風化現象を所与とした上で，それをいかに食い止めるかという観点から，対策あるいは方策が検討されるのである。防災教育の充実・強化を目的とした教育実践例はその典型である（長島ほか，2013）。集合的な記憶を保持させる役割としてのモニュメントに関する議論も，風化を抑止するための対策の一つとして位置づけられる（今井，2005）。減災へ向けての処方箋の提示は多くの研究者や実務家が行っているが（ひょうご震災記念21世紀研究機構編，2015），その目的の一つに震災記憶の風化の抑止があることは改めて述べるまでもない。

震災に関する資料の保存を目的とするアーカイブの構築も，次世代への記録や記憶の継承という点で，記憶の風化を抑止する取り組みの一つと言える。たとえば人と防災未来センターは，阪神・淡路大震災に関するオーラル・ヒストリーなど，震災に関する多数の貴重な資料を保存する機関として機能している。東日本大震災については，東北大学など30を超える機関や団体が震災の情報を収集し，それらを記録・保存している*。それだけではなく自治労連・岩手自治労連編（2014）など，自治体職員の証言を残す著作なども出版されている。

* ただし，様々な理由により，アーカイブ活動を休止あるいは停止した団体も多く，本章執筆時点において保存活動を行っている団体が30を超えるわけではない。なお，これら蓄積された個々のデータを横断的に検索するシステムも，一部はすでに運用が開始されている。たとえば国立情報学研究所による，東日本大震災に関する資料を一元的に検索・閲覧できるポータルサイト「ひなぎく　NDL東日本大震災アーカイブ」は，27のデータベースから約248万件のデータを検索することを可能とするデータアーカイブである。詳しくは「ひなぎく」のHP（http://kn.ndl.go.jp/

2016年1月31日閲覧）を参照のこと。

　以上に見たような震災記憶の風化を防ぐ取り組みの背景には，どれほど優れた防災政策であっても，人々が災害対応や防災に関心を持たない場合，その政策は有効に機能しないのではないか，という懸念がある。もちろんこれは防災のみならず，政府の実施する政策・施策全体に共通して言えることである。しかし災害対応については，「公助」だけではなく「自助」や「共助」の必要性もしばしば主張される。人々の自発的な協力を可能とするための震災記憶の蓄積や関心の喚起は，その意味でも重要だと言える。

　しかしながらその一方で，以上の取り組みに問題がないわけではない。特に被災者の拒否意識についてどのように考えるかは重要である。震災に関する記録の保持は被災者が拒否意識を抱く場合があり，ゆえに単純に記録を保存し震災への関心を維持したり高めたりすればよいということにはならない。たとえば今村ほか（2014, 341頁）では，震災アーカイブが抱える課題について，次のように述べられている。「当時はデータ使用について許可を与えた場合でも，後に却下される事例も多い。このような意識の変化に対応するように，使用許可などの変更が必要である…（中略）…公開できない内容に対しては写真や証言（文書ファイル）において部分的なマスキング（覆い隠す）の対応も必要である」。被災者にとって，震災の記憶は必ずしも残すべきものではないことが，ここからは，はっきりと読み取れる。

　もちろんこれは，震災に関する学習の充実化など，関心を喚起させる取り組みの有効性を否定するものではない。そうではなく，どのような取り組みが求められるかは記憶の風化をどう捉えるかという点に決定的に左右されるということを指摘しているのである。もっとも，そのような風化の実態を明らかにする試みが十分になされていないことはすでに述べたとおりである。

（2）意識調査の限界と問題点

　意識調査は，震災に対する人々の意識を知る最も一般的な方法である。阪神・淡路大震災，東日本大震災，ともに「調査されるという迷惑」（宮本・安渓,

2008）が考慮されたためか，被災住民を対象とする意識調査は，震災への高い関心とは対照的にそれほど実施されていない。特に阪神・淡路大震災に関しては，素データが公開されている，二次分析に利用可能なデータはほとんど存在しない*。しかし震災後に被災者を対象とした意識調査がまったく行われていないわけではなく，東日本大震災について言えば，村瀬（2013），河村（2013），藤本ほか（2015）などを重要な研究および調査の一つとして挙げることができる。

　　* 社会・意識調査データベースプロジェクト（SORD）に所蔵されている，廣井脩氏が実施した「阪神・淡路大震災における住民の対応と災害情報の伝達に関する調査」は，阪神・淡路震災後に実施された貴重な意識調査の一つだが，二次分析用に提供していないとのことである（2016年1月31日時点）。

　意識調査という方法には利点と欠点の両者がある。まず利点から説明すると，被災者などの意識を直接的に把握できる点が挙げられる。人々の震災に対する関心が低下しているのかどうかを判断するには，震災に対する関心度合いを尋ね，その回答分布や時系列の推移を分析すればよい。その典型例として挙げることができるのは，中央調査社による調査結果であり，そこでは同一の質問を繰り返し尋ねることで，阪神・淡路大震災から10年が経過した後も，人々の震災に対する関心が高いことが明らかにされている*。

　　* 「阪神大震災と地域参加に関する世論調査」の結果より。調査の概略などについては，中央調査社のHP（http://www.crs.or.jp/backno/old/No563/5632.htm 2015年7月30日閲覧）を参照されたい。

　このようなメリットの一方で，意識調査には問題や限界もある。第1に，意識調査は「スナップショット」である。つまり主として「ある特定の時点における意識」を明らかにするものが意識調査なのであり，意識変動の過程について詳細に分析するには適切な方法ではない。中央調査社が行っているような意識調査の継続的実施は意識変動の過程を分析可能とするが，大規模な調査を数十回にわたり実施することは現実的ではない。第2に，意識調査の結果は「ホンネ」を明らかにできているのか，という問題がある。回答者は「タテマエ」

として社会的に期待されている回答をすることが多い。震災に対して関心を持っていなくても，それが許されない雰囲気がある場合，関心があると「嘘をつく」可能性があるのである*。この問題は社会規範や倫理に関する事柄を尋ねる際に生じることが多いのだが，原発問題を議論する際にも生じることを明らかにした今井（2013）の知見に基づくなら，震災への関心についても同様の問題が発生する余地はある。

> ＊ これは，意識調査方法論において近年問題視されている社会期待迎合バイアス（Social Desirability Bias）を指す。大規模震災への意識についてもこの問題が生じると考える。

人々の意識を把握する上で，意識調査が有力な方法であることに異論はない。しかし，震災への関心の変化を分析する本章の目的に鑑みるなら，意識調査の実施は必ずしも適切な方法とは言えない。

（3）風化現象を把握する：新聞記事の比較分析

継時的な意識変動を分析する手法の一つとして，新聞記事を利用するという方法がある。実際に，震災記憶の風化や災害学習に関する研究の一部においても，この方法は採用されている（山中，2005；村上・田中，1996）。もちろん，新聞記事は人々の意識を直接把握するものではない。加えてマスコミの限定効果論に示唆されるように（蒲島・竹下・芹川，2007），新聞報道が人々の意見形成を規定する力は存外強くない。しかしマスコミ，特に新聞報道には議題設定機能（agenda setting）があり，ここから新聞記事の利用には一定の妥当性があると考える。

マスコミの議題設定機能論とは，端的にはマスコミが「人々がどの問題について考えるのか」を規定する効果に関する理論である。新聞やテレビが報じたトピックスについて，人々がどのような意見を持つかはわからない。賛成する人もいれば反対する人もいるだろう。しかし，マスコミが報じたトピックスについて，主に人々は議論し，考える傾向にあると言うことはできる。この何について考えるのかという点に着目し，マスコミの重要性を主張する議論が議題

設定機能論である。議題設定に関する実証研究はアメリカを中心に行われているが日本でも蓄積されており，その結果，マスコミの報道量と人々の関心の間には関係があることが実証的に明らかにされている（竹下，2008；樋口，2014）。

　これら先行研究の知見に鑑みれば，たとえ新聞記事を用いた分析であっても，人々が「何について考えるのか」という点に関しては推論することが可能だと言える。もちろん何度も述べるように，新聞記事を用いて意識変動を推論することには慎重であるべきである。しかしあるトピックが報道されるとそのことについて多くの人が関心を持ち，逆に報道されなくなるとあまり関心を寄せなくなるというという仮定は不適切なものではない。マスコミが報道しないから関心が低下するのか，それとも関心が低下したからマスコミが報道しなくなるのかは論争的な問題だが，本章では差し当たり前者の関係を念頭において議論を進める。

　加えてもう一つの利点として，新聞報道は阪神・淡路大震災と東日本大震災への関心を測る，共通の「モノサシ」である点も指摘しておきたい。震災を報道するメディアは新聞に限らずテレビやラジオなどもある。近年ではインターネットやTwitterなどSNSもその一つとして考えることができる。柴内・稲増（2015）は，そのような情報環境の変化を踏まえた東日本大震災に関するメディアごとの「震災の語られ方」を明らかにしている重要な研究である。しかしインターネットが発達する以前の阪神淡路大震災について，この分析手法を採用することはできない。異なる対象を比較する際には共通のモノサシが必要だが，新聞報道はそのモノサシとして有効に機能する。以上より本章では新聞記事の分析を通じて，震災への関心の推移などを明らかにしていく。

3　資料の収集法と分析手法

（1）収集する新聞と期間

　本章では，震災への関心の変化を明らかにするために，『読売新聞』の記事を用いた分析を行う。『読売新聞』を用いる理由は，第1にその発行部数の多さである。日本ABC協会による『新聞発行社レポート　半期（2015年1月〜6

月)』によると,『読売新聞』(朝刊)の世帯普及率は15.85%であり,第2位の『朝日新聞』の世帯普及率(11.98%)よりも,約4ポイント高い結果となっている。第2に,『読売新聞』は,記事検索データベースが充実している。特に一定の制約はあるが,地域別に新聞記事を検索できることは大きな利点である。

　記事を収集する期間についても説明しておこう。まず東日本大震災に関する記事は,2011年3月11日から2014年12月31日までの約4年間とした。2015年1月以降も検索対象とすべきかもしれないが,長期にわたり記事を収集し続けることには利点がそれほどないことから,4年間を一つの区切りとした。このように東日本大震災の記事収集期間を設定したので,阪神・淡路大震災もこれと同様に1995年1月17日から1998年12月31日までの約4年間を収集期間とした。

　なお『読売新聞』の記事を収集する際,全国版と地域版の区別は特に設けないことにした。つまり本章では,全国版の記事と地域版の記事を区別することなく異なる記事と捉えた上で,震災の記事を収集している。その理由は可能な限り広範囲に新聞記事を収集すべきと考えたこと,異なる震災の記事が異なる地域で報道された場合,それは別の記事としてカウントすべきだと判断したことによる。もっとも後に説明するが,内容分析に際しては記事を等間隔抽出法により抽出しているので,酷似する新聞記事が分析対象に含まれる可能性は低い。

(2) 記事件数の比較分析

　震災への関心の変化を知るためには,まず,震災報道がどの程度の頻度で行われていたのかという,記事件数の量的側面に着目し,この推移を明らかにする必要がある。したがって,阪神・淡路大震災と東日本大震災の両者について,これらに関する新聞記事件数を時系列に整理しながら,両者の推移を比較分析し,いつ頃,どのような形で震災への関心は低下したのかを明らかにする。

　新聞記事を用いた分析を行う場合は,次の2点に注意しなければならない。第1は各新聞社の特徴である。『読売新聞』には他社とは異なる独自の考え方があると考えられるが,そのことが震災に対する姿勢や関心の違いを生む可能性がある。本章ではこの点を明らかにするために,記事件数の推移を分析する際,『朝日新聞』の推移についても取り上げ,これと比較分析することにした

い。そうすることで，新聞社ごとの違いはある程度考慮されることになる。

　第2は支部・支局ごとの相違である。山中（2005, 10頁）の指摘にもあるとおり，阪神・淡路大震災の際，被災地と被災地以外の関心の格差が大きな問題となった。同様の傾向は東日本大震災にも当てはまるのではないだろうか。つまり『読売新聞』といっても，どの支局なのかという点で震災に対する考え方は異なると考えられるのである。本章では，全体の傾向だけではなく，この地域ごとの記事件数の推移についても明らかにする。

（3）新聞記事の内容分析

　関心低下の実態を明らかにするには，記事件数の推移だけではなく報道内容という，質的な側面にも注目する必要がある。関心が高まっていた時どのような報道がなされていたのか，時間経過とともにどのような報道が増え，逆に減ったのか。これらの点を明らかにすることで，記事件数の推移だけでは把握できない風化の実態について議論することが可能となる。

　次項にて説明するが，本章では新聞記事データを，発災から1年後までとそれ以降という形で分けている。この点を勘案し，内容分析についても，時期区分に応じて行う。そうすることで，時間経過と報道内容の変化の関係を明らかにすることができる。

　なお，新聞記事の内容分析には，樋口耕一氏が開発したフリーのソフトウェアであるKHcoder（ver. 2.00）を使用した。本章で行う内容分析は，すべてKHcoderで実行可能である。ソフトの詳細については樋口氏のHP（http://koichi.nihon.to/psnl/　2015年1月30日閲覧。本章執筆時の最新バージョンはver. 3. Alpha. 6）や樋口（2014）を参照されたい。

（4）記事の検索方法と抽出方法

　記事の収集には記事検索データベースである「ヨミダス歴史館」を利用した。検索設定は次のとおりである。まず阪神・淡路大震災に関する記事は設定を「阪神 AND（震災 OR 地震）OR 兵庫県南部地震」とした。「兵庫県南部地震」も対象に含めた理由は，発災からしばらくの間，この表現が使用されていたか

第Ⅲ部　震災をめぐる社会認識

らである。次に東日本大震災については「東日本 AND（震災 OR 地震）」とした。上述したとおり記事件数の推移は『朝日新聞』も含めて分析するが，『朝日新聞』の記事検索は「聞蔵Ⅱ　ビジュアル」を用いた。設定は『読売新聞』と同一である。

　ここで明らかなように上述の設定は，「阪神」（あるいは「東日本」）と「地震」，「震災」のどちらかが記事内に一つでも含まれていればヒットするものである。そのため両震災に関連する記事を網羅的に収集できるが，他方で震災とは実質的には関係がない記事まで含めてしまうという問題をはらむ。実際にこの設定で震災に関する記事を検索すると，阪神・淡路大震災については5万件以上，東日本大震災については9万件以上の記事がヒットした（2015年8月3日時点）。記事件数の推移の分析には特段問題があるわけではないが，内容分析を行うにはデータ量が膨大であり，ゆえに記事の分量を減らす必要がある。

　そこで樋口（2014, 96頁）の指摘に基づき，対象となった記事すべてを用いるのではなく，必要十分な記事数を抽出し，これを内容分析に用いることにした。ただしデータ全体から記事を抽出すると，発災時から3〜4ヶ月後までの記事に偏る可能性が高いため，発災月から約1年後までと，それ以降という二つの時期に区分し，それぞれから1200件ずつ抽出した。社会調査方法論上，母比率を±3％の誤差で，95％の確率で推定するにはサンプルサイズが1068程度必要となる。1200件という記事数は，十分にこの水準を満たすものである。

　新聞記事の抽出法は等間隔抽出法である＊。完全無作為抽出ではないが，この抽出法を用いたからといって，内容分析の結果が極端に歪むわけではない。また無作為抽出だと，特定の時期の記事が偶然多くなったり，逆に少なくなったりすることがあるが，この抽出法だとそのような心配もない。

　　＊　たとえばある時期における記事総数が1万2000ある場合，これを1200で除すると10になるので，10番目の記事，20番目の記事，30番目の記事……という形で抽出していくことになる。

　最後に，内容分析に先立ちいくつか注意点を述べておく。第1に抽出されたすべての記事を用いているわけではない。被災者に関する情報掲示板や単なる

第9章　震災記憶の風化

広告といった，震災に関する新聞報道とはみなせないものは対象から除外している。第2に(a)特徴的な記事のタイトル，(b)記者名，(c)問い合わせ先，(d)地域版の情報，(e)シンポジウムなどでの発言者の氏名といった，直接内容とは関係がない固有名詞や極端に重複する文言は修正・削除した。このようなクリーニング作業を行ったため，ここまでに述べた収集方法等に基づき本章と同様の分析を行っても，おおよその傾向は一致すると思われるが，完全に結果を再現できるわけではない点に注意されたい。

4　記事件数の推移から見る風化現象

(1) 記事件数の推移

震災に関する記事件数はどのように推移しているのか。また，それは新聞社ごとに異なるのか。さらに地域ごとの特徴はあるのか。本節では，これらの疑問にこたえるべく，1月毎の「1日あたり平均記事件数」を計算し*，その推移を比較分析する。

　　*　たとえば，1995年2月1日から28日までの間に，阪神・淡路大震災に関する記事の件数が2968件あった場合，1995年2月の1日あたり平均記事件数は約28件（2968/28）となる。

　まずは図9-1の結果から確認する。この図は1日あたり平均記事件数を震災ごとに整理したものである。左側の折れ線グラフが阪神・淡路大震災に関する記事件数であり，右側の折れ線グラフが東日本大震災に関する記事件数である。X軸は経過月数であり，これは発災月を起点に，そこから1月ごとに経過月をカウントしたものである。阪神・淡路大震災の場合は1995年1月が発災月なので経過月数1は1995年2月を意味する。また東日本大震災の場合は2011年3月が発災月となるので，経過月数1は2011年4月となる。

　東日本大震災の方が阪神・淡路大震災よりも平均記事件数が多いため，一見すると災害ごとに記事件数の推移が異なるように思われるかもしれないが，実は両者は非常に似通った推移のパターンを示している。第1に，震災に関する

第Ⅲ部　震災をめぐる社会認識

図9-1　発災月から1年後までの震災に関連する記事件数の推移

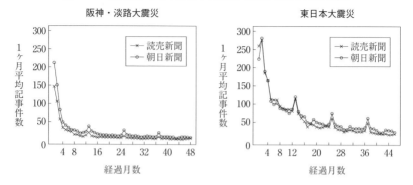

　記事件数は，どちらも発災から3ないし4ヶ月後にかけて急激に低下していく。そしてこの傾向に新聞社ごとの相違は見受けられない。第2に，どちらの震災に対する記事も，1年（12ヶ月経過）ごとに記事件数が，その周辺の月の件数から微増する。これは発災月に震災の特集記事を組むことが影響している。この特徴についても，『読売新聞』と『朝日新聞』の相違はなく，かなり似通った推移の傾向を示している。

　図9-1に示す結果は，どのような震災であってもおよそ発災から3ないし4ヶ月後には，震災への関心が低下している可能性が高いことを示唆する。これは阪神・淡路大震災への関心が，オウム真理教によるテロ事件によって低下したという通説的見解に対して（山中，2005），一定の疑義を呈するものである。本章の分析結果にしたがえば，仮にオウム真理教によるテロ事件が生じていなくても，震災への関心が低下していた可能性は高い。テロ事件さえなければ関心は継続していたかもしれないという想定は，やや楽観的に過ぎる。

　加えて発災から数年が経過した後も震災への関心が高いという，中央調査社の調査結果についても，検討し直す必要があるだろう。図9-1に示すとおり，記事件数の推移から見れば明らかに震災について検討したり議論したりする人は減少している可能性が高い。つまり意識調査の結果には社会期待迎合バイアスが存在する可能性が高く，よって結果を額面どおりに受け止め，好意的に解釈することが適切だとは言えないことになる。

　いずれにせよ，阪神・淡路大震災と東日本大震災への人々の関心は意外にも

共通する点が多い。また新聞社ごとの違いについては，それほど見られない。何度も述べるように被害の質や規模，政治・社会状況は両震災において異なる。しかし人々の震災に対する関心が薄れていく傾向性はそれら諸特徴に影響されるものではなく，良くも悪くも，新しい情報を発信し続けなければならないというマスメディアのあり方に規定されると考えられる。

(2) 記事件数と推移の地域差

震災に関する新聞記事件数を分析する上で避けて通ることができないのは，地域差の問題である。すでに先行研究で明らかにされているように（山中, 2005），阪神・淡路大震災の記事件数には「東西格差」が存在していた。東京のマスコミの報道量は，被災地域のマスメディアの報道量と比較して少なく，報道しなくなる傾向も顕著である。この知見は阪神・淡路大震災に関するものだが，東日本大震災についても同様の傾向が存在するのではないだろうか。以下では，この地域差について分析する。ただし，阪神・淡路大震災については，地域版に限定した分析を行うことができないため，東日本大震災に限定する。

図9-2は地域版を六つのブロックに分けた上で，それぞれのブロックにおいて，東日本大震災の記事がどの程度あるのかを，1年ごとに計算し，整理したものである。この図の震災記事割合とは，東日本大震災に関する記事件数が当該期間中の記事全体に占める割合を指す。掲載されている割合にしている理由は，地域ごとに記事件数の総数が異なるためである。なお，2011年については3月11日から12月31日まで，それ以降は1月1日から12月31日までの記事掲載割合である。全国版の記事はここには含まれない。

図9-2に整理した結果を見ると，第1に発災年（2011年）に限定されるが，被災地からの地理的距離と記事割合には関係がないことがわかる。さらに意外なことに，被災三県（岩手県，宮城県，福島県）の2011年の記事割合を見ると，ほかの地域よりも低いという結果になった。図9-2の結果が，被災地域において東日本大震災への関心が低いことを示すものではないことは自明だが，この図からはたとえ被災地から遠方に住む人であっても，2011年頃は，被災地に関心を寄せていた人が多かったことがわかる。しかしその傾向は短期的なもの

第Ⅲ部　震災をめぐる社会認識

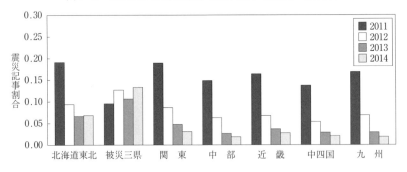

図9-2　地域ごとの震災に関する記事割合（2011年～2014年）

であり，2012年，2013年と変化していくにつれて，多くの地域で記事割合は低下する。他方で被災三県の記事割合の推移は2012年から2014年にかけてほぼ横ばいであり，他の地域の傾向とは明らかに異なる。

地域別に推移の傾向を明らかにすることで，震災への関心の低下は，被災地を除く地域において生じること，言い換えれば阪神・淡路大震災と同様に東日本大震災においても「格差」が存在することが明らかとなった。同じ新聞社であっても，支部・支局によって震災に対する姿勢は異なり，それは記事が掲載される割合の違いをもたらす原因となるのだろう。阪神・淡路大震災を経験した関西圏でも東日本大震災への関心が希薄化していく点はやや意外だが，大きな震災を経験したことが「他の震災」への関心を高めることには必ずしもつながらないことを示す点で，重要な知見だと言える。

5　報道内容から見る風化

（1）報道内容の比較分析

前節の分析から，阪神・淡路大震災と東日本大震災への関心の推移の傾向性は，意外にも共通することが明らかとなった。同時に阪神・淡路大震災時に指摘されていた報道格差は，東日本大震災においても存在することも明らかとなった。被害の規模などが両者では異なる一方で，新聞報道のあり方はそれほど変わらないと言える。これらの知見を踏まえつつ，本節では，新聞報道の内容

表9-1 震災・時期ごとのサ変名詞の出現頻度

	発災→1年経過後		1年経過以降	
	阪神・淡路	東日本	阪神・淡路	東日本
1位	復興(442)	支援(600)	復興(434)	支援(651)
2位	調査(364)	復興(457)	活動(423)	復興(537)
3位	活動(321)	影響(404)	調査(400)	避難(402)
4位	計画(291)	避難(350)	計画(393)	活動(359)
5位	復旧(284)	被災(337)	支援(369)	参加(345)
6位	被災(283)	活動(299)	生活(329)	防災(339)
7位	対応(263)	発表(270)	防災(316)	被災(312)
8位	防災(262)	対策(252)	参加(269)	対策(296)
9位	支援(249)	予定(245)	建設(258)	発生(294)
10位	生活(247)	発生(242)	対策(254)	調査(286)

分析から、いつ頃、どのような報道がなされていたのかを明らかにする。

新聞報道内容のあり方を知る方法として、どのような単語が頻出しているのかを分析し、明らかにするという方法がある。たとえば発災した月に「被害」という単語が頻出していた場合、その月に掲載されている記事の多くは、震災の被害についての記事だと推測できる。この頻出語のパターンを時期ごとに整理しその変動を比較分析することで、記事内容の変遷を理解できる。

表9-1は、阪神・淡路大震災と東日本大震災の両者について、どのような単語が頻繁に出現していたのかを時期ごとに整理したものである。表9-1に整理しているのは、品詞別頻出語のうち「サ変名詞」である。動詞などサ変名詞以外の品詞についても頻出度数を分析できるが、結果の解釈が困難であるため、この表では解釈を容易に行うことが可能であったサ変名詞に限定した。なお括弧内の数字は出現度数である。

まず発災から1年経過後の記事について確認しよう。どのような単語が頻出していたのかを見てみると、「復興」「被災」「対応」「支援」「対策」といった単語が共通して頻出していることがわかる。これらは発災した直後の救援体制など、主に初動対応に関するものであることは明らかであり、したがって発災から1年後までの記事の多くは、被害状況や行政の初動対応に関するものだと考えられる。

続いて1年が経過した後の記事の内容について確認する。1年経過以降の記

事に頻出する単語は，発災月から1年経過後までのそれとかけ離れたものではない。むしろ両者には共通する点の方が多い。しかし阪神・淡路大震災と東日本大震災で，やや異なる傾向を見せているようにも見受けられる。具体的には，阪神・淡路大震災については「建設」「計画」といった単語が頻繁に出現し始めているが，東日本大震災については依然として「避難」「被災」「発生」といった単語が頻出している。阪神・淡路大震災については，復興に向けての動きが進展していることを示したり解説したりする記事が増えており，それゆえにこのような結果となったのだろう。これに対して東日本大震災は，阪神・淡路大震災ほど復興が進展していないことが影響していると考えられる。

　表9-1は，復旧・復興に向けての進展が阪神・淡路大震災と東日本大震災では異なることを示唆するものである。もちろんこれは被害規模等を勘案すれば当然のことだろう。しかし重要なのは，このように震災ごとに復興の進捗などが異なるにもかかわらず，図9-1に示したように記事件数の推移は共通していたことである。この事実は，記憶の風化現象には，単純に「忘れていく」のとは異なる，別の論理が存在することを示唆する。次項ではこの点について検討する。

（2）2つの風化のメカニズム

　震災への関心の低下，ないし記憶の風化を議論するにあたっては，単に人々が震災への関心を失っていくだけではなく，あえて「積極的」に忘却しようとしている人もいることを理解する必要がある。とりわけ，直接的に被害を被った被災者が震災に対してどのような認識を抱いているのか，という問題を検討することは重要である。みなが震災の記憶を残したいと思うわけではない。逆に忘れなければならないと考える人も多いのである。

　以下に引用するある小学生の台詞は，まさにこの問題について考える上で示唆に富むものである。「ねえ，先生。俺たちは，いつまで震災の時のことを覚えていなくちゃいけないの？　忘れちゃだめなの？　毎年この時期には，嫌でも思い出さなきゃいけないの？」（『読売新聞』2014年3月11日付記事より）。震災に関する多くの情報を残し，後世に伝えていく必要性は否定されるべきではな

第❾章 震災記憶の風化

表9-2 「思い出す」「記憶」と関連する単語（上位10語）

| | 阪神・淡路 | | 東日本 | |
	「思い出す」	「記憶」	「思い出す」	「記憶」
1位	思い出	薄れる	怖い	忘れる
2位	泣く	忘れる	様子	伝える
3位	作文	見つかる	アドバイス	後世
4位	突然	生々しい	帰宅	阪神大震災
5位	母親	風化	出来事	文章
6位	感動	所長	校庭	神戸市
7位	死	揺れる	新聞	風化
8位	お母さん	友人	返す	気
9位	亡くなる	生かす	隣	話
10位	体	新しい	好き	流れる

い。しかし辛く，悲しい記憶を消し去りたいという思いを否定することもまたできない。震災記憶の風化の背景には積極的な忘却という過程もあると言えるのではないだろうか。

　そこでこの点を明らかにするために，発災から1年経過後の記事に限定した上で，「思い出す」と「記憶」という2つの単語について，これらとどのような単語が関連するのかを分析した*。その結果を整理したものが**表9-2**である。「記憶」という単語について見ると，「薄れる」「忘れる」「風化」「生かす」といった単語と強く関連する。「薄れ」「忘れられ」「風化」しかけている震災の記憶を次世代に「生かす」ために残そう，という記事が多く，そのためこのような分析結果になったと考えることができる。

　＊　具体的にはジャッカード係数という単語間の連関を測定する方法を用いて単語間の関連を分析している。

　他方，意味合い的には「記憶」と近い「思い出す」について，どのような単語と関連するのかを分析すると，阪神・淡路大震災に関しては「泣く」「死」「亡くなる」といった単語が，東日本大震災については「怖い」「出来事」「校庭」といった，被害状況を想起させるような単語が関連するという結果となった。「辛い」こと，「悲しい」こと，「怖かった」ことを思い出す，という記事が多いのだろう。震災の記憶を積極的に忘れたい人が一定数いることを，この

分析結果からうかがい知ることができる。

　震災への記憶は，一部の被災者にとっては残すものではなく忘れるべきものである。東日本大震災だけではなく，阪神・淡路大震災についてもその点は共通している。直接的な被害を被っていない人の中では，年月の経過とともに震災への関心は失われていく。しかしたとえ直接的な被害を被った人であっても，震災への関心が「積極的」に失われていくことがある。表9-2の分析結果はそれを裏づけるものである。

6　風化のプロセスとその含意

（1）本章の知見

　本章では，新聞記事件数の推移や記事内容の分析を手がかりに，人々の震災に対する関心がどのようなプロセスで失われていくのか，すなわち震災記憶の風化現象について明らかにした。分析の結果，主に次の2点が明らかになった。第1に，阪神・淡路大震災と東日本大震災は，被害規模などが大きく異なるにもかかわらず，報道件数の推移は近似している。このことから，どちらの震災も，同じタイミングで人々の関心は低下していると考えられる。また第2に，震災への関心が低下する過程として，あえて積極的に忘れようとする場合もある。特に直接的に震災の被害を被った人に，その傾向は顕著であるように思われる。

　本章の知見の意義について改めて述べる。第1に既存の通説的見解とは異なる知見の提示が挙げられる。特に阪神・淡路大震災への関心とオウム真理教によるテロ事件の関係を見直すことにつながる知見を提示した点は重要である。山中（2005, 14頁）で述べられているように「阪神・淡路大震災の風化は，実は一年後ではなく二カ月後に始まった，というのが今では通説」であり，その理由として挙げられていたのがオウム事件であった。しかし震災に関する記事件数は東日本大震災に関するものであっても，3ヶ月から4ヶ月経過すればかなり少なくなる。オウム事件の影響がまったくないとは言えないが，影響力が過大評価されていたように思われる。

第 2 に，異なる風化のプロセスを新聞記事の内容分析から明らかにした点が挙げられる。被災者の災害記憶に対する負の感情が関心の低下をもたらす点については，様々な論者によって指摘されてきたところであるが，意外にも客観的な資料に基づきこれを明らかにする研究は多くない。本章は，印象論的に語られがちであったこの重要なプロセスを新聞記事の内容分析に基づき明らかにしたものである。

（2）分析結果の含意

結びに代えて，本章の知見がどのような提言に結びつくのかを述べておく。まず図 9-1 はどのようなタイミングで震災への関心が低下するのかを明らかにしている。復旧・復興に係る施策を講じる際，人々の震災に対する高い関心が求められるのであれば，遅くとも半年以内に復旧・復興の実施に着手する必要があるだろう。発災から半年以上が経過すると，震災への関心はすでに低くなっている可能性がある。それを避けるためにも，大規模災害については発災からなるべく早い段階で，可能であれば 1 ヶ月あるいは 2 ヶ月以内に計画などの策定を進める必要がある。

続いて風化を食い止めるための政策についてである。震災に関する記事件数が顕著に低下しているのは，図 9-2 の結果にしたがえば，被災地ではなく被災地以外の地域である。ここから，被災地に限定して記憶の風化を食い止めるための対策を講じるのは不十分だと言える。なぜなら被災地の人々の災害対応への関心が低いとは考えにくいからである。むしろそのような対策が必要なのは，被災地以外の人々である。直接的に被災したわけではなくても震災について考えることが可能な教育を実施するなど，被災地以外の人々を対象とする記憶の風化を防ぐための取り組みを一層充実させるべきだろう。

さらに表 9-2 は，震災の記憶は「忘れる」ものであると同時に「忘れたい」ものでもあることを明らかにしている。このように記憶の風化には二つの異なる過程が存在するのだが，それゆえに辛い記憶を想起させる建造物などを「記録」として残すべきか，これまで以上に慎重に検討していく必要がある。その意味で言えば，被災地での教育に震災に関する記憶を想起させる学習過程を組

み込むことにも慎重であるべきである。少なくとも被災者の負の感情を蔑ろにしたまま，これらの取り組みを行うべきではなく，負の感情を緩和しながら震災学習や記録の保全を行うべきだと考える。

引用・参考文献

今井信雄「記憶の場所，被災地のつながり」関西学院大学COE災害復興制度研究会編『災害復興——阪神・淡路大震災から10年』関西学院大学出版会，2005年，153-165頁。

今井亮佑「原発依存の是非をめぐる世論の動向」齋藤純一・川岸令和・今井亮佑『原発政策を考える3つの視点——震災復興の政治経済学を求めて③』早稲田大学出版部，2013年，65-98頁。

今村文彦・柴山明寛・佐藤翔輔「東日本大震災記録のアーカイブの現状と課題」『情報の科学と技術』第64巻第9号，2014年，338-342頁。

蒲島郁夫・竹下俊郎・芹川洋一『メディアと政治［改訂版］』有斐閣，2007年。

河村和徳『東日本大震災と地方自治——復旧・復興における人々の意識と行政の課題』ぎょうせい，2013年。

柴内康文・稲増一憲「震災期の新聞・TV，Yahoo！ トピックス，ブログ記事と投稿の特徴」池田謙一編『震災から見える情報メディアとネットワーク』東洋経済新報社，2015年，85-106頁。

竹下俊郎『メディアの議題設定機能——マスコミ効果研究における理論と実証［増補版］』学文社，2008年。

自治労連・岩手自治労連編『3.11岩手——自治体職員の証言と記録』大月書店，2014年。

長島康雄・菊池正昭・西城光洋・菅澤英樹・若生勝「防災教育の視点による地学教材開発1——2011年東北地方太平洋沖地震に基づく地震学習ワークシートを受けた生徒の反応から」『仙台市科学館研究報告』第22号，2013年，71-76頁。

樋口耕一『社会調査のための計量テキスト分析——内容分析の継承と発展を目指して』ナカニシヤ出版，2014年。

ひょうご震災記念21世紀研究機構編『翔べフェニックスⅡ——防災・減災社会の構築』ひょうご震災記念21世紀研究機構，2015年。

藤本雅彦・櫻木晃裕・宍倉栄・宮原育子「地域社会における生活の質（クオリティ・オブ・ライフ）——被災地の心の復興と地域コミュニティ」東北大学大学院経済学研究科地域産業復興調査研究プロジェクト編『新しいフェーズを迎える東北復興への提言——「創造的復興」は果たせるか，4年目のレビュー』南北社，2015年，

199-212頁。

宮本常一・安渓遊地『調査されるという迷惑——フィールドに出る前に読んでおく本』みずのわ出版，2008年。

村上大和・田中重好「阪神・淡路大震災の間接的被災体験——新聞記事を事例として」『地域安全学会論文報告集』第6巻，1996年，299-306頁。

村瀬洋一「震災後の不安感と被害金額の規程因——被害と社会階層に関する仙台仙北調査の計量分析」『選挙研究』第29巻第1号，2013年，102-115頁。

山中茂樹『震災とメディア——復興報道の視点』世界思想社，2005年。

第10章
人命救助部隊の応援派遣と組織間連携

奥薗淳二

1 序論:復興過程としての教訓の活用

　災害対策基本法(以下,災対法とする)において,防災は「災害を未然に防止し,災害が発生した場合における被害の拡大を防ぎ,及び災害の復旧を図ること」と定義されており,防災計画の作成,災害予防,災害応急対策,災害復旧の各段階において,国,地方公共団体その他の公共機関,そして住民がそれぞれに与えられた責任を果たすこととなっている。

　各段階のうち,防災計画の作成や災害予防については,特に工学的な見地からの研究が災害に強いまちづくり,耐震性能の高い建築物の設計や開発などに活用されてきた。

　他方,災害応急対策については,自然科学だけでなく行政学や経営学といった社会科学からのアプローチも試みられ,特に阪神・淡路大震災の経験から様々な教訓が導出され,防災における行政とボランティアの協働のあり方,行政による災害対応,BCMのあり方,米国のIncident Command Systemから日本の災害対策を見直そうとする取り組みなど,防災は社会科学の対象としても認識されるに至っており,そうした研究成果が行政や民間企業の防災に活用されている。これらの研究では,「来るべき災害に対してどのようにその被害を抑え,発生したらどのように対応するべきか」ということに焦点が当てられ,その流れの中で,行政の対応の遅さを問題視する論考も数多く示された。特に自衛隊に関しては,イデオロギー的な要因も手伝ってか,様々な批判的言説が発表された(たとえば,浅野[2012],棟居[1995])。

　特に大震災のように,平時に各地域で活動している人命救助部隊だけでは発

災直後の災害応急対策の最重要目的である人命救助活動を十分に実施できない状況においては，各組織が地域外からリソースを得て活動することとなるのに加え，自衛隊の災害派遣を要請し，通常とは異なる圧倒的マンパワーや資機材を得て，人命救助を実施することとなる。

スピードが人の生死を決定づけることから，いかに多くの救助チームをいかに早く被災地に送り込み，活動させられるかが重要なことは言うまでもない。だからこそ，メディアや国民は発災直後からの系統的かつ大規模な人命救助活動に期待を寄せるのである*。

* たとえば，阪神・淡路大震災以降，国民にとっての自衛隊の役割は国家防衛ではなく，災害派遣になりつつあることが指摘されており（Hughes, 2009, p. 100），その傾向は2014時点の世論調査においても見て取れる（内閣府「自衛隊・防衛問題に関する世論調査」内閣府世論調査ホームページ［http://survey.gov-online.go.jp/ 2015年7月24日閲覧］）。

では，そのような意味で消防，警察，海上保安庁や自衛隊といった大規模な部隊を有する救助機関は過去の震災発災直後の災害応急対策を通じて，何を学び取り，そして東日本大震災やその後の災害を通じて何を学び取るべきなのか。本章では，災害応急対策を復興の大前提として理解し，過去の3大震災のうち，阪神・淡路大震災及び東日本大震災における災害応急対策，特に災害の最初期，その中でも人命救助に集中するべき段階における救助機関の応援派遣の分析を通じて，このことを明らかにしていきたい。なお，本章では，救助機関のうち，消防，警察，自衛隊のみを想定する。政府組織に限定しても救助機関は数多くあり，それぞれが被災者の人命，財産の保護のために活動することとなるが，本章では，比較の必要から陸上を中心に活動する組織に絞った議論を展開する。

2　応援派遣の意義と制度

（1）応援派遣の意義

本章における応援派遣とは，大震災等の大規模事案において，当該地域を担

当する部隊だけでは十分な対応が困難であることを理由として，その地域外，あるいは普段当該事案を担当しない組織から応援のためのリソースが派遣されることである。災害応急対策，特に人命救助は人の生死に直接的に結びついている。そのため，応援派遣勢力は多ければ多いほどよいと考えられがちである。そして，足りないリソースを公的セクター同士で融通しあうことは当然のことのように考えられる。だが，状況はそれほど単純ではない。それは，派遣の規模を確定する段階で顕在化する。

まず，派遣側の事情である。大震災のような大規模災害に対する災害応急対策のため，被災した地域は被災しなかった地域の消防や警察などから様々な危機対応リソースの支援を受ける。その規模が大きくなれば，被災地域における災害応急対策は活性化するが，応援派遣した地域の危機対応リソースは，その分一時的にせよ減少する。結果，支援の長期化は支援する側の危機対応能力を圧迫することとなる。このため，応援派遣の規模は支援する側の地域の危機対応能力維持と，受援側の災害応急対策上の課題とリソースの状況との両方に対して配慮されたものとならざるを得ない。

次に，実務的困難である。後述のとおり，消防吏員や警察官が被災地に派遣された時，彼らは派遣先の指揮下に組み込まれる。彼らにとって土地勘のない被災地で活動することは困難であるのに加え，言葉の壁にも直面するかもしれない。不慣れな方言による指示や情報を無線で聞き取るだけでも困難を来すこともあり得る。他方，受援側はリソースを得れば，これをマネージし，効果的に救助活動を展開しなければならない。しかし，指揮命令系統，情報伝達設備が必ずしも応援部隊を含む全部隊に対応できるキャパシティを有しているとは限らない。全国的な被災地支援は，無制限にとにかく送り込めばよいというものではなく，それを受容する体制があってはじめて機能するのである。

こうした問題点を前提に，以下派遣の制度を概観する。さらに，次節では阪神・淡路大震災及び東日本大震災における各部隊の活動を見ていくこととする。

（2）災対法に基づく応援派遣の基本的枠組み

災対法における災害応急対策とは，「災害が発生し，又は発生するおそれが

ある場合に災害の発生を防御し，又は応急的救助を行う等災害の拡大を防止するために行うもの」である。具体的には，①警報の発令や避難勧告／指示，②消防，水防その他の応急措置，③被災者の救助その他保護，④災害を受けた児童や生徒に対する応急の教育，⑤施設及び設備の応急の復旧，⑥保健衛生の確保，⑦犯罪の予防，交通の規制その他災害地における社会秩序の維持，⑧緊急輸送の確保などがこれに当たる（災対法第50条第1項）。

このうち，①から③に当たる事項は消防を所掌している市町村の役割となっており，市町村長には消防，水防，救助その他災害の発生を防御し，または災害の拡大を防止するための応急措置を実施する義務が課されている。そして，それに必要な警戒区域の設定，他人の土地建物の一時使用，土石竹木の収用，工作物の除去などの権限が与えられている。他方，都道府県知事は，災害救助法上の被災者の救助を行うほかは，特に④～⑧を実施するのに加え，当該災害の発生により市町村がその全部または大部分の事務を行うことができなくなった時に，実施すべき措置の一部を代行しなければならないこととされている（災対法第73条）。

このように，特に災害発生直後の災害応急対策は，その多くを市町村に依っている。しかし，災害の規模が大きくなれば，市町村の境を越えて災害が広がり，または市町村単独での対応が困難となってしまうことがあり得るため，市町村長が他の市町村長や都道府県知事に応援を要請できる制度が設けられている（災対法第67条，68条）。さらに都道府県知事が市町村長に対して，応急措置の実施について指示したり，他の市町村長を応援すべきことを指示したりすることができることとなっている（災対法第72条）。

そして，応援派遣を観察しようとする本章にとってさらに重要なのが，応援派遣に当たっての制度である。まず，指揮権については，市町村からの応援に従事する者は，応急措置の実施に当たっては，当該応援を求めた市町村長の指揮の下に入ることが法的に明確にされている（災対法第67条第2項）。この裏返しとして，その活動は派遣要請した市町村長の責任の下で行われる。次に，応援派遣に要した費用については，基本的には，応援派遣の要請を行った地方公共団体が負担することとされている（災対法第92条第1項）。

災害時における地方公共団体間の応援派遣は，このような制度を基本として運用されている。ただし，消防，警察，自衛隊の応援派遣については特別の制度が存在する。次にこれらを概観しよう。

（3）消防の応援派遣

消防には，上述の応援派遣の基本的な枠組みに加えて，応援に関し，消防庁長官の関与をある程度認める仕組みがある（消防組織法第44条）。それは応援派遣を指示したり，応援派遣部隊を長官が自ら指揮したりするものではなく，災害発生地の都道府県知事の要請に応じ（そのいとまがない時は要請を待たずに），災害発生地以外の都道府県の知事に対し，当該災害発生市町村の消防の応援等のため必要な措置をとることを求めることができるというものである。そして，この求めを受けた知事が市町村に対して，消防機関の職員の応援出動等の措置をとることを求めることが阪神・淡路大震災発災の時点でできるようになっていた。

基本的にはこのような知事の要請，消防庁長官から非被災都道府県の知事への要請，当該知事から市町村への要請というステップを経て応援派遣がなされるシステムとなっていた。結果として，実際の阪神・淡路大震災における応援派遣の現場は混乱した。この反省から，基本手続きは維持しつつも，緊急時には迅速かつより高度な応援派遣を可能とするシステムが構築されている。

その中核が緊急消防援助隊である。緊急消防援助隊は，阪神・淡路大震災の教訓から，消防庁長官の要請または指示に応じて，消防の応援等を行うことを任務として創設された非常設の部隊である。この組織は，専属の隊員や施設を有しているわけではなく，総務大臣による部隊編成及び施設の整備に関する基本的な事項に関する計画に基づいて，都道府県知事または市町村長の申請により登録された人員から，アドホックに編成される部隊である。

この部隊の特徴は消防庁長官が都道府県知事または市町村長に対して緊急消防援助隊の出動のため必要な措置をとることを指示できるのに加え，事前の計画により，応援派遣及び派遣部隊の活用をスムーズに実施できる指揮支援隊というシステムを採用しているところにある。指揮支援隊は，通常の消防の応援

派遣は消防車や救急車に乗り込み，自らの消防署から応援先まで資機材とともに陸路移動するのに対し，指揮支援隊はキャパシティを超えることになるであろう被災地の消防のマネジメント能力を補強するため，航空機等を用いていち早く被災地に入る。そして，現地でこれから到着する予定の緊急消防援助隊本隊をマネージするのである。

　これら応援派遣の経費については，応援派遣の基本的枠組みのとおりではあるが，指示を受けて出動した緊急消防援助隊の活動により増加し，または新たに必要となる消防に要する費用のうち，当該緊急消防援助隊の隊員の特殊勤務手当及び時間外勤務手当などの経費は，国が負担することとされ，計画に基づいて整備される施設に要する経費については国の補助がなされることとなった。

（4）警察の応援派遣

　警察官の応援派遣については，災対法第74条に定められている基本的枠組みのとおりだが，指揮権に関してのみ，例外的な規定がおかれている。すなわち，応援派遣された警察官は，要請をした都道府県知事の指揮下に入るのではなく，あくまでも要請した都道府県の公安委員会の管理の下にその職権を行うこととされている（災対法第74条第2項）。これは警察法第60条にいう警察官の派遣と，災対法による都道府県間の応援派遣とがパラレルになっていることを示している。

　警察は，阪神・淡路大震災を教訓に，「機動性に富み，極限の状況下でも的確な活動が行える部隊を編成し，専門の装備資機材，車両等を装備し，大規模災害時に対応するシステムを確立する必要」から（山嵜，1995，86-87頁），災害対応のためのユニットとして，国際緊急援助隊メンバーを核に，機動隊員，管区機動隊員（派遣を中心任務としている）から選抜して構成される広域緊急援助隊を創設した。その中には，緊急交通路の確保のために交通機動隊員及び高速道路交通警察隊員で編成された交通対策班という組織も設置された。

　この部隊は，災害が発生し，またはまさに発生する恐れがある場合において直ちに被災地及び被災予想地に赴き，災害情報等の収集，救出救助及び緊急交通の確保等に当たる。これらはアドホックに設置されるものだが，「特定都

道府県警察」（北海道，東京都，神奈川県，愛知県，大阪府，福岡県）の広域緊急援助隊には待機制度等が導入されており，最初期の対応に当たることとなっている。

（5）自衛隊の災害派遣

災害への対応のための自衛隊の行動類型は災害派遣である。天災地変そのほかの災害に際して，人命または財産の保護のため必要があると認める場合，都道府県知事，海上保安庁長官，管区海上保安本部長，空港事務所長の要請に基づいて，事態やむを得ないと認める場合には部隊等を救援のため派遣できる，「要請に基づく派遣」（自衛隊法第83条第1項，第2項）を基本としつつ，要請を待ついとまがないと認められる時は，防衛大臣等は自主的に部隊を派遣できることとされている（同条第2項但書）。

要請手続きは自衛隊法施行令第106条に規定されており，要請に当たっては，「①災害の情況及び派遣を要請する事由，②派遣を希望する期間，③派遣を希望する区域及び活動内容，④その他参考となるべき事項」を明らかにすることとされている。

阪神・淡路大震災発生時点では，これに加えて，派遣を希望する人員，船舶，航空機等の概数及び派遣を必要とする期間を明らかにすべきとされていた。これについて，当時，兵庫県知事であった貝原俊民は，自衛隊の効果的な活動のためにもこれらの情報は明示すべき事項だったとの理解を示しているが（貝原，2009，26頁），震災後の1995年10月には，知事が災害の情報を収集できることを前提としたこれらの規定は簡略化された。自衛隊に何を求めたらよいかわからないままの要請，つまり，貝原の言う「綱渡りの要請」（貝原，2009，33-34頁）が，制度的に認められることとなったのである。

また，阪神・淡路大震災を契機として，自衛隊に対する派遣要請を迅速化するために，市町村長が，知事に対して災害派遣を要請するよう求めることができることとされたほか，この要求ができない場合には，市町村長はこの旨を防衛大臣等に通知することができることとされ，防衛大臣はそれを上述の自衛隊法第83条第2項但書のいわゆる自主派遣の根拠とできることが明確にされた（『時の法令』第1514号，1996年8月，15-16頁）。地方公共団体における自衛隊の災

害派遣の要請はあくまでも都道府県知事の権限だが，知事との連絡が遮断されても，市町村長の通知をきっかけに自衛隊が大規模な行動を展開できる途が開かれたのである。

こうして派遣された自衛隊の部隊の指揮権は，市町村長や都道府県知事に移行するのではなく，自衛隊からの応援派遣部隊はあくまでも自衛隊固有の指揮系統に服して活動を展開されることとなる。

災害派遣の経費については，自衛隊法にも災対法にも定めはない。しかし，たとえば，「自衛隊の災害派遣に関する達（平成18年3月27日，自衛隊統合達第20号）」に基づいて定められた「陸上自衛隊災害派遣実施要領」の5項目において，あらかじめ関係公共機関等が準備すべき資機材の数や集積場所等と，派遣部隊等が携行すべき装備品とについて，所要の協定を結んでおくこと，地方公共団体等との経費の負担区分を明確にするための協定を都道府県知事等と結んでおくこととされている。

3　応援派遣の比較分析

（1）震災の概観

応援派遣に関する比較分析の前に，震災の規模や被害状況，行政システムの状況について，概観しておこう。

表10-1にまとめたとおり，大震災といっても地震の発生時刻，規模，死者数，行方不明者数，人的被害の特徴が三つの震災で全く異なっていることがわかる。第1に，人的被害の特徴から見て，震災といっても，被害の拡大要因は単純に揺れのみによるのではなく，揺れから引き起こされる現象だと言える。揺れから直接的に惹起される，建物の倒壊による死者が半数を超えた阪神・淡路大震災に対し，関東大震災の人的被害を拡大させたのは火災であり，東日本大震災を特徴付けているのは地震の規模だけでなく，広範囲に押し寄せた津波であったことは，死因の90％が溺死であったことからも明らかである。

第2に，本章のように，災害の最初期に着目する場合，重要になるのは発災の時刻である。関東大震災と東日本大震災の発生が昼間であったのに対し，阪

表10-1　震災の規模及び被害状況等

	関東大震災	阪神・淡路大震災	東日本大震災
発 災 日 時	1923.9.1 11:58	1995.1.17 05:46	2011.3.11 14:46
震　　　　源	神奈川県相模湾北西沖80km	明石海峡付近	三陸沖
地 震 の 規 模	M7.9	M7.3	M9.0
死　者　数	約10万5000人	6434人	1万9225人
行方不明者数	不　明	3人	2614人（H27.3.1現在）
人的被害の特徴	地震に伴う火災による被害	死因の70％以上が圧死	死因の約90％は溺死
備　　　　考	・戒厳の発令 ・軍の存在	・戦後初の大震災 ・地方公共団体中心の災害対策	・阪神・淡路大震災以降の制度見直し ・震災経験（中越，福岡県西方沖など）

神・淡路大震災は日出の約90分前の未明であった。発災直後の路面や海上交通路の状況がまったくわからない状況を前提にした時，夜間か昼間かは部隊の移動に影響を及ぼすこととなる。

　第3に，行政システムの大きな相違である。少なくとも，本章の言う救助機関に関して言えば，戦前と戦後とでは，それぞれの組織構造が大きく異なっている。戦前の消防は警察の一部門であり，警察は内務省が所管する中央政府の組織であった。これに対し，戦後，消防は市町村の組織となり，戦後の警察は都道府県の組織に改変され，ほとんどの都道府県警察の警察官は地方公務員となった。

　最後に，関東大震災で災害応急対策等で活躍した軍は戦後解体された。基本的に災害派遣は都道府県知事等による要請に基づくこととなっているのは旧日本軍においても自衛隊においても同様であるが，関東大震災時には戒厳令が発令されたことも考慮する必要がある。さらに，救助機関が用いることができたリソースは約100年間の技術革新によって様変わりしていることも無視できない。そのような意味で，応援派遣に関する研究に当たって，戦前と戦後というよりは，関東大震災と阪神・淡路大震災とでは条件があまりに異なっていると考えざるを得ない。そこで，以後は阪神・淡路大震災及び東日本大震災へのそれぞれの組織の実際の対応を見ていくことにしたい。

図10-1 派遣救助隊人数の推移（阪神・淡路大震災）

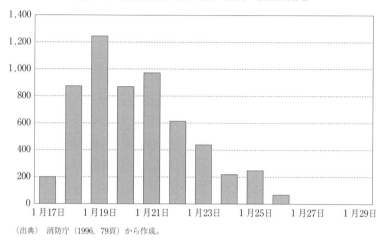

(出典) 消防庁（1996, 79頁）から作成。

（2）消防の応援派遣

　消防の応援派遣は短期集中的に行われてきた。阪神・淡路大震災においては，被災地で活動する応援派遣部隊は約10日でゼロとなったし（図10-1），1日当たり最大で6000人以上の応援派遣部隊が活動した東日本大震災においても，約1ヶ月半でほとんどの応援派遣部隊が被災地での活動を終了している（高橋，2011）*。

　　* 消防の応援派遣部隊は長期間活動する上で必要な自己完結性を欠いていたという指摘もある（永田，2012，194-196頁）。

　しかし，その派遣のありようはまるで異なっていた。阪神・淡路大震災における消防の応援派遣部隊は，発災日201名，2日目879名，そして3日目に1250名が活動するにとどまった。阪神・淡路大震災における消防の応援派遣は，被災地周辺に大規模な市が多数存在する地理的状況から見れば明らかにスロースタートかつ小規模だったのである。それは，阪神・淡路大震災の時点で，市町村の境界を越えて活動するということが実態としてほとんど想定されていなかったからである*。

　　* 匿名でインタビューに応じてくれたある消防職員によると，「当時，応援にかか

る経費などは誰が支出するのか，二次災害があった場合にどうすべきかなどの制度的な認識も現場にはほとんどなく，兵庫が大変だということはわかっていたが，情報を得てすぐに動くということは簡単ではなかった」とのことであった。

　他方，東日本大震災における緊急消防援助隊の動きは速かった（永田［2012, 212頁］など）。発災の翌日から4000人規模の救助活動を展開したのである。被災地の消防にとって，高い能力とモチベーションを兼ね備えた緊急消防援助隊の活動は大きな助けとなった（仙台市消防局，2012, 124-125頁）。ただし，この規模が受け入れ側に一時の混乱を招いてしまったのも事実のようである。

　消防庁が策定した緊急消防援助隊運用要項によると，「都道府県知事は，あらかじめ，当該都道府県内の市町村が被災し他都道府県から緊急消防援助隊の応援を受ける場合の受援計画を策定するもの」（第24条）とされている。これを受け，東日本大震災で被災した県においてもそのような要項が整備され，そこには進出拠点をはじめとした受援のために必要な事項があらかじめ設定されていたはずである。しかし，現実には必ずしも計画どおりには機能しなかった。想定を超えるすさまじい被害を受けたことはもとより，未曾有の災害に対して未曾有の応援が寄せられたからである。たとえば，仙台市消防局の活動記録には，緊急消防援助隊の受け入れ体制についての反省点が列挙されている。特に，野営場所の確保，車両や物資の待機場所を確保することが困難だった様子が次のように描かれている（仙台市消防局，2012, 123頁）。

○3月13日の午後，消防署に二人の見たことのない活動服を着た消防職員が訪れた。対応すると緊急消防援助隊の派遣隊の方で，消防署の前に50台の車両が停まっているとのこと。警防本部指示書による指示もなく，急に上司から対応してくれと言われて非常に慌てた。隣接施設の敷地駐車場に入れることができたから良かったが，受け入れる場所が違う消防署では相当混乱したと思う。
○…（前略）…こちらの想定以上の部隊数が応援に駆けつけ，宮城県の調整本部では応援の県隊の受け入れ先を決定するのに苦労した。野営場，燃料，

食料の関係でこれ以上の部隊は必要ないと断られることもあった。被災地ではない市町村（消防本部）へ野営場を確保してもらったこともあった。
○緊急消防援助隊を野営場所へ先導して行くと，緊急支援物資の集結場所となっており，野営場所の確保に苦労した。…（以下略）…

広域的な派遣システムの確立により，確かに部隊の派遣はよりスムーズになった。さらに，消防はそうして派遣された部隊をマネージするための指揮支援隊制度を構築し，被災地の受援業務を支援するシステムも構築していた。しかし，それにインフラがついていかず，土地の利用がほかの組織やほかの用途と競合していたり，そもそも絶対的に土地が不足していたりといった状況が発生していたのである。

（3）警察の応援派遣

消防の両震災における応援派遣が，災害の規模，制度の変化を反映した派遣規模でありつつも短期集中型だったのに対し，警察の応援派遣には別の特徴が見て取れる。つまり，阪神・淡路大震災における警察の応援派遣は消防と同じく短期集中型であったのに対し，東日本大震災における警察の応援派遣は発災後数日間こそ阪神・淡路大震災に比べて小規模だったものの，大規模な部隊を長期間被災地で活動させた*。この大きな理由は，災害時に警察に期待されている業務が人命救助以外にも遺体の身元確認，検死，道路交通の安全確保など広範にわたっており，被災県のリソースが足りない時期が長期化したからである。つまり，警察は東日本大震災において，フェーズごとに必要な能力を有する部隊を随時投入していったのである。

* 警察庁「東日本大震災に伴う警察措置」（2012年1月）によると，阪神・淡路大震災においては，被災地の近隣に大規模な府県警察が存在していたことも手伝って，早い段階から応援派遣の部隊人数が1日当たり5500人に達した。しかし，行方不明者が急激に減っていく中で，延べ人数の伸びは概ね60日目で急激に減少している。これに対し，東日本大震災では，立ち上がりの派遣人員は阪神・淡路大震災に比べて少ないものの，発災から200日が経過してなお3000人／日の活動を維持し，1年が経過しても1000人／日以上の活動が維持されたことが見て取れる。

第Ⅲ部　震災をめぐる社会認識

　では，阪神・淡路大震災を契機に，警察が大規模災害に備えて創設した広域緊急援助隊の東日本大震災における動きを，重久真毅の論文を軸に見ていこう。

　警察庁は，発災からわずか20分程度で中部，近畿，中国の各管区警察局管内の部隊に出動の指示を出し，その約30分後には，それぞれの担当地域を決定した。つまり，中部管区は宮城県，中国管区は福島県，近畿管区は岩手県，そして関東管区は自県において活動させることとし，移動に3日間を要する四国管区及び九州管区の部隊については実働時間を確保しにくいことから，待機させている。こうした迅速な中央の意思決定に対して，多くの部隊は早期に反応した。

　しかし，部隊が活動するのに必要な食料や燃料の確保に時間を要したために出発が遅れたり，出発地から被災地に向かう途中で燃料の補給に困難をきたしたりした部隊もあった（重久，2011，24-26頁）。前者については，個々の隊員や組織の努力によってカバーできた部分も大きいようであるが（重久，2011，注(45)），後者については，制度的な改善が必要と考えられている（重久，2011，27頁）。そして，被災地で活動する部隊の維持に必要なリソースは東日本大震災発生以前から配備しつつあったものの（永田，2012，194-197頁），活動に必要な各資源を受援側に頼らざるを得ず，被災県警察は，受援に相当程度の時間や人を取られることとなった（重久，2011，28頁）。

　このように，重久は反省点を中心に論じているが，被災当時，被災地域の海上保安部において人命救助等を取り仕切ったある警備救難課長は，当時の警察の動きは「目を見張るものがあり」，検死のような時間的，人的リソースを要する業務を一手に引き受けてくれたことで，海上での捜索活動に全力を注ぐことが出来たと述懐している＊。捜索救助活動だけではなく，応急対策全般にわたる長期の活動について，警察の応急対応の改善が図られたことが見て取れる。

　＊　被災地の海上保安部警備救難課長（当時）に対するインタビュー。

（4）自衛隊の災害派遣

　阪神・淡路大震災において，自衛隊の派遣が遅れたという批判があったのは序論のとおりであるが，発災から2日間の派遣人員を比較すると，阪神・淡路大震災においては，1日目6700人，2日目1万7300人だったのに対し，東日本

大震災では1日目8000人，2日目2万人であったことから（井上，2012，116頁），人数だけを単純に比較すれば，発災から2日間の自衛隊派遣数は東日本大震災も阪神・淡路大震災も大きな違いはみとめられない。またこれらの数字だけで判断するならば，消防，警察と比較して自衛隊の活動開始が特別遅かったわけでもなさそうである。

次に，詳細な部隊の動きについて見ていこう。

阪神・淡路大震災における兵庫県知事の災害派遣要請以前から，近傍派遣（自衛隊法第83条第3項）等を根拠に，自衛隊の実質的活動は開始されていた。人命救助に関して言えば，伊丹市に駐屯する第36普通科連隊は7時58分に48名を，8時20分に206名を西宮市に派遣している。この間も陸海空の自衛隊が航空機による航空偵察を実施しているのに加え，9時40分には海上自衛隊輸送艦「ゆら」，護衛艦「とかち」「みねぐも」「なつぐも」が救援物資を輸送するために呉を出港している（五百旗頭，1996，318-320頁）。

10時の兵庫県知事の要請による災害派遣に切り替わってから15分後には，要請を直接受けた第3特科連隊がまず行動を開始，部隊を被災地に派遣し始める。この部隊が兵庫県長田署及び兵庫署に到達し，救援活動を開始したのが13時10分のことであった（消防庁，1996，5頁）。第3特科連隊の基地から長田署までの約62km，兵庫署までの約70kmの距離を移動して活動準備を完了するのに要した時間は約3時間程度であった。どの部隊も現地到着から活動開始までの時間をゼロと仮定した単純計算で移動速度は時速約20kmであった。

このように，投入された部隊は移動に時間を要し，結果的に活動開始が比較的遅れることとなってしまった。このような交通状況の悪化は，次のような警察官の証言が如実に示している。

「被災当日，兵庫県警察災害警備本部に詰めていた。午前中は神戸市の中心部において，車両の通行が比較的スムーズにできたが，夕刻近くになって，移動の車両による交通渋滞が発生し，緊急車両（特に大型消防車）の通行が，ほぼ不可能になったことが一番くやしかった*」。

このような後付の知識を前提にすれば，17日10時の段階で大規模な部隊派遣を決めていれば，派遣された部隊は渋滞に巻き込まれることもなかったのかもしれない。このことは，やはり反省されるべきであった。

* 近畿地方整備局「阪神・淡路大震災の経験に学ぶ：震災時における社会基盤利用のあり方について」2002年，第1章，近畿地方整備局ホームページ（http://www.kkr.mlit.go.jp　2015年7月10日閲覧）。

しかし，それはそう簡単なことではなかった。兵庫県知事の貝原俊民が言うように，当時の制度では，派遣要請する知事が必要な部隊の規模を申告することになっていたにもかかわらず，情報不足からそれは不可能であった。結果的に，部隊の規模について白地委任の状態で派遣要請を受けることとなった自衛隊は，自衛隊の過剰投入への非難を恐れざるを得ない社会環境の中で（五百旗頭，1996，344頁），自ら派遣規模を決めねばならなかった。

それでも，発災の翌日の午前中には大規模な部隊投入が決断されたものの，増強された部隊が活動できるようになったのは，18日夜あるいは発災から3日目の19日朝となってしまった。結果だけを見れば自衛隊の活動規模の拡大はスムーズとは言えなかった。しかし，その原因となったのは自衛隊の意思決定や活動のあり方だけでなく，その状況を作り出した社会環境だったことは広く理解されるべきであったと考えられる。

自衛隊が被災規模に対して過剰な派遣をためらわざるを得ない環境は，東日本大震災においも変化しなかったのであろうか。当初，自衛隊が自律的に準備した派遣規模は2万人であった。それが3月12日20時現在の報道資料から「総理指示を踏まえ，5万人態勢にすべく準備中」の文字が入るようになり，翌13日15時現在の報道資料から，「総理指示」は10万人となった*。これを根拠として，自衛隊は文字通り総力を挙げることができたのである。その結果，防衛省自身がある程度円滑な派遣と部隊運用に成功し，一定の成果を挙げたという評価を下している。他方，実際の人命救助活動の中で，自衛隊の部隊間や関係機関との間での情報共有・連携には課題があることを指摘している**。

* 防衛省「平成23年（2011年）東北地方太平洋沖地震に対する自衛隊の活動状況

(20時00分現在)」2011年3月12日及び，「平成23年（2011年）東北地方太平洋沖地震に対する自衛隊の活動状況（15時00分現在）」2011年3月13日防衛省ホームページ（http://www.mod.go.jp/　2015年7月10日閲覧）。

＊＊　防衛省「東日本大震災への対応に関する教訓事項（最終取りまとめ）」2012年11月，防衛省ホームページ（http://www.mod.go.jp/　2015年7月10日閲覧）。

4　おわりに：応援・受援システムの標準化

　大規模な実働部隊を有する救助機関の発災直後の災害応急対策は過去の震災を通じて，何を学び取り，そして東日本大震災やその後の災害を通じて何を学び取るべきなのか。

　消防，警察，自衛隊が阪神・淡路大震災の教訓としたことは様々であるが，共通して認識されたのは，いかにして早期に適切な規模の部隊を被災地に送り込むかはもちろん，派遣部隊が大規模化すればそれに伴うロジスティクスの構築が必要だということであった。これを受け，消防及び警察は大規模災害時に全国規模で応援派遣を展開し得る制度枠組みを構築した。また，自衛隊は災害派遣にかかる手続きを簡略化し，ある程度自律的に活動開始できる制度とした。このことは，手続きを迅速にする一方で，自衛隊が自ら派遣すべき部隊の規模を決定することがあり得ることを制度的に示したことも意味するのかもしれない。そして，こうした部隊の活動を維持するための制度や設備も増強された。

　これらの取り組みは東日本大震災においてテストされ，一定の成果を得られていたのはこれまでに見てきたとおりである。東日本大震災は，阪神・淡路大震災に比べて被災範囲が広かったために，より遠隔地からの応援派遣が求められたにもかかわらず，応援派遣の規模はスムーズに拡大していった。しかし，応援派遣が大規模になれば，それだけこれをマネージするための部門の能力が要求されると同時に，部隊の待機・休養場所，資機材の待機，保管場所などのハード面のリソース，相互間の連絡調整手段，地理，言葉の壁などといったソフト面のリソースの両方が不足することとなった。たとえば，応援派遣部隊の拠点として予定されていた土地がほかの用途に使われていたり，拠点とすべき

場所がわからなかったりなど，応援派遣部隊の活動に当たって，被災地の援助がなければ応援派遣部隊の活動に支障をきたす現象が東日本大震災の急性期の現場で発生していたのである。

　こうした課題は組織間の連携不足及び応援派遣の大規模化による被災地のキャパシティ不足の二つにまとめることができる。

　まず，そもそも受援時点のロジスティックスや応援派遣部隊の長期活動資機材の不足については，制度設計や計画策定の段階から組織間の連携が取れていれば解決可能であった。たとえば，警察が課題にした受援態勢について，消防は阪神・淡路大震災の時点でその重要性を把握しており，緊急消防援助隊の基本的な枠組みの中に，被災地による指揮を支援する制度を東日本大震災以前から盛り込んでいた。逆に，消防が悩んだ部隊の待機，移動手段については，警察はある程度の準備を行っていた。こうした教訓の導出とそれへの対処について十分な情報共有がなされていれば，何らかの事前準備は可能だったはずである。警察や消防の自己完結能力が十分でないならば，当初から，自衛隊がこれらの自己完結能力を補完する枠組みも作り得たのかもしれない。大震災以外にもいくつもの災害に対処する過程で，派遣の制度が改善されればされるほど，個別の組織の努力だけでは処理できない次元の取り組みが求められる。だからこそ，政府間，官民間での学び合いと調整による連携が日本全体としての古くて新しい課題と言えるのである。

　次に，後者の被災地のキャパシティ不足について三つの点について言及して本章のまとめとしたい。

　第1に，各市町村における受援計画についてである。現行の災害対策基本法において，地方公共団体が防災計画を立てるに当たっては応援派遣と受援について配慮することとされている。これを受けて各地方公共団体が受援計画を立て，これを公開している。しかし，内容だけでなく，その名称も統一されておらず，実際に応援部隊の派遣が実行される局面において応援側にとって活用しにくいものとなっている。少なくとも，文書の名称は統一されるべきであり，この文書から何がわかるのかが応援側あるいはそれをアレンジする側にとって予測可能なものとなる必要があろう。

第 2 に，組織を超えた応援派遣部隊間の連携を促す指揮所の選定である。

近年世界的広がりを持ちつつある ICS に影響を受けつつ，日本においても災害対策本部の空間配置が見直される努力が続けられている（たとえば牧・林 [2014] など）。災害対策本部レベルでは省庁間，部局間の情報共有と連絡調整が容易になるような工夫が見て取れる。他方，オンサイトでの合同指揮所の重要性について指摘する研究は管見の限り多くない。その重要性が2014年8月20日の広島市における豪雨災害において示された。

この災害は大震災に比べれば局地的だったために，各々の部隊の自活能力は問題とならなかったが，部隊間の連携が成功した事例として，関係者に認識されるに至っている*。その大きな柱の一つが，災害現場の近くの民間施設の駐車場を利用した，緊急消防援助隊，広域緊急援助隊（警察），陸上自衛隊第十三旅団，TEC-FORCE 等の実働機関が一堂に会する現地合同指揮所の設置であった。

  * 陸上自衛隊幹部に対するインタビュー。

平時の任務の違いから，各々の組織には得手不得手がある。保有資機材や収集可能な情報の種類には大きな差異がある。こうした差異を埋め，情報交換と協働を容易にするのに，現地合同指揮所は有効に機能した。たとえば，陸上自衛隊が行方不明者の捜索をしているところ，水を大量に含んだ土砂をどけるに当たって，TEC-FORCE の排水ポンプ車による支援と二次災害防止のための危険情報の提供は救助作業に集中する上での助けとなり，警察や消防との情報交換は，行方不明者捜索の効率を非常に高めた*。

  * 陸上自衛隊幹部に対するインタビュー。

連携成功の一つの鍵としての合同の指揮所をスムーズに設置するためには事前の計画と訓練が必要になる。一定の被害想定の下，どこにどのような指揮所を設置することができるのか，想定される避難所や物資の集積所，緊急交通路との距離など，事前の綿密な検討が求められる。そして，それは上述の受援計画に反映され，関係各機関によって共有化されるべきであろう。

最後に，応援派遣を前提とした地域横断的かつ組織横断的な防災計画の検討である。

　1982年初頭，東海地震が発生した場合に備えて，付近の輸送，救援を担う船舶の所在と輸送キャパシティが省庁の枠を超えて検討されている。つまり，防衛庁防衛局運用第一課長，同庁海上幕僚監部防衛部運用課長，海上保安庁警備救難部航行安全課長，同部救難課長及び海上防災課長といった船舶を保有し，運用するセクションのほか，国土庁，水産庁，運輸省，気象庁，静岡県からも課長級が一堂に会する調査委員会が組織され，震災時における船舶の効率的運用のため，官民問わずどのような能力の船舶が実際に動員可能であり，それらがどの程度の輸送力を持っているのか，それを着岸させる岸壁にはどの程度のキャパシティがあるのか，輸送されるべき物資の量はどの程度か，動員された船舶間の通信体制など，詳細にわたる報告書が作成されている。

　このような調査は市町村や都道府県単独の地域防災計画策定の過程として実施するよりも，国家レベルでの取り組みとする方が効率的である。なぜなら，他都道府県に存在する民間組織のリソースも調査対象としなければ，どの程度のリソースを利用し得るのかをリストアップできないからである。

　このような調査が海にとどまらず，港から道路へ，道路から内陸へとつながれば，それは日本全体の大規模災害時輸送システムとして各地方公共団体が作成する人員と物資の応援計画及び受援計画の根幹となり得る。

　これまでの議論からも明らかなように，本章の持つ復興過程に対する政策的意義は，復興後から次の災害に備えての準備において，市町村中心のきめ細かな防災を実現する足がかりとして，広域的な応援受援を円滑に実現するための国のプレゼンスを高めていくことが必要な時期にきているということが示されたことにほかならない。

　災害応急対策は改善されればされるほど新たな問題が浮上する，動くゴールに向けた取り組みである。いかに災後にシステムを修正しても，どこかに欠陥は存在し，それが人の生死を分かつ決定的なものとなってしまう。しかし，こうした試行錯誤が災害の人的被害を確実に軽減させてきた。そして，この努力の積み重ねが，復旧復興への活力となっていくことが，二次災害と隣り合わせ

の現場で活動する部隊の構成員達の切なる願いではないだろうか。

引用・参考文献

浅野一弘『危機管理の行政学』同文舘出版，2012年。
五百旗頭眞「危機管理――行政の対応」朝日新聞大阪本社「阪神・淡路大震災誌」編集委員会『阪神・淡路大震災誌――1995年兵庫県南部地震』朝日新聞社，1996年，330-374頁。
井上一徳「防衛省の対応」震災対応セミナー実行委員会編『3.11大震災の記録』民事法研究会，2012年，110-135頁。
貝原俊民『兵庫県知事の阪神・淡路大震災――15年の記録』丸善，2009年。
佐藤紘志「阪神・淡路大震災における自衛隊の災害派遣活動とその後の対応」土木計画学シンポジウム『阪神淡路大震災に学ぶ――土木計画学からのアプローチ』阪神淡路大震災土木計画学調査研究論文集，1997年，471-478頁。
重永真毅「地震・津波災害と警備警察」『警察学論集』第64巻第12号，2011年，7-37頁。
消防庁『阪神・淡路大震災の記録第2巻』ぎょうせい，1996年。
仙台市消防局『東日本大震災における消防活動記録誌』仙台紙工印刷，2012年。
第13師団司令部『阪神・淡路大震災災害派遣史　第一編　災害派遣　第13師団』1995年7月31日。
高橋哲郎「東日本大震災への緊急消防援助隊の派遣について」『季刊消防科学と情報』第105号，2011年夏，一般財団法人消防科学総合センターホームページ（http://www.isad.or.jp/　2015年8月1日閲覧）。
永田尚三「東日本大震災と消防」関西大学社会安全学部編『検証　東日本大震災』ミネルヴァ書房，2012年，189-215頁。
牧紀男・林春男「2012年京都府南部豪雨災害時の宇治市の災害対応――地域防災計画に求められる内容と災害対策本部業務への示唆」『地域安全学会論文集』第22号，2014年。
棟居快行「自衛隊災害派遣をめぐって」『ジュリスト』第1070号，1995年6月，16-20頁。
山嵜正利「『広域緊急援助隊』の設置について」『警察学論集』第48巻第10号，1995年10月，82-95頁。
Hughes, Christopher. W., *Japan's Remilitarisation*, Routledge, 2009.

第11章

三大震災時の受援をめぐる比較考察
——「災害外交」の視点から——

渡邉公太

1 はじめに：三大震災と日本の受援

　近現代日本が体験した三大震災は，世界的に見てもきわめて大規模な被害をもたらした自然災害であった。それゆえ，いずれの震災発生時にも海外から数多くの国々や非政府組織などから相次いで支援の申し出がなされた。

　中でも重要なのが，米国からの支援である。**表11-1**が示すように，関東大震災の時点から米国の対日支援は迅速かつ大規模なものであり，他国と比較してもその数値は抜きん出ている。さらに東日本大震災時のいわゆる「トモダチ作戦（Operation *Tomodachi*）」による被災地支援は記憶に新しいが，こうした米国からの温かい支援は，長年にわたって日米両国が築き上げてきた良好な国家間関係を反映していると見ることもできよう。すなわち，米国に代表される海外支援が日本の災害からの復旧・復興にいかに作用したのか，そしてその後の国家間関係にいかなる影響を与えた（与えなかった）のかという問題は，外交論や国際関係論における重要なテーマとなり得るのである。

　ここで一つの手がかりとなるのが，近年，世界各地で発生した自然災害とその救助・支援活動を通じて，理論的見地から国家間関係の変化に着目したケルマン（Ian Kelman）の一連の業績である。ケルマンは，「災害外交（Disaster Diplomacy）」という新たな国際関係論のジャンルを設定し，多くの論考を発表している（Kelman［2011］など）。この「災害外交」の理論によると，支援国と受援国の双方が災害からの復旧・復興という苦難を共有することで，国家間の信頼関係が醸成され，その後の経済・福祉レベルの交流の発展につながるとさ

れている（Renner and Chafe, 2007）。

また「災害外交」にとって重要となるのは，支援国が被災国へ援助するという一方的なものではなく，これを受け取る受援国側の姿勢も含まれる。つまり，三大震災において米国が日本に様々な支援を行う中で，日本がこれにいかに対応したかを検討することが欠かせない作業なのである。ところが戦後，急速に経済力を向上させていた日本にとって，途上国へ支援を行うことはある種の国策として強く意識されていた一方，自身が支援を受け取ることについてはほとんど無頓着であったと言ってよい。しかし国際社会の一員として，災害時に他国からの支援をいかに円滑に受け取るかという問題は，まぎれもなく外交の重要な一部なのである（エルドリッヂほか，2006, 144頁）。

表11-1 関東大震災時の国別義援金額（一部）

国　名	金　額
アメリカ	15,449,156
メキシコ	137,926
中華民国	1,657,009
イギリス	4,110,858
ドイツ	15,820
オランダ	335,735
フランス	320,792
イタリア	41,426
トルコ	193
オーストリア	186
ロシア	30,120

（注）　1924年12月時点。単位は円，銭は切捨。
（出典）　松尾監修（1997, 521-523頁）より作成。

そこで本章では，三大震災における米国からの支援を日本がいかに受援したのかについて考察を行う。これによって得られた結果は，将来的にあるべき日本の「災害外交」の環境づくりに向けた貢献が可能となるであろう。

2　関東大震災：戦前日本の「災害外交」

関東大震災が発生する1923年前後は，日米関係史上，一つの転機を迎えようとする時期であった。第一次世界大戦中のウィルソン（Woodrow Wilson）政権下では，主に中国・太平洋地域の権益やシベリア出兵問題などをめぐって両国関係が不安定化しており，言論界の一部では「War Scare」を煽る声が高まっていた。しかしウィルソンの後をうけたハーディング（Warren G. Harding）共和党政権では，東アジア問題をはじめとして外交問題の平和的解決を目指し，ワシントン会議（1921～22年）が開催され一定の成果を収めるなど，両国関係は安定に向かいつつあった。

第Ⅲ部　震災をめぐる社会認識

　こうした時代背景の中で発生した関東大震災であったが，発災直後から米国が終始友好的な姿勢で対日支援を実施したことは注目に値する。すでに先行研究が明らかにしているように，ハーディングの急死によって急遽政権運営を任されたクーリッジ（Calvin Coolidge）大統領の下，迅速に物資・金銭・人的支援を実施し，日本の復興に好影響を与えた（波多野＝飯森，1999，第3章）。

　本節では，こうした研究成果を踏まえつつ，米国の対日支援とそれに対する日本の受援過程，及びその後の日本の対米観に与えた影響について論じていく。

（1）発災直後の対日支援

　1923年8月24日，加藤友三郎首相が急死し，28日に山本権兵衛へ組閣命令が下された。山本は直ちに組閣準備を開始し，閣僚の選定に当たった。

　そうした折，9月1日に突如関東大震災が発生した。外務省をはじめ，いくつかの省庁は機能停止状態となり，組閣中だった山本はまずもってその作業を急がねばならなくなった。さらには在京の外国大使館もまた機能不全に陥り，早急に混乱状態から脱する必要に迫られた。

　こうした緊急時において，大使館の機能回復を待たずして，ウッズ（Cyrus E. Woods）米国駐日大使は発災の当日に山本首相と会談した。この会談の席でウッズは，今回の日本の大災害に対し，米国からでき得る限りの支援を行うつもりであると述べた。しかし山本は，政府として被害の状況を正確に把握していない現状において，何も依頼することはできないと返答した（NHK取材班編，2001，170-171頁）。

　ウッズからの電報を受け，クーリッジ政権は直ちに行動を開始した。まずクーリッジが大正天皇宛に見舞い電報を送ると同時に，関係省庁と米国赤十字社へ三つの対日支援指針を出した。その内容は，①陸海軍への出動命令，②太平洋航路にある汽船を救済活動へ当たらせるべく米国船舶局へ指示，③フィリピンと中国に駐留する赤十字社に，陸海軍とともに日本へ向けて即時出発を指示，というものであった（斎藤，2012，52頁）。その後もクーリッジは全米へ向けて，対日救済資金寄付を求める声明を二度にわたって発した（波多野＝飯森，1999，137-138頁）。

4日，東京の被害状況がある程度判明してきたところで，ウッズはヒューズ（Charles E. Hughes）国務長官へ，深刻な食糧不足の状況を伝え，フィリピンから物資・食糧支援をなすように申し出た（Department of States, 1938, pp. 466-467）。また同日，国務省を介して，米国赤十字社から日本赤十字社へ，約10万ドルの寄付金が送られたが，日本政府もまた，米国政府へ正式に緊急必要となる物資支援の依頼を行った（外務省編，1978，594頁）。

　5日になると，早くも米国のアジア艦隊駆逐艦その他が救援物資を積んで横浜港に入港した。また商船シカゴ丸も大量の米を日本海軍を介し，被災地へ送っている（外務省a）。このように，発災からきわめて短い期間で米国から多くの支援がなされていることがわかる。

　一方，日本側は必ずしもこうした米国からの支援を好意的にばかり受け入れたわけではなかった。それは災害という非常時にしばしば見られることであるが，日本の混乱に乗じて米国が日本を乗っ取ろうという野心を抱いているという類の風評が一部で広がっていた。当時の日本は一般国民のレベルでの国際交流はほとんど行われておらず，日常の中で外国人を目の当たりにする機会はなかった。ゆえに支援のためとはいえ，他国の軍艦や軍人が多数入国してくる状況に警戒心が生まれていたのである。

　こうした国民レベルでの一種の拒否反応は，災害による混乱をさらに深刻にさせかねない危険性をはらんでいる。そこで政府は11日に閣議を開き，今後の海外からの支援は，「カネ，ヒト，モノ」という優先順位によって受け入れることを決定した。これにより，米を除く食料を中心とする必需品は受け入れるが，救護に当たる人員についてはすでに日本が国内の各機関から確保しているとの理由から辞退することになった（外務省編，1978，560-561頁）。日本政府としては，受援体制が整備できておらず，また国内の流言蜚語をいたずらに刺激することのないよう慎重に対処する必要があったのである。そして13日には，山本首相が各国駐在の大公使館へ向け，東京・品川沖合への外国船の入港を禁じ，今後は横浜港にて支援物資の受け入れを限定するとの方針を任地先へ通達するよう指示している（外務省編，1978，569頁）。

表11-2　在米日本人会からの支援金と物資（一部）

寄付者名	金額	主な物資
ニューヨーク日本人会	600	帽子1万個
オレゴン州日本人会	10,416	麦粉4000袋，毛布1000枚，新古衣類及び下着類159着，鮭缶詰190箱
シアトル日本人会	16,180	鮭缶詰1061箱，コンビーフ153箱，白米5袋，クラッカー4箱，台所用具333箱
タコマ日本人会	―	米350俵
サンフランシスコ日本人会	―	米2000俵，味噌100樽，豆100箱，コンビーフ75箱，ミルク500箱，毛布2万枚
サンフランシスコ日本婦人会	―	慰問袋1万833袋
ロサンゼルス日本人会有志	11,757	鮪缶詰100ケース，米2000俵，麦粉600袋
ホノルル母国震災救援会	―	新旧被服，毛布類482包，衣類下着1815枚
グアム島在留邦人	―	小麦粉103袋，米79袋，砂糖10袋，鮭缶詰31箱，練乳30箱，鰯缶詰5箱

（注）　1924年3月時点。単位はドル。セント以下は切り捨て。
（出典）　伊津野編（2013，93-100頁）より作成。

（2）米国本土からの支援

米国内では，日本の未曾有の大災害に対し，同情の念と人道の観点から支援の必要を訴える声が高まっていた。民間レベルでも様々な対日支援の活動が活発となっていたのであるが，以下ではそのいくつかを紹介したい。

まず民間レベルで最も重要となるのが，多数の国民からの寄付金であった。シカゴの街中では，女性たちが中心となって"Japan needs you"と書かれたプラカードを掲げ，道行く人々へ寄付金を募る活動がなされた。この模様は10月13日付の『東京日日新聞』紙上でも取り上げられ，日本人の反響を呼んだようである（ワイゼンフェルド，2014，101-103頁）。また一種の記念事業として，富士山と赤十字のロゴを組み合わせた切手が販売され，その売り上げの一部が日本へ義援金として送られた。米国各州では，対日義援金の目標額が設定され（9月5日），最終的には約2500万ドル（現在の660億円相当）が集まった。特に在米日系人コミュニティによる募金活動は活発で，米国の対日義援金の約20％を占めるに至った（波多野＝飯森，1999，138-143頁；NHK取材班編，2001，172頁）。

表11-2と表11-3が明らかにするように，米国の公的・私的機関からなされ

た迅速かつ多額の支援は，この時期の良好な日米関係を反映したものだったと言える。つまり，単なる人道的観点という面はさることながら，日米両国のある種成熟した国家間関係に基づいた支援であった。事実，ヒューズ国務長官は，この時の対日支援の背景に大きく二つの要因が働いていたと指摘している。一つ目は，1906年に発生したサンフランシスコ大震災の際，

表11-3 米政府・米赤十字社による対日支援物資とその額（一部）

支援先機関・支援物資品名	支援金額
震災救護事務局（内務省）への寄付	1,156,594
在留米国人への寄付	182,500
米	968,489
食料品（米以外）	286,448
医薬品	173,488
毛布	512,150
衣服	2,388,913
建築材料	323,976

（注）1924年1月時点。単位はドル。セント以下は切り捨て。
（出典）Department of State（1938, pp. 497-498）より作成。

日本政府が多額の支援を行ったことである。ヒューズによると，関東大震災における米国政府の対日支援は，「サンフランシスコ震災時の10～100倍の義援を送っても足りないくらい」の返礼でもあった（外務省編, 1978, 553頁）。もう一つの要因は，関東大震災の直前，ワシントン会議において日米両国代表が提携し，第一次世界大戦後の国際秩序構築に努力したということが，米国民に忘れられないほどの大きなインパクトを与えたということであった（Department of State, 1938, p. 469）。ヒューズが述べるように，こうした日米両国の友好に向けた取り組みの積み重ねが，今回の大震災における米国からの温かい支援につながったのである。

（3）残された課題

ここまで述べたように，関東大震災における米国の対日支援からは，両国の友好的な関係を見て取ることができる。たとえば米国からの相次ぐ支援物資の受け取りを担当した海軍省は，その印象を総括している。その内容によると，「米国救護作業が列国に比し一際目立ちたる点」として，次の二点が挙げられている。「一，行動の迅速機敏なること」，「二，救護の範囲及規模（量）大なること」である。結果，こうした米国の支援が，日本の復旧・復興の初期段階の政策に多大な影響を与えたことを認めている（外務省b）。

第Ⅲ部　震災をめぐる社会認識

ウッズ大使も，日本国民からの米国に対する感謝の念を感じ取っており，彼らが抱いた深い感動と感謝を本国へ伝えている（Department of State, 1938, pp. 481-484）。実際にも，発災翌年の5月2日に埴原正直駐米大使よりヒューズへ宛てて，日本の学生から米国政府宛の感謝の英文レター約900枚が送られた（*Ibid.*, p.500）。

こうした一見，友好的に見られる災害外交の一方，日本が米国からの支援を受け入れる過程でいくつかの課題も見られた。

①受援制度確立への意識が希薄

当時の日本政府には，海外からの支援を受け入れることが外交の一環という意識は希薄であった。そのため，復旧がある程度進んでからも，将来的な災害に備え，どの省庁がどのような手続きで海外からの支援を受け入れるかといった検討を行った形跡は見られない。

おそらくその原因として，日本がこれまで自然災害からの復旧・復興に自力で乗り切ってきた歴史があり，ゆえに他国からの支援を受け入れることに慣れていなかったためではないかと考えられる。災害の多い島国という日本独自の地理的要因が，災害外交への認識を遅らせた背景にあったのであろう。

②人的支援への抵抗感

一般国民のレベルにおいて，災害による混乱状態の中，普段見慣れない外国人が多数自国領土に入ることに対して強い抵抗感を抱いていたことがわかる。そしてそうした日本人の認識は，意図せずして円滑な受援を妨げる一つの要因になっていたことは否めない。政府もそれを敏感に察知し，外国船が東京湾に入ることを原則的に禁じ，被災地から離れた横浜などで支援品を受け取るという措置を採った。そうなれば，当然ながら支援物資の受け取りと輸送に余分なコストがかかることになり，効率的な受援とはならなかったのである。

こうした一般国民の外国人への一種の警戒感は，時代状況を考慮すれば仕方のない面もあった。幕末の開国以来，外国との交流がなされていたとはいえ，それは現在の観点からすれば限定的に過ぎず，非常時に外国人の支援を感謝の念で受け入れることができるほど，日本国民は成熟していたわけではなかった。

第11章 三大震災時の受援をめぐる比較考察

③水面下での対米不信の高まり

②で挙げた日本国民の外国人に対する警戒心とは異なるレベルにおいて，政治リーダーたちの中にも米国に対する支援をめぐり，過大なまでの不信感を抱く向きがあった。陸軍参謀本部では，そのパンフレット「震災に対する各国の同情と之に対する観察」の中で，災害支援の外交的側面に着目し，これを検証している（波多野＝飯森，1999，171-172頁，236-237頁）。

同パンフレットでは，まず今回の米国の対日支援の特色として，その政策決定の迅速さと現地で活動する人々の合理的な行動形態について分析している。米国本土では，クーリッジのリーダーシップが目立ち，被災現場では大使のウッズ，アジア艦隊司令長官のアンダーソン（Edwin A. Anderson）やフィリピン総督参謀長のマッコイ（Frank R. McCoy）といった指揮系統が連携して支援実施に当たったことが大きいとする。さらに米国本土での支援の大キャンペーンの展開と，その結果として大量の物資支援がなされたことは，米国民に人道主義やボランティア精神が浸透していることを端的に表現しているとする。また日本国内で活動に当たった人々は，日本側の排外主義的気運を刺激しないよう，真摯に取り組んだと高く評価されている。実際に，日本にとって負のイメージとなりかねない朝鮮人虐殺などは，意図的に海外で報道制限がなされたりしていた。

こうした諸々の特色を列挙した後，最後に同パンフレットは他国に災害支援を行う意義として，その広報外交の面を指摘している。こうした検証を踏まえてパンフレットでは，今後は重要な外交的意義を有する復興支援を，米国一国に頼ることの危険性を憂慮している。支援を一国に頼ることは，単に物資のみならず，思想的・精神的危険性をはらむというのである。

少なくともこのパンフレットでは，支援を行うこととそれを受け入れる双方にとって，いわば「災害外交」の面が強く意識されていることがわかる。ただしそれは必ずしも輝かしい面ばかりを取り上げるのではなく，負の面を強く意識していたことは注目に値する。米国との関係が深まりつつあったにもかかわらず，こうした不信感を高める議論が出ていたことは，この時代における「災害外交」の困難さを物語っていよう。

3　阪神・淡路大震災:「災害外交」の始点

　第二次世界大戦後,日本は米国との同盟を安全保障の基盤としつつ,経済・文化面などでも関係深化に取り組んできた。ところが戦後初となる大規模都市災害である阪神・淡路大震災では,非常時における日米連携の問題点を浮き彫りにした。
　本節では,阪神・淡路大震災の日本側の受援の実態と,その後の受援制度確立に向けた取り組みについて検討を行う。

(1) 行詰まる受援

　1995年1月17日に発生した阪神・淡路大震災は,戦後日本がはじめて直面した都市型大震災であり,それゆえ初の経験に伴う大混乱と,準備不足といった様々な問題を露呈した出来事であった。そして本章のテーマである海外支援の受け入れについても例外ではなく,効果的に実施できたとは言い難い。
　世界有数の経済大国である日本で起こった都市型大震災について,世界各国は大きな関心を寄せていた。特に在日本の国際ジャーナリストらはそのネットワークを利用し,映像情報や現地被災状況などの様子をいち早く世界中へ広めていった。これらは当然ながら関東大震災時にはあり得なかった現象であり,現代の情報通信技術の発展の産物であった。
　問題は,こうした被災地報道の一部で,その悲惨さを過度に強調して報道する向きがあったことである。この中には,被災者たちが先進国・日本では考えられないほどの苦しい被災生活を強いられているとの偏った情報が含まれていた。事実を過度に強調して伝えることは,本来のジャーナリズムの役割からすると問題があるが,こうした報道を受けて被災者への同情を寄せる声が高まり,各国政府や非政府機関等が人道的見地から人的・物的援助を次から次へと申し入れるという事態をもたらした。
　この思いもよらぬ事態に,被災地は当惑した。自治体は海外から多量の支援がなされることを想定しておらず,受け入れの方法がわからなかった。むしろ

被災自治体としては，海外からの支援よりも，言葉が通じ，融通も利く国内の消防や警察チームの支援を求めていた。いかなる装備を有し，いかなる手法で作業を行うのかわからない海外の支援チームに対しては，混乱しかもたらさないと考えられたのである。

　実際にも，被災地へ送られた海外の支援チームの中には，その本来の役割を果たせないものが少なからずあった。たとえば，瓦礫の下に眠る遺体の発見のため，スイスやフランスなどから厳しい訓練を積んだ探索救助犬チームが派遣されたが，これらは思うような結果を出すことができなかった。環境の違いも大きく影響したのであろうが，救助犬チームによる探索はほとんど成果を見ることなく短期のうちに引き上げられた（西川，1996，265頁）。また，ギリシャ，スロバキア，バングラデシュなど数多くの国々から申し出がなされた医療チームの受け入れについては，当初は兵庫県や神戸市の医務担当者が彼らに日本の医師免許がないことを理由に受け入れを拒否した。のちに厚生省が一定の範囲での医療活動を認めるように自治体へ指示を送ることで，限定的な受け入れが可能となった（尋木，2012，90頁）。これらの事例は，他国に赴いて支援活動を行うことの困難さと，日本側がいかに受援に消極的であったかを端的に示している。

（2）受援体制の課題

　阪神・淡路大震災は，震災大国・日本において，行政側が効率的な復旧・復興のための事前準備を怠っており，発災直後の初動対応でも多々問題を露呈した。それは海外からの支援申し出に対し，いかに受け入れ，処理するかという姿勢がきわめて曖昧かつ非効率的なものに終始したことからしても明らかである。

　これを踏まえ，阪神・淡路大震災時に露呈した日本の受援に対する課題を簡単に整理しておきたい。

①受援体制の不備

　グローバル化の進む現代世界において，自然災害に見舞われた際には世界各国から支援申し出が殺到することは容易に想像される。震災大国・日本にとっても，それは例外ではない。よってこれら多くの国際救援の申し出をすぐさま被災地に役立つものへと誘導する機関や制度が必須となる。裏を返せば，こう

した受援を円滑に行えることは，その国の政府が高い統治能力を有していることを意味し，ひいては国民の生命と財産を守るという民主国家の成熟度を反映することになる。

したがって近い将来に予想される次なる災害に備え，海外からの支援を円滑に受け入れることが可能な体制を，中央政府主導の下で整えておくことが必要となる。

②在日米軍と自衛隊との連携不足

関東大震災時との大きな相違点として，戦後日本が長らく安全保障の根幹を在日米軍に委ねてきたという事実がある。その本来の目的は，他国からの侵略行為から日本国土を守ることにあるが，阪神・淡路大震災の発生に際して，特に米軍から支援の申し出がいち早くなされていたことは，その存在意義が軍事面での安全保障にとどまらないことを意味している。

しかし，ほかの国際救援と同様，被災自治体は在日米軍の支援に難色を示し，自衛隊の活動さえも限定的なものでしかなかった。これは戦後日本が一種の軍事アレルギーを抱いていたことを意味するが，もはやこうした議論は現実的に実りあるものとは言えまい（中谷，2011，41-43頁）。したがって平時から在日米軍と自衛隊とが訓練をともにすることは，自然災害という非常時にも日米同盟を有効に機能させるであろう。すでに情報共有などの面で密接な関係を築いている海自などにとどまらず，自衛隊全体が在日米軍との平時からの連携・情報共有を強め，有事の際の効果的な共同行動が可能となる環境づくりが求められる。

③受援意識の欠如

最大の課題点として，日本人一般の受援に対する意識変革が挙げられよう。より成熟した国際社会の一員となるべく，政府・一般国民ともに支援を行うことと受けることの双方について，あるべき意識変革について熟慮を重ねていくべきである。

（3）震災後の受援体制強化

様々な課題を露呈することとなった阪神・淡路大震災を経験したことで，日

本は中央政府を中心に，災害発生時のあらゆる復旧・復興の手立てを講ずる機会を得た。受援の問題に関しても，政府や関係省庁はかなりの程度，改善への動きが見られる。

まず，震災発生から約半年後の1995年7月，「防衛基本計画」の見直しが行われ，その中では海外からの支援受け入れの円滑化に向けた方法が規定されている（資料1）。

資料1　防災基本計画　海外支援関係記述（一部抜粋）

第1章（災害予防）
○国は，海外からの支援を受け入れる場合に必要な諸手続きなどについては，あらかじめ定めておくものとする。
第2章（災害応急対策）
○外交ルートにて海外から支援の申し入れがあった場合には，外務省は，非常本部等にその種類，規模，到着予定日時，場所等を通報するものとする。
○非常本部等は，支援の受入の可能性について検討する。
○非常本部等が支援の受入を決定した場合，あらかじめ定めた対応方針に基づいて，海外からの支援の受入計画を作成し，計画の内容を支援を申し入れた国，関係省庁及び被災地方公共団体に示すものとする。

（出典）　内閣府（2011）より作成。

また1998年には，内閣府が海外からの支援分野ごとに受け入れを担当する省庁を設定し，受け入れ時の混乱を避ける措置が練られた（表11-4）。

さらにこの後年，課題であった在日米軍と自衛隊との連携強化も図られている。特に2004年に結ばれた「日米物品役務相互提供協定改正協定」では，その第一義的な目的を日本に対する武力攻撃への対処としつつ，同時に大規模災害時の日米協力も盛られることになった（外務省c）。

これら諸改革は一部に過ぎないが，ほかにも多くの災害時の受援体制の整備につながる方法が策定されていった。次節で論じるように，これらは東日本大震災時に少なからず重要な役割を果たすことになる。すなわち，日本の「災害外交」にとって，阪神・淡路大震災の教訓は，重要な政策転換をもたらしたのである。

表11-4 海外からの支援受入れ可能性のある分野の対応省庁
（一部抜粋）

支援受入れ分野	対応省庁
捜索・救助（救助犬を含む）	警察庁,消防庁,農水省（検疫関係),法務省（入国手続関係)
医療スタッフ	厚労省,法務省（入国手続関係)
食料	農水省
飲料水	厚労省
生活必需品（毛布・衣類等）	経産省
金銭支援（義援金）	内閣府

（出典）内閣府（2011）より作成。

4　東日本大震災：「災害外交」の展開

　2011年3月11日に発生した東日本大震災は，観測史上，最大のマグニチュードを記録した大震災であった。関東大震災，阪神・淡路大震災のような都市直下型地震とは異なり，東北地方の広範囲に被害が及んだため，その復旧・復興作業には現在に至るまで膨大な時間を要している。

　一方，現代の情報技術の発展により，震災直後からその被災状況などについて知ることが可能となり，世界中からいち早く多くの支援の手が差し伸べられたことは記憶に新しい。特に海外からの支援として広く知られたのは，発災直後に行われた在日米軍を中心とした被災地支援，いわゆる「トモダチ作戦」であった。

　海外支援の象徴とも言えるであろうこの「トモダチ作戦」については，これまでいくつかの論考が発表されてきた。それらが指摘するように，「トモダチ作戦」に代表される海外からの支援は，阪神・淡路大震災における受援の失敗の教訓を踏まえて形成された制度整備による部分が大きい。以下では，いかなる手続きでもって支援受け入れを行ったのかについて概観する。

（1）発災直後の米軍の支援

　震災の発生直後から，阪神・淡路大震災を上回る規模の支援申し出が世界各国からなされた。既述のとおり，阪神・淡路大震災の教訓により，受援体制の

整備に取り組んでいたこともあり，日本政府はこれら数多くの支援申し出にこれほどまでにない円滑な受け入れを実施することができた。

まず海外からの支援に対し，受け入れ窓口となったのは外務省であった。それを内閣府に設置された「海外支援受入れ調整担当（C7班）」が管理し，関係省庁と打ち合わせを行うという形式が採られた（大江，2014）。

また外務省では，阪神・淡路大震災時の混乱の経験を踏まえ，現地へ送る支援内容の分類化を明確にすることになった。被災地に送る支援物資には当然ながら優劣があり，また支援する外国側に対しても，迅速な情報提供を行う必要性があったためである。したがってこの時に外務省が重視したのは，①海外支援の受け入れ，②在日外国人の安否確認，③海外への被災状況に関する情報発信，であった（外務省c）。もっとも，原発事故の発生によって，国内外の被災への関心は拡大してしまい，外務省が当初想定していた作業内容の焦点は原発問題へと移行してしまった。

想定外の原発問題もあったものの，海外からの支援，とりわけ米国による支援は関東大震災や阪神・淡路大震災に比較すると，はるかに迅速かつ大規模に展開され，日本側の受援も円滑になされたと言える。発災からわずか2日後の3月13日には，三沢飛行場に米国国際開発庁（USAID）のレスキューチームが到着した。また同日から，米国空母「ロナルド・レーガン」が支援活動を開始した。国内外に多大な衝撃を与えた福島原発事故に対しても，16日に米国原子力規制委員会（NRC）の専門家らが来日し，復旧に当たっての支援活動を開始した（外務省d）（**表11-5**）。

ところが，一見円滑に見えた米国からの支援受け入れについても，日本国内では一律に好意的に迎えられたわけではなかった。被災現地の自治体や警察庁，消防庁などは，言葉や文化の異なる他国のチームと共同で活動することで，かえってパフォーマンスが低下するという恐れがあり，海外支援の受け入れに疑問を抱いていた。これに対し，外務省や内閣官房では，内容以上に受援そのものに意義を見出しており，海外の支援チームも現地に行けば必ず何かニーズがあるはずと考えていた（片山，2013，48頁）。このように，外交に当たる機関と被災現地で復旧作業に当たる機関との間には，受援に対する認識に大きなギャ

表11-5　東日本大震災時の米国の対日物資支援品（一部）

機関・地域名	物資
国際開発庁	緊急物資（寝袋，簡易ベッド，石油ストーブ，灯油等），放射線防護服1万着
米軍	食料品約280トン，水770万リットル，燃料約4.5万リットル，消防車2台，ポンプ5機，核・生物・化学兵器対処用防護服99セット，ホウ素約9トン，大型放水用ポンプ1式，バージ船に搭載した淡水（2隻分），バージ船2隻，ゲルマニウム半導体検出器3台
国防総省	放射線線量計3万1000個
イリノイ州	個人線量計2000個

（出典）　外務省eより作成。

ップが存在していたのである。

　にもかかわらず，従来の震災と比較すると，はるかに円滑かつ効率的な受援が実施されたことは間違いない。それはつまり，阪神・淡路大震災の教訓を経て，中央政府や各省庁の中に受援に対する意識が変化したためと評価できよう。こうして，受援が外交の一環であるという認識がかなりの程度において共有されつつあることは，東日本大震災の大きな特徴の一つであった。

（2）残された課題
　これまで述べたように，東日本大震災では従来の震災以上に積極的に日本側が受援に取り組んだ。特に米軍による「トモダチ作戦」の活動は，連日新聞やインターネットでも報じられ，多くの感動的なエピソードも世界中へ広まった。
　その一方，受援に伴ういくつかの問題はいまだ残されたままであり，以下ではその一部について検討する。
①政府と被災現地や自治体との連携不足
　中央政府や外務省などを中心に受援への意識が高まった一方で，被災現地で復旧・復興活動に当たる自治体や機関にとっては必ずしも海外からの支援チームは望ましいことではなかった。阪神・淡路大震災時に露呈した受援の問題，すなわち海外からの支援申し出を，いかに現地被災地にとって必要なものへ誘導するかという問題を完全に克服するに至っていない。

②海外支援についての情報発信

　海外からの支援を受け入れることは「災害外交」であるが，その実態を積極的に国内外へ発信し，感謝の念を伝えることもその一部である。もちろん，そうした報道がなかったわけでは決してないが，よりよい感謝の意の表明の仕方についてはまだまだ改善の余地が残されていよう（萬歳，2012，72-73頁）。

③在日米軍への認識

　従来から在日米軍や日米同盟に否定的立場を取ってきたメディアの中では，今回の「トモダチ作戦」に対しても，その隠された目的に疑惑の目を向ける論調があった。それらが推測する「トモダチ作戦」の隠された目的とは，①中国や北朝鮮に対する抑止的効果，②イラク戦争などで定着した米国の好戦的なイメージの払拭効果，③東北復興事業における米国産業の参入，④日本のTPP参加を促し，米国中心の自由貿易圏を拡大する効果，などであった（Samuels, 2013, pp.103-104）。当然ながら，これらはいずれも根拠のない憶測なのだが，他国で軍隊を動かすということは，意図せずとも政治的意味合いを含んでしまうところに「災害外交」の難しさがあると言えよう。

　本来，在日米軍や自衛隊の目的とは，日本の主権を侵害する他国の侵略行為に対抗することにある。したがって災害復旧・復興に関わることはその本来の目的とは異なるのだが，日本の現状では米軍や自衛隊が災害時のレスキュー隊の役割を担っている。そうであれば，平時より日米両軍の提携を強化しておく必要があるが，必ずしも災害時の共働は十分になされているわけではない。他国からの軍事的侵略行為への対応のみならず，自然災害にも在日米軍や自衛隊を活用するためには，その平時からの連携の方法を議論する必要があろう。

　また一般国民のレベルでも，特に沖縄での普天間移設などでは過激な反米的論調がしばしばなされるが，冷静に米軍基地や自衛隊の意義を見つめ直す必要があるのではないか。沖縄では米軍に対する印象は，東日本大震災の前後ではほとんど変化が見られない（道下＝プレッセーロ，2015，65-67頁）。日米関係を身近な問題に終始させることなく，外交・安全保障上の重要性という観点から，在日米軍の必要性を理解するべきではなかろうか。

5 おわりに：「災害外交」の可能性

　本章では，三大震災における米国の対日支援をめぐる日本側の受援について分析を行ってきた。最後にこれまでの分析を踏まえて，日本における「災害外交」の将来性について若干の考察を加えたい。

　まず三大震災を経験した日本は，徐々にではあるが，海外支援を受け入れることの重要性を確実に認知するようになってきた。それは海外支援が被災地の復旧・復興に直接影響を与えるということにとどまらず，日本が国際社会の一員であるために，いかなる形で受援を実施するかという政治外交的問題が含まれているためであった。すでにその萌芽は関東大震災時にも見られるのであるが，明確に意識されるようになるのは阪神・淡路大震災をきっかけとしていた。この時の教訓を受けて，東日本大震災時には，概ね想定される対処を行うことが可能になったと言えよう。

　このプロセスを見ると，受援という観点からの日本の「災害外交」は，時代の進展とともに進化しつつあるように思えるが，未だ問題点も残されていることは本章で指摘したとおりである。また，「災害外交」は原則として短期的なものであり，長期間にわたって継続することはほとんどない。そもそも海外からの支援は当面の復旧に必要な最低限にとどまることが通例であり，すでに先進国である日本が長期にわたって支援を受け続け，他国の支援チームを自国内に駐留させ続けることは困難である。そのため，支援を行う各国との間で，一時的に相互イメージが好転したように思えたとしても，支援終了後もそれが長期的に継続することはない（Robertson, 2014）。つまり，「災害外交」によって日米国家間関係がその前後で大きく変化するというわけではないのである。

　それでは，「災害外交」が重要ではないのかと言えば，もちろんそうではない。一時的とはいえ，関東大震災や東日本大震災で米国が行った対日支援は確実な成果を挙げたことは明らかである。将来的に起こり得る自然災害についても，優れた救援システムを有する在日米軍の活用がもたらすであろう効果には大いなる期待が寄せられる（エルドリッヂほか，2006，152-156頁）。そのためにも，

平時から自衛隊と米軍との連携を強化する取り組みを行うことは重要である。

さらに「災害外交」は受援のみでなく，日本が支援する立場に立った際にも有用であると考えられる。2013年にフィリピンで発生した台風30号の被害への救援活動をめぐり，自衛隊は「オペレーション・サンカイ」という救助作戦を展開したが，これは東日本大震災時の「トモダチ作戦」への応えでもあった（佐藤壽，2014，68-70頁）。

以上の諸事実は，受援にせよ支援にせよ，日本が国際社会の一員としていかなる「災害外交」を展開するかという重要な課題を提示しているのである。

引用・参考文献

伊津野和行編『日本災害資料集　地震編8　東京大正震災誌』クレス出版，2013年。

NHK取材班編『その時歴史が動いた5』KTC中央出版，2001年。

エルドリッヂ，ロバート・D.＝アルフレド・J. グッドフィン「日本における大規模災害救援活動と在日米軍の役割についての提言」『国際公共政策研究』第11巻第1号，2006年9月。

大江伸一郎「東日本大震災における海外からの支援受入れについて」2014年2月（http://www.hemri21.jp/bunmeiseminar22/pdf/2013a6.pdf　2016年1月10日閲覧）。

外務省編『日本外交文書　大正十二年第一冊』外務省，1978年。

外務省a「救護品輸送陸揚」（「海軍公文備考類」防衛省防衛研究所図書館所蔵）アジア歴史資料センター，Ref. C08050971600。

外務省b「大正十二年公文備考　巻一六一　変災災害」（「海軍公文備考類」）アジア歴史資料センター，Ref. C08050982100。

外務省c「日本国の自衛隊とアメリカ合衆国軍隊との間における後方支援，物品又は役務の相互の提供に関する日本国政府とアメリカ合衆国政府との間の協定を改正する協定」（http://www.mofa.go.jp/mofaj/gaiko/treaty/treaty159_10.html　2016年1月10日閲覧）。

外務省d「わかる！　国際情勢　vol. 72 東日本大震災においてクローズアップされた日米の絆」（http://www.mofa.go.jp/mofaj/press/pr/wakaru/topics/vol72/　2016年1月10日閲覧）。

外務省e「諸外国等からの物資支援・寄付金一覧」（http://www.mofa.go.jp/mofaj/saigai/pdfs/bussisien.pdf　2016年1月10日閲覧）。

片山裕「東日本大震災時の国際緊急支援受入れと外務省」『国際協力論集』第20巻第2・3号，2013年1月。

斎藤達志「関東大震災における米国の支援活動の役割と影響」『軍事史学』第48巻第1号，2012年6月。

佐藤壽紀「フィリピン国際緊急援助活動報告『オペレーション・サンカイ』を指揮して」『外交』第24号，2014年3月。

佐藤元英「大震災対応の初動と海外受援――過去の記憶からの提言」佐藤元英＝滝田賢治編『3・11複合災害と日本の課題』中央大学出版部，2014年。

尋木真也「東日本大震災における支援する外国人，支援を受ける外国人――災害医療の問題を中心に」『早稲田大学社会安全政策研究所紀要』第4号，2012年。

内閣府「緊急対策本部（被災者生活支援特別対策本部）におけるC7班（海外支援受入れ調整班）の活動」2011年10月（http://www.bousai.go.jp/oukyu/higashinihon/6/pdf/naikakufu1.pdf　2016年1月10日閲覧）。

中谷元「アレルギーから脱すべき」朝日新聞社編『3・11後　ニッポンの論点』朝日新聞出版，2011年。

西川智「阪神・淡路大震災にみられた国際救援活動のミスマッチ」『地域安全学会論文報告集』第6号，1996年11月。

波多野勝＝飯森明子『関東大震災と日米外交』草思社，1999年。

松尾章一監修『関東大震災政府陸海軍関係史料Ⅰ　政府・戒厳令関係史料』日本経済評論社，1997年。

萬歳寛之「東日本大震災における海外支援受入の問題点」『早稲田大学社会安全政策研究所紀要』第4号，2012年。

道下徳成＝アンドレア・プレッセーロ「日米協力の国内外への影響」恒川惠市編『大震災・原発危機下の国際関係』東洋経済新報社，2015年。

ワイゼンフェルド，ジェニファー／篠儀直子訳『関東大震災の想像力――災害と復興の視覚文化論』青土社，2014年。

Department of State, *Foreign Relations of the United States, 1923*, vol. 2, Washington D.C.: Government Printing Office, 1938.

Kelman, Ian., *Disaster Diplomacy: How Disasters Affect Peace and Conflict*, Routledge, 2011.

Renner, Michael and Zoe Chafe, "Beyond Disasters: Creating Opportunities for Peace," *Worldwatch Report*, Worldwatch Institute, 2007.

Robertson, Donna, "Disaster Diplomacy," *An Anthology: Collections of Articles by Diplomatic Courier Magazine*, Medauras Global, 2014.

Samuels, Richard J., *3.11: Disaster and Change in Japan*, Cornell University Press, 2013.

人名索引

あ 行

五百旗頭真　2, 3, 10, 79
一番ケ瀬康子　12, 13
伊東巳代治　30, 32, 33, 38
犬養毅　26, 27, 29, 37
ウィルソン, W.　243
内田康哉　66
ウッズ, C. E.　244, 245, 248, 249
大石正巳　30-33, 38
緒方学　140
小里貞利　74
小里泰弘　169
小渕恵三　11

か 行

貝原俊民　168
加藤高明　26, 28, 30, 32, 36, 38, 41
加藤友三郎　244
蒲島郁夫　2
菅直人　78
菊池寛　18
清浦奎吾　32
クーリッジ, C.　244, 249
ケルマン, I.　242
後藤新平　18, 19, 26-29, 31, 33, 35-37, 40, 41, 66, 134
後藤田正晴　12, 14, 75

さ 行

西園寺公望　26, 31, 37
堺屋太一　12, 13

下河辺淳　10-14, 52, 75, 140
昭和天皇　19, 20, 71, 73

た 行

高橋是清　28, 30, 33, 38
財部彪　35, 36
田中義一　27, 29
塚本清治　29
田健治郎　27, 29, 30, 36

な・は 行

野田佳彦　156
ハーディング, W. G.　243, 244
花柳章太郎　16
埴原正直　248
馬場恒吾　15, 18, 19
原口忠次郎　139
ビアード, チャールズ　68, 81
ヒューズ, C. E.　245, 247, 248
平岩外四　12
平沼騏一郎　27, 29
細野豪志　156

ま 行

水野錬太郎　66
宮武外骨　47
村山富市　74, 140

や・わ 行

山本権兵衛　26, 31, 34, 36, 37, 66, 134, 244, 245
若槻礼次郎　70

事項索引

あ行

アーカイブ　4, 9, 20, 43
赤い日　15, 16
石巻日日新聞社　58
一般廃棄物　149, 162
岩手県　78
雲仙普賢岳　114
運輸通信省　131
大蔵省　130
沖縄問題　14

か行

海外支援受入れ調整担当（C7班）　255
海軍　134
回復力　178, 181, 196
科学技術　3
下賜金　111
仮設住宅　93, 95, 96, 100-102, 106
神奈川県　134
がれき除去　75
関東大震災　1, 11, 15, 17, 20, 63, 65, 81, 111, 112
生糸二港制　135
義援金　98, 111
義援金基金　115
記憶の風化　201, 203, 216
救援物資　134
救護活動　182, 185
共済制度　120
共助　7
緊急消防援助隊　226, 227, 232, 238
空襲　19
区画整理　91, 93
熊本地震　1-4

くまもと復旧・復興有識者会議　2, 3
警戒区域　114
京浜運河　136
京浜工業地帯　138
現金給付　99
減災　6, 106, 107
原子力災害　7
憲政会　67
現物給付　95, 100
広域緊急援助隊　227, 234
広域処理　156, 160, 163, 164, 166, 169
恒久的な住宅　102, 103
公設バラック　112
高度成長　3
公費　111
公費型基金　115, 116, 120, 124, 126
公文書管理法　43
神戸港　13
『神戸港復興計画』　141
神戸港復興計画委員会　140
神戸港復興対策連絡会議　140
神戸市　75
港務局　132
公明党　77, 79
港湾管理権　132
港湾広域防災協議会　145
港湾BCP　145
港湾法　130
国土強靱化　105, 161
国土強靱化基本法　165
国土交通省　144
国連防災世界会議　77
護憲三派内閣　25
後藤田ドクトリン　142

事項索引

さ　行

災害応急対策　222-224
災害外交　242, 243, 248, 249, 253, 257-259
災害救助法　104, 113
災害対策基本法　82, 113, 222, 224
災害弔慰金　113
災害派遣　223, 228, 229, 237
災害派遣要請　235
災害復興公営住宅　94, 97, 106
再建　121
災後　1-3, 5, 8, 19, 20
さかのぼり災後史　1, 5, 10, 15, 20
産業廃棄物　149, 162
サンフランシスコ大震災　247
参与観察者　1
参与体験者　1, 5
GHQ　132
ジェンダー　177, 178, 181, 192, 196
地震保険　98
自然災害　2, 3
社会革命　17
社会的包摂　7
社会党　64, 72
住宅　109, 121
住宅共済制度　116, 117
住宅再建　109, 114, 116, 119
住宅再建支援策　125
自由党　77
自由民主党　63, 72, 79
受援　238, 239, 240
食事供与事業　114
女性センター　180, 181, 183, 187, 188, 193
震災記憶の風化　203, 204, 206, 218
震災復興手形　71
震災への関心　201, 202, 206, 208, 212, 214, 216, 218
新進党　74
新党さきがけ　74, 79
生活再建　109

戦後　2, 5, 20
戦後50年　3
戦後15年　3
戦後70年　3
占領改革　132
創造的復興　64

た　行

『大正震災志』　46
男女共同参画　189, 190, 192, 194, 197, 198
地域女性団体　186
地域包括ケア　6
地下鉄サリン事件　12
中越沖地震　123
中間報告　8
TEC-FORCE　144
帝都復興院　29, 67, 134
帝都復興院参与会　67
帝都復興院評議会　68
帝都復興計画　90
帝都復興祭　71
『帝都復興誌』　46
帝都復興審議会　30, 32, 33, 40, 67, 134
デジタル・アーカイブ　43
天譴　17
東京港　136
東京市　66, 136
東京大空襲　17, 19, 20
東京連合婦人会　182, 184, 185
同潤会　92
都市計画　89, 92, 96, 103, 104
土地区画整理事業　69
鳥取県西部地震　119
トモダチ作戦　242, 254, 256, 259

な　行

内務省　130
内容分析　208-210, 214
南海トラフ地震　3
新潟県中越地震　2, 3, 57, 120

263

日本海中部地震　114
日本型レジーム　179, 189
日本看護協会　191
日本基督教婦人矯風会　182
ねじれ国会　121

　　　　　　は　行

バーチャルリアリティ　9
廃棄物処理法　149, 166
廃棄物処理法と災害対策基本法の一部を改正する法律　149, 161, 166
バラック　91
バラック賛歌　18
阪神・淡路大震災　1, 3, 4, 10, 12, 14, 63, 71, 81, 116
阪神・淡路復興本部　77
阪神・淡路復興委員会　10, 13, 52, 75, 140
阪神・淡路復興委員会委員長　14
阪神・淡路復興対策本部　75
阪神工業地帯　140
東日本大震災　1, 3-5, 20, 63, 78, 82, 123
東日本大震災女性支援ネットワーク　191
東日本大震災対策担当大臣　79
東日本大震災復興構想会議　2, 15, 79
被災者支援　178
被災者生活再建支援金　98
被災者生活再建支援制度　123
被災者生活再建支援法　118, 126
ビッグ・データ　60
人と未来防災センター　56
兵庫県　74
開かれた復興　7
風化　202
福島県　78
福島第一原子力発電所　78
福島第一原子力発電所事故　150
普通選挙法　25, 28, 31, 34, 37, 40
復興院　11, 33, 35, 37, 39, 40
復興基本法　80

復興局　69
復興局疑獄事件　70
復興計画　75
復興構想会議　5, 8, 39, 96
復興構想7原則　20
復興祭　77
復興住宅　75
復興審議会　35, 37, 38
復興推進委員会　5, 8, 80
復興推進会議　80
復興庁　39, 80, 98
米国原子力規制委員会（NRC）　255
米国国際開発庁（USAID）　255
防災基本計画　190, 196
防災集団移転促進事業　96
補正予算　76
ボランティア　4, 6-8, 43, 179, 189

　　　　　　ま　行

みなし仮設　95, 101-103, 105, 106
宮城県　78
宮城県北部連続地震　119
民主党　64, 78
明治新聞雑誌文庫　46
木造密集市街地　89, 91, 104

　　　　　　や　行

家賃補助　94, 101, 103, 106
横浜市　68, 134
横浜市復興会　134
横浜税関　134

　　　　　ら・わ　行

ライフライン　14
陸軍　134
立憲政友会　65, 72
立憲民政党　71, 72
臨時震災救護事務局　66
歴史観察者　1

執筆者紹介

御厨　貴（青山学院大学特任教授，東京大学先端科学技術研究センター客員教授，放送大学客員教授　はしがき・序章）
編著者紹介参照。

筒井清忠（帝京大学文学部長・大学院文学研究科長，東京財団上席研究員　第1章）
1948年生まれ，京都大学大学院文学研究科博士課程単位修得退学，文学博士，日本近現代史・歴史社会学。

牧原　出（東京大学先端科学技術研究センター教授　第2章）
1967年生まれ，東京大学法学部卒業，博士（学術），政治学・行政学。

村井良太（駒澤大学法学部教授　第3章）
1972年生まれ，神戸大学大学院法学研究科博士課程修了，博士（政治学），日本政治外交史。

砂原庸介（神戸大学大学院法学研究科准教授　第4章）
1978年生まれ，東京大学大学院総合文化研究科博士後期課程単位取得退学，博士（学術），政治学・行政学。

手塚洋輔（大阪市立大学大学院法学研究科准教授　第5章）
1977年生まれ，東北大学大学院法学研究科博士課程中退，博士（学術），行政学。

林　昌宏（常葉大学法学部講師　第6章）
1980年生まれ，大阪市立大学大学院創造都市研究科博士後期課程修了，博士（創造都市），行政学・公共政策学。

森　道哉（立命館大学大学院公務研究科教授　第7章）
1974年生まれ，立命館大学大学院政策科学研究科博士課程後期課程修了，博士（政策科学），行政学・政治過程論。

辻　由希（東海大学政治経済学部准教授　第8章）
1977年生まれ，京都大学大学院法学研究科博士課程修了，博士（法学），ジェンダー政治・福祉国家論・現代日本政治分析。

善教将大（関西学院大学法学部准教授　第9章）
1982年生まれ，立命館大学大学院政策科学研究科博士課程後期課程修了，博士（政策科学），政治学・政治行動論。

奥薗淳二（海上保安大学校海上警察学講座講師　第10章）
1980年生まれ，京都大学法学研究科博士後期課程修了，博士（法学），軍警察関係・行政学。

渡邉公太（帝京大学文学部日本文化学科専任講師　第11章）
1984年生まれ，神戸大学大学院法学研究科博士後期課程修了，博士（政治学），日本政治外交史。

《監修者紹介》

五百旗頭　真（いおきべ・まこと）
　1943年　生まれ。
　　　　　京都大学法学部卒業，修士（京都大学大学院法学研究科［政治学専攻］），法学博士（京都大学）。
　現　在　ひょうご震災記念21世紀研究機構理事長，熊本県立大学理事長。
　主　著　『戦後日本外交史』（編著）有斐閣，1999年。
　　　　　『日米戦争と戦後日本』講談社学術文庫，2005年。
　　　　　『占領期──首相たちの新日本』講談社学術文庫，2007年。
　　　　　『日本は衰退するのか』千倉書房，2014年。
　　　　　『大災害の時代──未来の国難に備えて』毎日新聞出版，2016年。

《編著者紹介》

御厨　貴（みくりや・たかし）
　1951年　生まれ。
　　　　　東京大学法学部卒業，博士（学術）。
　現　在　青山学院大学特任教授，東京大学先端科学技術研究センター客員教授，放送大学客員教授。
　主　著　『明治国家をつくる──地方経営と首都計画』藤原書店，2007年。
　　　　　『権力の館を歩く──建築空間の政治学』筑摩書房，2013年。
　　　　　『戦後をつくる──追憶から希望への透視図』吉田書店，2016年。

　　　　　　　　　　　検証・防災と復興①
　　　　　　　大震災復興過程の政策比較分析
　　　　　　──関東，阪神・淡路，東日本三大震災の検証──

2016年9月10日　初版第1刷発行	〈検印省略〉
	定価はカバーに表示しています

　　　　　　監　修　者　　五百旗頭　　真
　　　　　　編　著　者　　御　厨　　　貴
　　　　　　発　行　者　　杉　田　啓　三
　　　　　　印　刷　者　　江　戸　孝　典

　　　　　　発行所　株式会社　ミネルヴァ書房
　　　　　　　　　607-8494 京都市山科区日ノ岡堤谷町1
　　　　　　　　　電話代表 (075)581-5191
　　　　　　　　　振替口座 01020-0-8076

　　　© 五百旗頭・御厨ほか，2016　　共同印刷工業・新生製本

　　　　　　ISBN978-4-623-07782-3
　　　　　　　Printed in Japan

検証・防災と復興

五百旗頭 真 監修

①大震災復興過程の政策比較分析
――関東，阪神・淡路，東日本三大震災の検証――

御厨 貴 編著

大災害に際し，重大な役割を担う政治や行政はどのような備えを行うべきか。本書は，関東，阪神・淡路，東日本の三大震災を，①復旧・復興の政治過程，②政府と官僚の危機管理，③震災をめぐる社会認識について，政治学的な分析視角から比較検証。これらの知見を基に，2016年に発生した熊本地震も含めた今後の災害対策，復旧・復興体制を考察し，災害時の強固な統治体制や日本社会のあり方への認識を深める。

②防災をめぐる国際協力のあり方
――グローバル・スタンダードと現場との間で――

片山 裕 編著

どこかの国で大災害が発生したとき，各国から救助隊の派遣や，必要物資の支援が行われる。本書では，日本からの支援に際しての二国間，多国間調整の必要性，受け入れる側での調整機能と関係セクターとの連携，さらに国際的防災教育の重要性も視野に入れ，東日本大震災における各セクターの具体的事例，国際防災協力における支援活動の実態を分析，その経過と効果，今後の課題を析出する。

③災害に立ち向かう自治体間連携
――東日本大震災にみる協力的ガバナンスの実態――

大西 裕 編著

大規模災害において有効に機能する自治体連携のあり方とは。東日本大震災に際し，関西広域連合が行ったカウンターパート方式の解明，他の支援枠組みとの比較分析や他国との比較を通じて，行政学，政治学などの視点から広域災害支援に適用可能な理論的背景を提示。自治体間連携が有効に機能する条件とは何かについて実証的な解明が行われる。人的・予算的リソースの確保や支援協定の検証など多くの示唆に富む書。

― ミネルヴァ書房 ―

http://www.minervashobo.co.jp/